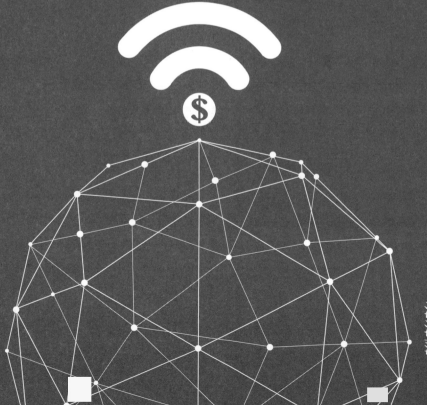

互聯網⁺

互聯網+
投資與理財

如何利用網路致富

Internet

江清萍 著

目錄 Contents

目錄 Contents

前 言

趕快利用網路致富

互聯網金融，已成爲當下最熱門的話題，各大互聯網企業也都紛紛進軍金融業。

那麼，什麼才是「互聯網金融」？

百度百科上的解釋是，**互聯網金融是傳統金融行業與互聯網精神相結合的新興領域**。從廣義上講，凡是具備互聯網精神的金融業態統稱爲互聯網金融。而從狹義的金融角度來看，則應該定義在與貨幣的信用化流通相關的層面，也就是資金融通依託互聯網來實現的方式方法。

理論上，任何涉及廣義金融的互聯網應用，都應該是互聯網金融，包括但不限於爲協力廠商支付、線上理財產品的銷售、信用評價審核、金融仲介、金融電子商務等模式。如今，依託於互聯網及移動互聯網技術，金融脫媒終於逐漸實現，傳統金融機構正向供應商的角色轉變。

巨大的市場號召力讓互聯網找到了下一個商機，門戶

網站、電商與協力廠商支付平臺紛紛湧入了這個叫作「互聯網金融」的戰場中。

無法否認，互聯網金融的能量驚人。**前所未有的低門檻、超級的靈活性，將一大批理財的門外漢帶入了這個市場，展現出巨大的增長潛力。**

作爲金斧子的CEO張開興表示：「互聯網理財已經與遊戲、旅行、叫車相媲美，它的訴求量非常大。」互聯網理財之所以能夠被大眾接受並受到廣泛追捧，與其門檻低、投資靈活的特點密不可分。

「絕大部分有理財需求的投資人是廣泛分散的，而且他們的投資額度大部分都是偏低的。」搜狐旗下的搜易貸CEO何捷認爲，傳統金融已經有很多理財產品供投資人選用。然而，這類傳統理財產品大多存在壁壘，很多有理財需求的投資者被排除在外。

在後「餘額寶」時代，互聯網理財已不僅僅局限於簡單的貨幣基金產品，它與傳統的證券、保險、基金行業的聯繫更加緊密，市場逐漸細分，產品也向多元化、個性化的方向發展。例如，「51信用管家」以信用卡爲切入點，爲個人理財提供智慧化管理服務；「91金融超市」主要是搭建資訊平臺，爲消費者提供金融產品的銷售服務；「隨手記」則主打個人理財記帳管理。懶貓金服的CEO許現良直言：「未來誰能爲客戶提供個性化的綜合理財服務或者

個性化、定制化的服務，誰就能脫穎而出。」

同樣無法否認的是，在互聯網金融中各種問題開始顯現。

不管你有沒有先天優勢，不管你有沒有客戶積累，各種網站奮勇而起，做門戶的、搞搜索的、賣電器的，紛紛加入到互聯網金融的大軍中，無論是賣產品還是做貸款，總之，跑了馬圈了地再說。正是這樣的原因，導致互聯網金融中產品的單一雷同。

隨著餘額寶的成功，70%的互聯網產品中也帶上了一個「寶」字，每家大鱷都宣稱自己在搭建平臺，但其實就是與基金公司一起銷售貨幣基金。在這個過程中，價格戰成為了勝利的法寶——是活期存款收益的XX倍、無風險、補貼收益……監管的缺位同樣棘手。作為一個新生事物，央行、銀監會、證監會、保監會，到底誰來監管互聯網金融，現行的監管政策對互聯網金融是否有效？

在每一場技術變革中，消費者都是受益者，互聯網金融也不例外。然而，投資理財這樁事情又有些例外，它與投資者的資產、利益直接相關。在展望互聯網金融美好前景的同時，不迷信、不輕信是我們每一位投資者應當秉承的態度，畢竟投資市場有著它基本的規律和規則。

本書從實際出發，本著通俗易懂的原則，為讀者解讀互聯網理財的基礎知識。良好的開端是成功的一半，特別

是在初級階段，具有較高的「財商」，是決定以後致富的關鍵所在。

　　人生沒有等待，我們不妨從今天開始學習理財、嘗試理財，在收支規劃、儲蓄、投資和保險等各方面「多管齊下」，積累財富、合理支配財富，讓我們的「口袋永遠豐盈」。不怕老來錢不夠花，不怕沒養兒無人養老，為自己「自由」的下半生，取得主動權，由自己來決定未來的生活面貌，贏得更幸福、更自由的人生！

第一章

認識理財，掌握生活的主動權

1 準備好「過冬」的糧食

人在旅途，隨時可能遇到不期而至的各種風險，比如生病、意外傷害等。那麼，當人生的嚴冬來臨的時候，你準備好了過冬的糧食嗎？

有這樣一個故事：東山和西山各有一座廟，廟裏分別住著一個和尚，兩個和尚在山下打水時遇到了，並成了好朋友。這一年天大旱，人們要跑很遠的路，到水源的上游才能打到水。西山的和尚很勤快，每天都跑到很遠的地方，挑滿滿兩桶水回廟。他發現很久沒有見到東山的和尚挑水了，以為他病了，就挑了一桶水上山去看這個朋友。他在汗流浹背地跑到東山山頂時，卻發現他的朋友正閒坐在廟前讀書！原來，他的朋友這幾年來在打水的同時，只要一有空就挖井，每天挖一點。天大旱的時候，他的井剛好也挖成了，所以他現在能夠如此悠閒……

未雨綢繆的和尚有足夠的甘泉喝，更有悠閒的日子享受，如果把挖井換成理財的話，我們是不是也應該學一學東山的和尚呢？

同樣是幾十年的人生路，因為個人的風險意識不同，就會有不同的生活品質。是主動地防禦風險，還是被動地承受風險，往往都是人們自我選擇的結果。我們如果被金錢所主宰和支配，那麼有可能在人生的冬天來臨的時候，像寒號鳥一樣可憐；相反，我們如果能夠積極主動地掌控金錢，那麼會像東山的和尚，不慌不忙、從容富足地過一生。

　　理財，無疑可以幫助我們拿到這種主動權。

　　如果一個20歲的人每個月投資67元，假設年平均收益率為11%，那麼他在65歲的時候可以得到100萬元的資產。換言之，為了獲得一筆100萬元的資產，一個20歲的人在這45年中每月投資區區67元，總投入不過36180元。

　　如果這個20歲的人等到30歲時才開始投資，那麼他為了在65歲時得到七位數的資產，他每個月就得投資202元，而總投入將增至84840元。

　　要是一直等到40歲時才開始投資，那麼一個人為了在65歲時得到100萬元的資產，他每個月就需要投資629元，總投入隨之變成了188700元。

　　如果一直等到50歲才開始投資，要想在65歲時獲得100萬元的資產，每個月就得投資2180元，而總投入將高達392400元。

　　所以，要想致富，現在就開始行動吧。越早理財，就

越早給自己的財富加一層保險。歸納起來就是：

（1）越早開始投資，就越容易創造出你預期的財富；

（2）如果你50歲的時候開始投資，雖然仍有希望達到目標，但相對於從20歲開始，就要難很多。

隨著中國的經濟環境正漸漸融入世界大環境之中，百姓的理財意識正在覺醒並迅速高漲。個人理財產品、理財管道的日漸成熟，也為個人理財創造了很好的條件。人們即將迎來一個空前高漲的理財熱潮。誰能先知先覺地抓準機會，搭上這趟「理財」快車，誰就會成為財富的寵兒，並更大限度地實現自己的美好人生目標。

2 做金錢的主人，讓錢生錢

在計劃經濟時代，錢是一個被迴避的話題，人們掙的錢不多，相互之間也沒有什麼差別，根本沒有理財的觀念。但是，在市場經濟時代，情況發生了變化。錢不僅僅是人的價值的一種體現，更主要的是人們生活的前提條件。用時下流行的一句話形容：「有什麼別有病，沒什麼別沒錢。」

大家都聽到過很多人一夜間中了500萬元彩券，但在幾年內就揮霍一空變成窮光蛋的故事，這是爲什麼呢？其實是因爲這些人沒有利用中獎資金創建穩定的現金流。

　　理財的最高境界莫過於「會理、敢理、巧理」，簡言之：投資，讓錢去「生」錢！錢能生錢，也能生出富人。

　　普立茲出生於匈牙利，後隨家人移居美國。美國南北戰爭期間，他曾在聯盟軍中服役。復員後他學習法律，21歲時獲得律師開業許可證，開始了獨自創業的生涯。普立茲是個有抱負的青年。他覺得當個律師創不了大業，經過深思熟慮，決定進軍報業界。

　　那時候，普立茲僅有半年打工掙的微薄收入，不過正是靠這一點點的錢，他逐步走向成功。「只要給我一個支點，我就能使地球移動。」他決定先找一個「支點」，依靠「支點」去實現移動「地球」的壯舉。

　　於是，普立茲千方百計尋找進入報業工作的立足點，以此作爲他千里之行的起點。終於，他找到聖路易斯的一家報館。那老闆見這位年輕人如此熱心於報業工作，且機敏聰慧，便答應讓他留下當記者，但有個條件，以半薪試用1年後再商定去留。爲了自己的理想，他接受了半薪的條件，他告訴自己，金錢多少並不重要，重要的是能夠從這個機會中學到知識。

幾年後，他對報社工作瞭若指掌，他用自己的一點積蓄買下一間瀕臨歇業的報館，開始創辦自己的報紙，取名為《聖路易斯郵報快訊報》。普立茲自辦報紙後，面臨資金嚴重不足的困境。那時候，美國經濟正迅速發展，商業開始興旺發達，很多企業為了加強競爭，不惜投入鉅資宣傳廣告。普立茲盯著這個焦點，讓自己的報紙以經濟資訊為主，加強廣告部，承接多種多樣的廣告。

就這樣，普立茲利用客戶預交的廣告費使報社正常出版發行報紙，令報紙的發行量越來越大。開辦5年，每年盈利15萬美元以上。報紙的發行量越多，廣告也越多，收入進入了良性循環，不久他發了財，成為美國報業的巨頭。

普立茲之所以能從兩手空空到報業巨頭，是因為他不但善於使用自己的資金，同時也善於使用別人的資金為自己服務。這就是聰明商人的絕妙之處，無論何時他都是金錢的主人，讓錢給自己掙錢。

你在經過努力有了一定的積累之後，就要想想怎樣讓錢生錢，讓錢變得更多，讓自己變得更加富有，千萬不要成為守財奴，抱著錢不放手！

如果你的金錢能夠在你睡覺、娛樂的時候，還在不停歇地為你工作著，那該是多麼令人愉快的事情啊！相反，如果你總是為了錢而去盲目地工作，那你就成了金錢的奴

隷。看看那些富翁，哪個不是因爲懂得資金分配和利用而富有的？

有的人會問：人究竟要賺多少錢才能滿足，才能夠花啊？其實，這要根據你對自己的要求來定。有人做過一個統計：

假設不買漂亮衣物、不上館子、不旅遊、不買房、不看電影、不聽音樂、不玩電腦、不交際、不贍養老人、不結婚、不生孩子、不生病等等，一切生活所必需的東西都作爲奢侈品摒棄掉，只有一日三餐、一間小屋，幾件爲保暖和遮羞的換季衣物，每月400元人民幣可能就足夠了。

從出生到成年這18年中，我們有長輩關照；如果我們能幸運地一直工作到60歲，那麼這42年是爲將來做準備的；60～80歲這20年裏，如果按照前面說的每月400元的生活水準計算的話，應該需要有9.6萬元的養老準備金，還不算上超過80歲的用錢期。這樣一來我們就知道自己掙多少錢才夠用。

在貨幣價值穩定、沒有通貨膨脹的前提下，我們僅爲生存，每月掙1000元就夠了。其中400元用於現在的支出，400元留作養老，另外200元用於年老時的醫療，因爲，那時疾病會頻繁地光顧你。

如果你對400元的生活水準充滿恐懼，如果你現在每月掙2000元還覺得不夠花，那麼你將來的生活就要設定在

這個基礎之上，現在你每月就得掙四五千；如果你打算出國深造、投資、旅遊等，那麼這個數目就遠遠不夠了。

你追求什麼樣的生活水準就得有相應的金錢儲備，當然，相信每個人都不願過那種每個月400元就足夠的生活。誰不想自己的生活有品質呢？誰不想在吃飽穿好之餘，去旅遊，去KTV，去電影院，去音樂會呢？高標準的生活就要求你必須有足夠的金錢儲備。實際上，這就要求你有賺錢的本事，有讓錢生錢的本事，而不是把錢放在銀行或保險櫃。

3 錢再少，一樣可以理財

在我們的日常生活中，總有許多工薪階層或中低收入者抱有這種觀念：只有有錢人才有資格談投資理財。因為一般工薪階層，特別是剛剛走上工作崗位的年輕人都會心存這樣一種想法：自己每月固定的那點工資，應付日常生活開銷就差不多了，哪來的餘財可理呢？

但事實上，專家給我們的建議是：只要你有收入，有現金流，即便錢再少，只要好好規劃，一樣可以理財，理

財的關鍵在於你的理財意識。

　　我們經常可以在報紙上看到，現實生活中，落魄的不一定是窮人，反倒可能是這麼一些人：他們很有錢，卻因為沒有很好的理財意識和願望，結果淪為一文不名的窮光蛋，比如大名鼎鼎的拳王泰森。

　　愛好拳擊比賽的人，對泰森這個名字肯定不會陌生。據有關資料的統計，泰森在自己20年的拳擊生涯中，用一雙鐵拳為自己贏得了至少3～5億的巨額財富。但是這位身價數億的昔日拳王卻在2003年，向法院提出破產申請！原來，20年努力賺得的財富在幾年之內就被他揮霍一空了。而這其中的罪魁禍首，當然還是他的那雙鐵手——只會賺錢，不會理財的鐵手。

　　有人說，理財是有錢人的事；也有人說，理財是高學歷、商人的事；還有人說，理財是成年人的事。其實，理財面前人人平等，理財關係到每一個人。今天，如果擁有500萬元的富人選擇把錢全部存銀行吃利息，那麼他的錢很可能因為通貨膨脹而在不斷貶值。而一個只憑5萬元進入股市的年輕人如果操作得法，倒有可能過不了幾年就擁有了一套市價500萬元的房產。

在北京工作的小張，22歲，本科畢業，工作3年，未婚，月收入2600元左右；

小劉，25歲，專科畢業，工作3年，未婚，月收入1500元左右。

照上面的條件看，按說小張應該攢下來的錢更多，但事實卻是：半年下來，小張的存款是600元，而小劉的存款是3600元。為什麼會有這樣的結果？

小張：500用於大商場買衣服；700用於食堂、飯店吃飯；700用於在市中心租房；200用於坐公車、叫計程車……

小劉：300用於小商店買衣服；250用於自己做、帶飯吃；住郊區，合租花50……

那麼，這樣規劃自己財務的兩個人在生活與工作中又會有怎樣的不同呢？

我們看到，已經有3600元存款的小劉，以他目前的生活水準，至少可以抵禦三個月的風險，所以他現在是「手裏有糧，心裏不慌」，正在著手聯繫跳槽的事宜，打算換一個待遇更高的公司。

而小張雖然工資略高一點，相比之下卻比較慘，600元存款不夠他付一個月的房租，更不要說應付生活中的意

外事件，所以，小張戲稱自己「連生病的權力都沒有」，更不敢說要謀劃什麼跳槽或者學習充電之類的事。

　　大家通過這個例子可以看出，其實二者的差別並不是有沒有錢的問題，而是是否具備理財意識，或者理財的願望強弱的問題。

　　生活中，總有人認為自己不需要理財，理財是有錢人的事情。其實，這是對理財的誤解。不管錢多錢少，人人都需要理財。理財是越早越好，越早進行理財規劃，就能越早地開始進行收入和支出之間的合理安排，結餘的錢財也就能越早地利用到金錢的時間價值，讓錢生錢，運用複利去創造更多的財富。

　　在我們身邊，有許多人一輩子勤奮努力，辛辛苦苦地存錢，卻既不知有效運用資金，亦不敢過於消費享受；有些人貪圖「以小搏大」，不看自己的能力，把理財目標定得很高，在金錢遊戲中打滾，失利後不是頹然收手，就是放棄從頭開始，在後半輩子悔恨、抑鬱，卻再難振作。

　　要圓一個美滿的人生夢，除了要有一個好的人生規劃外，也要懂得如何應對人生各階段的生活所需，所以，對財務做適當計畫及管理就顯得尤為必要了。既然理財是一輩子的事，何不及早認清人生各階段的責任及需求，制訂符合自己的理財規劃呢？

　　許多理財專家認為，一生的理財規劃應趁早進行，以

免年輕時任由「錢財放水流」，老來時才嗟歎空悲切。

一、求學成長期

　　這一時期以求學、完成學業為階段目標，應多充實有關投資理財方面的知識，若有零用錢的「收入」應妥善運用，應逐漸建立起正確的消費觀念，切勿「追趕時尚」，為虛榮所役。

二、初入社會青年期

　　初入社會的第一份薪水是追求經濟獨立的基礎，可開始實務理財操作，因為此時年輕，較有事業衝勁，是儲備資金的好時機。從開源節流、資金有效運用上雙管齊下，切勿冒進急躁。

三、成家立業期

　　結婚是人生的轉型調適期，此時的理財目標因條件、需求的不同而各異，若是雙薪無小孩的「新婚族」，較有投資能力的話，可試著從事高獲利性及低風險的組合投資，或購屋買車，或自行創業等。而一般有了小孩的家庭就得兼顧子女的養育支出，理財也宜採取穩健及尋求高獲利性的投資策略。

四、子女成長中年期

　　此階段的理財重點在於子女的教育儲備金，因家庭成員的增加，生活開銷亦漸增長，若有瞻養父母的責任，則醫療費、保險費的負擔亦須衡量，此時對於工作經驗豐富，收入相對增加的人而言，理財投資宜採取組合方式，即便貸款，也可在還款方式上彈性調節。

五、空巢中老年期

　　這個階段因子女多半已各自離巢成家，教育費、生活費已然減少，此時的理財目標是包括醫療、保險項目的退休基金。因面臨退休階段，如果資金亦已累積到一定數目，投資可向安全性高的保守路線逐漸靠攏，有固定收益的投資者尚可考慮爲退休後的第二事業做準備。

六、退休老年期

　　此階段應是財務最爲寬裕的時期，但休閒、保健費用的負擔仍大，所以，在享受退休生活的同時，若有「收入第二春」，則理財更應採取「守勢」，以「保本」爲目的，不從事高風險的投資，以免影響身體健康和正常生活。退休期有不可規避的「善後」特性，因此，財產轉移的計畫應及早擬定，而評估究竟是採取贈與還是遺產繼承的方

式，則應根據需要來定。

　　雖然上述六個人生階段的理財目標並非人人都可實踐，但是理財計畫絕不能流於「紙上作業」，畢竟有目標才有動力。若是毫無計畫，只憑一時之間的決定主宰理財生涯，則可能出現「大起大落」的極端結果。財富是靠「積少成多」「錢滾錢」逐漸累積的，平穩妥當的理財規劃如果及早擬定，將有助於逐步實現「聚財」的目標，為人生奠定安全、有保障、高品質的基礎。

4 高收入，更要參與理財

　　在年輕的朋友當中，也不乏這樣的一群人：他們學歷高，學的又是熱門專業，所以工作好，甚至每個月的工資可能是好幾萬的。因此，其中就有一部分人覺得沒必要理財，節流不如開源。當然他們也會注意節約，不會每月都把工資花光光，卻一樣能過得很好，每年年底還能剩一點零花錢。

　　乍一聽，好像這樣的生活方式也挺好，不用費心去理財，錢肯定也夠花，但這種隨性對待錢財的態度看似悠閒

自在，實際上是因為沒有遇到不可預期的風險。一旦遇到了，我們就會發現，目前的這種「自由」是有代價的，它讓你在缺乏有效防禦的前提下，將自己暴露在風險之中，從而遭受挫折或損失。

在現實生活中，我們看到許多白領由於工作壓力較大，很少顧及理財，他們常常把錢往銀行一存，覺得這種理財最安全。而實際上，正如我們在上文所提到的那樣，這種把錢放在銀行裏任其生滅的方式，在理財產品和理財管道如此豐富的今天，是十分錯誤和愚蠢的。

今年25歲的王林，在北京一家房地產公司擔任客戶經理，年薪加分紅在十萬以上，這在同齡人中是相當不錯的收入。看著銀行裏的存款一個月比一個月高，王林很是得意。他覺得周圍的同事今天聊保險，明天又選基金，真是有點瞎折騰。自己的收入那麼高，存在銀行裏，又安全又省心，沒什麼不好。所以，王林從來不會聽公司組織的理財諮詢課，同事們紛紛購買商業保險，他也從不參與。

然而，天有不測風雲，一次駕車遊玩時，王林不小心傷了腿，需要手術治療，並臥床幾個月，這下子，光是手術費、住院費、生活費就要十幾萬。而王林的所有存款也不過七八萬而已，就算公司有醫保，但是也才一萬多。沒有辦法，王林只好去借，在東拼西湊後，總算拿出來了救命錢，算是救了急。

　　此時的王林追悔莫及，他恨自己沒有未雨綢繆，本來只花幾千塊錢辦個保險就可以解決問題，結果現在倒好，不但自己的積蓄被一筆勾銷，他還成了「負翁」。他在這件事上長了記性，開始學習保險和各種理財手段，為自己規劃一個穩定的未來。

　　與王林相類似的境遇，我們經常可以在報紙上見到。比如，年收入幾十萬的白領因為一場重病而傾家蕩產，被打入社會底層的故事屢見不鮮。也許，這樣的事情不降臨到自己的頭上，是誰也不會意識到它的存在的。

　　說來說去，我們都是在講這樣一個道理：對一些高收入的年輕朋友而言，理財同樣重要。

　　即使目前，你的工資已經遠遠高出同齡人，你暫時不必擔心生計問題，但要知道，隨著時間的推移，你可能會面臨買房、結婚的難題，甚至以後養育子女的問題。面對這一大筆即將到來的支出，如果不及早作打算，用錢時怎麼辦？和父母要？找朋友借？——要知道，手心向上（即伸手討錢）的日子可不好過喲！

　　再比如，假如有一天，你或者你的家人像案例中的王林一樣，不幸受了外傷或得了重病，你又該怎麼辦？要知道在現有的醫療保障體制下，大部分的醫療費用由自己承擔，這意味著你需要有足夠的金錢去支付藥費。其實，所

有這一切不可預期的意外，只要你在平時有足夠的風險意識，未雨綢繆，遇到問題時可能就是另一種結果。

　　小李，一畢業就進了一家大型廣告公司，拿著同齡人都羨慕的薪水和福利待遇，他雖然不大手大腳，但從來沒有理財的概念，所有存下來的錢，一概扔在銀行裏。他覺得這樣處理錢已經很安全了，至於股票、基金之類的東西，都是不實用的，說不定還會有什麼風險把原有的積蓄給搭進去，錢還是老老實實放在銀行最安全。

　　於是，小李卡上的錢越來越多了。與他差不多的同事都去炒基金、買保險、投資各類理財產品了，他們勸小李也加入進來，但小李紋絲不動。小李心想，這種理財方式太有風險，萬一賠了怎麼辦？還是我這種「理財方式」最安全。

　　又是幾年過去了，許多投資理財的同事們在新一輪的牛市中，理財收益都在10%以上，再加上原有的存款，他們輕輕鬆鬆地交付房子的首付。所以很多同事紛紛開始計畫著購房置業，而小李的存款卻只能保證他在幾年之內衣食無憂。這時，小李才發現和其他人相比，自己已然輸在了起跑線上。

　　綜上所述，一定要培養自己的理財意識。收入高的，就多做一些安全的投資；收入不理想的，就少做一點，但

不能不做。

　　理財，只要慢慢堅持下來，總有一天你會收到意外之喜，或是慶幸自己當初的明智之舉。

　　但是，剛剛接觸理財的人，尤其是缺少耐性的青年朋友們，有人會天真地抱有這麼一種想法：指望理財能幫自己很快地發家致富。

　　小林就是這樣一個投資者。一方面他不想把自己辛辛苦苦賺來的錢放在股市裏冒風險，另一方面，又想很快地讓自己的收入見到很好的回報。思來想去，他在朋友的建議下，買了基金。對他這種謹慎膽小又想發財的投資者而言，低風險與平穩收益的基金，是一個不錯的選擇。

　　前幾個月，他的基金表現優異，小林每次上網看時，都能由衷地感受到財富增長帶給他的驚喜。然而，在接下來的三個月裏，這支基金開始不斷地「跳空」，反覆考驗著他的心理承受能力。小林耐住性子，堅持認為它是在積蓄力量，醞釀反彈，所以暫時沒有採取什麼措施。但是，在接下來的好幾個月裏，小林發現他的這隻「雞」變成了「瘟雞」，長跌不起，到最後幾乎是「破罐子破摔」，再也不理會他焦灼的目光。結果，小林剛剛嘗到了一點增值的喜悅，就眼看著這支他寄予了厚望的基金一落千丈。最終，小林一氣之下，不顧朋友的勸告，立馬「殺雞」——將這支基金低價處理了，並打算從此以後，再也不涉足投資理財。

然而，過了不久，小林就嘗到了衝動的苦果，他當初買下又拋棄的那支基金奇蹟般地鹹魚翻身，一舉創下了佳績。由於自己的一時衝動，小林損失的，不僅僅是金錢，更是第一次投資失利的帳單。

　　從小林的經歷中，我們可以得到這樣的教訓：不管我們多麼渴求財富，在投資理財的時候都要頭腦冷靜、踏實穩當。像小林那樣，在理財的過程中，想通過快進快出，很快地賺到大錢，想一想的確很誘人，但是事實和經驗告訴我們：從長期來看，嚴謹有度的理財方法往往收效更佳。

　　理財的關鍵不在於你能賺多少，而是你能在多大程度上照看好你的錢，不讓它們不知不覺地從指縫中漏出去。「不積跬步，無以至千里；不積小流，無以成江海。」永遠不要認為自己無財可理，只要你有經濟收入就應該嘗試理財，如此，你必然會得到豐厚的回報。

　　「積少成多，聚沙成塔。」如果我們能夠意識到理財是一個聚少成多、循序漸進的過程，那麼「沒有錢」或「錢太少」不但不是我們理財的障礙，反而會是我們理財的一個動機，激勵我們向更富足、更有錢的路上前進。

　　在很大程度上，理財和整理房間有異曲同工之處。一間大屋子，自然需要收拾整理，如果屋子的空間狹小，則更需要收拾整齊了，才能有足夠的空間容納物件。我們的

人均空間越是少，房間就越需要整理和安排，否則會零亂不堪。同理，我們可支配的錢財越少，就越需要我們把有限的錢財運用好！而要運用和打理好有限的金錢就需要一種合理的理財方式。歸根結底，我們應該明白這樣一個道理，不能因為有錢，甚至錢多就不去理財；因為錢財有限，則更需要理財。

5 早早制訂理財一生計畫

每個人都應該早早制訂理財一生計畫。

由於不同生命階段的生活重心和所重視的層面不同，我們的用錢計畫也會有差異。因此，專家建議，我們應該根據人生的不同階段，制訂出與之相適應的、恰當的用錢計畫。

一、初入社會（20～24歲）

這一時期剛剛參加工作，還是單身期。特點是：收入有限，幾乎沒有什麼負擔。所以，很多人將大部分的金錢花在吃喝玩樂上。這完全可以理解。但是，請不要忘了，

這個時期是未來家庭資金的積累期，你必須爲結婚做好準備，這一點有多重要，不用多想你就知道。因此，這段時期的主要內容除了努力尋找高薪機會並努力工作外，還要廣開財源、著手用錢投資。投資的目的不在於獲利而在於積累投資經驗，因此，可以選擇小額資本進行高風險投資。另外還必須存下一筆錢，一爲將來結婚，二爲進一步投資準備本錢。此時，作爲年輕人的保費相對低些，還可爲自己投保人壽保險。減少因意外導致的收入減少或中斷後的負擔，只需花極少的錢。如：拿年收入的5%～10%購買意外殘疾、急救醫療、重大疾病的保險。總之，這一時期最好是養成做預算的習慣，有意識地控制自己的消費，在花錢享受人生的同時，也將一部分收入積攢起來。及早養成這個習慣，理想亦會早日實現。

二、建立家庭（25～35歲）

在這段時間，多數人已經成家立室、貸款買房以及生兒育女，他們的負擔變得沉重起來，要支付租金（或者付貸款）、伙食、養育子女、娛樂等費用，還要爲將來做些必要的準備，比如子女的教育、養老計畫等費用。這個時期是家庭的主要消費期，主要內容是合理安排家庭建設的支出，面對各種不同的需要，有效地控制開支。這一時期收入相對穩定，相較於單身期來說，收入也有所提高。但隨

著家庭開支的提高，要想積累較多的財富也不太容易，所以，重要的是保護好已經擁有的財富，不要盲目地參與一些風險較高的投資活動，因爲現在你承受風險的能力還有限。另外，爲了預防可能出現的意外，一定要撥出小部分錢投保，在這一時期裏可以選擇繳費少的定期險、意外保險、健康保險等。如有餘錢，可以適當進行投資，但鑒於財力仍不夠強大，最好選擇安全的投資方式，如儲蓄、債券等。

三、步入中年（35～50歲）

步入中年，經濟環境比年輕時寬裕多了，子女在這個時候也將進入社會工作，但現在的孩子大多是獨生子女，也就是說，以後每兩個人要負擔4個老人。這段時間，你應該好好運用餘下的收入，增加對養老計畫的投入。其次，也可以建立自己多元化的投資組合，開始適當地介入一些風險較高的投資領域，比如房地產、股票、外匯等，進行定期的投資。當然，最好諮詢一下專家，請他們提供一些投資的意見。

四、退休前（50～60歲）

現在，你的子女應該成人，獨立生活了，房貸也差不多該結束了，你與你的伴侶有足夠的金錢享受人生。退休前的日子多半會是你收入最多的時候，你要小心處理這筆收入，充分利用這個機會，加快財富的增長。在這個時候，你應該十分清楚退休之後自己對生活水準的要求。因此，你也應該重新研究所持有的保險合約，有效地安排你的財產。

五、退休後（60歲以後）

退休之後的生活是你的黃金歲月，由於以前精心的安排，財務問題已經不必細分化了。當然，退休後收入會變得有限，因此，有效地管理開支就十分重要。假如你在這個時期仍然能夠增加財富，這當然是一件好事，但你如果已經根據一個健全的計畫籌備好退休生活，那麼也沒有必要勉強為這個張羅，你可以開始運用積聚的資金。由於你之前曾經小心選擇保險計畫，你的需要和過世後家人的需要亦已經得到全面的保障，現在是你享受豐碩成果的時候了。

當然，以上提供的只是一個人在人生不同階段的基本建議。由於個人情況不同，每個人面臨這幾個時期的情形也會有差異，因此可以根據個人需要來制訂一生的用錢計

畫。當然,最終的目的都是希望自己能合理化地開支,不要面臨一文錢難倒英雄漢的情況。

6 制定一個盡可能精確的理財目標

有些急性子的年輕人,在請教理財之道的時候,經常是在網上或者銀行裏找理財師,先是向他們介紹自己的財務狀況,然後便問對方:「我該怎樣理財?」若是對方反問:「你的理財目標是什麼?」這人多半一臉茫然、一頭霧水,或者乾脆來一句「就是錢越多越好唄」。這說明,這類的朋友心裏根本沒有一個明確的理財目的和計畫。

大學剛畢業的小張今年23歲,在北京一家科研單位工作,每個月固定收入2000元,獎金和各項補助3000元。日常支出主要是房租支出1000元,衣食支出800元,交通通訊支出400元及其他支出100元。存款情況是:活期存款12萬元(其中有父母支持的8萬元),定期存款1萬元。

由於剛剛畢業一年,自己還沒有買房,現住集體宿舍,沒有任何負債,風險承受能力中等。他將自己的理財

目標，劃歸到中等偏上。他希望能把閒置的資金做一個規劃，儘快擁有一套屬於自己的單元房，以結束租房帶來的許多不便，條件成熟時，能在無貸款的前提下購置自己的第一輛車。

　　理財師對小張情況的分析是：從小張所從事的職業來看，科研單位一般比較穩定，收入相對可觀，但其工作性質決定了他不能在平時將過多的精力投入到理財之中，且風險承受能力中等。所以小張的投資理財策略不應過於偏激，投資工具應主要以中短期的債券、基金為主。

　　經過具體的分析，最終理財師為他提出如下的規劃：由於現在各商業銀行都推出了人民幣理財產品，但受貨幣政策的影響，人民幣理財產品的收益率不斷下降。而具有低風險、低波動、高收益特性的債券基金則從眾多的投資理財產品中脫穎而出，得到大眾的青睞，小張不妨將活期存款取出3萬元，購買債券基金。

　　至於他的買房購車規劃，專家認為，小張每個月有近2500元的資金結餘，目前近郊的房價在5500元左右一平方米，由於一個人住，建議購買一套小戶型的單元房，空間在50～60平方米比較適宜，房價控制在30萬元左右。建議從剩餘的活期存款中取出5～7萬元，用於單元房的首付，餘款用住房公積金做房貸15年，月供約1750元左右。剩餘的資金小張可以購買一些家用電器、家居生活大件用品等。

而說到買車計畫時，專家認為目前還屬於小張能力之外的目標。雖然小張有購車的打算，但是受購買能力的限制，不能和買房同步進行。如果小張再申請汽車消費貸款，也不是不可能，但是這樣一來，小張每月的流動資金就非常有限了，如果遇到突發事件，就顯得力不從心了。另外，銀行也會從規避風險的角度考慮，可能會提出拒貸，建議小張還是把買車的事情放一放，待一切穩定之後再做考慮。

來看看**巴菲特的三大理財觀念：投資原則一，絕對不能把本錢丟了；投資原則二，一定要堅守投資原則一。**如果投資1美元，賠了50美分，手上只剩一半的錢，那麼除非有百分之百的收益，才能回到起點。**三、不要頻頻換手，有好的投資對象時再出手。**

再看看**索羅斯的三大投資秘訣：一、當所有的參加者都習慣某一規則的時候，遊戲的規則也將發生變化。二、判斷的對錯並不重要，重要的在於正確時獲取了多大利潤，錯誤時虧損了多少。三、當有機會獲利時，千萬不要畏縮不前。**當你對一筆交易有把握時，給對方致命一擊，即做對還不夠，要盡可能多地獲取。

現在你該明白，制定一個盡可能精確的理財目標是非常必要和關鍵的。道理很簡單，只有確立了理財目標，才

能圍繞目標制定切實可行的理財計畫，並且按部就班地去實行，最終達到這個目標。如果目標不明確，我們在理財時就只能跟著感覺走，達不到任何效果。

日常生活中，我們有許多願望，比如，我想退休後過舒適的生活、我想孩子到國外去讀書、我想換一所大房子等，有些人誤以為這些就是理財目標，其實這只是生活願望。把理財目標等同於生活目標，並以此來衡量自己理財的收益水準，這無疑是不切實際的，最終會導致很多人對理財望而生畏，認為根本就沒有這麼大的效用。

這是一個在觀念上應該澄清的誤區，一個切實可行的理財目標必須有兩個具體特徵：

（1）目標結果可以用貨幣精確計算；

（2）有實現目標的最後期限。

簡單來說，理財目標必須具有可度量性和時間性。比如，想在20年後成為百萬富翁、希望5年後購置一套1000萬元的大房子、每月給孩子存5000元學費等，這些都是清晰的理財目標，具有現金度量和時間限制兩個特徵。

7 月光族的記帳法則

很多年輕一族，在提到錢的時候，經常掛在嘴邊的一句話是：「為什麼我的錢總是不夠花？！」「為什麼總是存不下錢？」

不知道常常為「錢不夠花」而苦惱的朋友們，有沒有考慮過自己的錢是怎麼被花掉的？你對自己的錢流向何處，心中有數嗎？你認為自己的錢都花在「值得」的地方了嗎？

大學剛畢業的小李上班兩個多月，每個月4000元左右的薪水，公司還替他租了住房，但他這兩個月都是「月光」。日常吃飯費用、交通費、電話費和水電費至多1000元，那其他的錢都怎麼沒了呢？小李自己也覺得不對勁，左算右算，請朋友吃飯、唱歌、出去玩、買衣服，這些又花掉了1500元左右，其餘的錢怎麼用掉了呢？他還真的一時想不起來了。

如何有效支配你的錢？最好的辦法就是作預算，和自己算算帳。在這一點上，可能不同的人會有不同的認識，

但最基本的意識是，先把自己的賬算算清楚，這是確信無疑的。

曾有一個「月光族」朋友自曝家底：雖然自己的月收入有幾千元，但還是要父母每個月「救濟」她近2000元的生活費。那麼，這幾千元的生活費她是怎麼用掉的呢？

她自己舉了下面這個例子。

有一天，她揣了100元去沃爾瑪，本來只想買一瓶10元的殺蟲劑，但從超市出來後，又逛了外面一些賣飾品的小店，覺得這也好看，那也不錯，忍不住就把100元全花光了。即便如此，還是意猶未盡，旁邊服裝店的一款夏裝正是自己的最愛，雖然，當時已經身無分文，但是信用卡還在！

結果，她一路刷卡下來，對花了多少錢的概念就更沒譜了，到最後拿了一堆大包小包的東西回家，新鮮勁一過，許多東西就被束之高閣，打入冷宮。她也後悔過，但是過不了幾天，衝動勁兒一上來，新的血拼就會再次上演。

另一位已經結婚了的蔣小姐，雖然收入尚可，但同樣也感受到這種沒錢花的壓力。蔣小姐工作一年多了，今年4月份剛剛結婚。據稱，她和老公月收入加起來約6000元，平時與父母住在一起，除去每個月給父母1000元的生活費，還貸款買了兩套住房，月供總計2100多元，老公抽

煙大概還要花500元。再扣去亂七八糟的花銷，蔣小姐感到錢老是不夠用。儘管以前也嘗試著記帳，但始終無法堅持，不知不覺手中的錢就沒了，並且感覺所有的花銷都是應該花的，絕對沒有亂買東西，如果遇到朋友聚會或送禮較多時，還會入不敷出。

　　從上面的例子中可以看出，兩位喊錢不夠花的主人公，她們的消費帳目都是一筆糊塗賬。對自己的鈔票流向何處，心中沒數，正是進行個人理財的第一塊絆腳石。

　　有人也許會問：知道了錢的去向，又能怎麼樣呢？記帳和理財又有什麼關係呢？記帳又不能讓我的收入變得更多！

　　的確，光憑記帳不能夠使你每個月2000元的工資變成4000元、5000元，但是記帳卻可以幫你做到以下幾點。

一、控制過度消費

　　通過記帳，你會很清楚地知道自己的錢都用來做了什麼，對每一筆賬都做到心中有數。比如，哪些是必要的開銷，哪些是非理性、應該避免的花費，各占多大的比重。專家統計，個人或者家庭的年節餘比例達到收入的40%，才是正常的。參照這樣的比例，有助於你找到家庭超支的大秘密，並對症下藥。相信「月光族」如果能夠學會記

帳，每月月底也就不會再度日如年了。

二、規劃安全、合理的財務結構

記帳，並不是單純地記錄每筆收支，更重要的是要進行歸納總結。每個單位的財務人員可以從賬務中判斷公司的發展方向，個人或者家庭也可以通過記帳制定日後的消費計畫，爲理財制定一個清晰合理的目標。

下面，讓我們來看看一張合理的個人開支表應該是什麼樣子。

個人（家庭）月度收支表　（單位：元）

收入			支出		每月盈餘	
項目	金額	所佔比例	項目	金額		
工資			衣			
獎金			食			
其他			住			
			行			
			還貸			
			保險			
			其他			
小計			小計		小計	

　　按照前面的表格，初學理財的年輕朋友們，可以很輕鬆地梳理出自己每個月的收支狀況。如果再輔以理性分析、總結和調整，慢慢地就可以為自己制定一個合理的收支計畫。

　　以北京一個月收入3500元的年輕朋友小A為例。

　　收入：3500元

　　支出：

　　（1）房貸為1500元。

　　（2）日常開銷：每月1000元左右，包括柴、米、油、鹽等基本開銷，還有通訊費、水電煤氣費、請客吃飯等日常開支。

　　（3）學習投資：每月500元，用來上外語班、進行專業進修。小A很清楚，年輕正是學經驗、長知識的最佳時機，所以一定要趁此大好光陰多積累、多學習，培養自己賺錢的能力才是最大的理財。對於這筆支出富餘出來的部分，小A先用它買了開放式貨幣基金，因為它的風險小，並且可以隨時動用，收益相當於銀行定期存款，而且還不收利息稅。

　　投資：

　　（1）每月拿出200元，購買保險。因為年輕人活潑好動、愛冒險，所以小A買了意外傷害險。

（2）每月300元買定投基金。很多朋友們可能會把這區區300元不看在眼裏，隨手當作零用錢花掉了。而小A則用這300元參加了基金定投，一年之後他的帳戶裏又多了4500元（定投基金的收益為5%）。

另外，為了防備發生意外之需，小A還給自己辦了一張信用卡，並給自己立下規矩：不到萬不得已，不輕易刷卡消費。

可以說，上述的帳目記錄簡直就是一個很好的理財規劃表。由此看來，記帳可以幫我們及早走出消費誤區，調整財務計畫。

有一位女士，本來想買輛車作為代步工具，朋友勸說現在油價上漲，養一輛車的費用還不如打車合適。這位女士覺得朋友的話有道理，就暫時放棄了買車的想法。但是，經過一段時間的消費記帳之後，她發現，依她自己的情況來看，每個月打車的費用基本在千元左右，遇到颱風下雨，還可能因為打不著車而誤事，這樣一算，還不如買車合適。於是，她重新修正了自己的消費計畫，將買車納入了自己的近期計畫之中。

還值得一提的是，現在已經進入「刷卡」時代，信用

卡的普及幫我們解決了很多問題，但是也給年輕朋友們帶來了一定的苦惱。許多朋友們往往是刷卡的時候特瀟灑，但是到對賬的時候就後悔不迭。而且，信用卡如果使用不當的話，還會有一些「陷阱」。比如，信用卡的提現利息雖然聽上去不是很高，可是它的提現手續費卻是高得嚇人，而這些細節一般的發卡銀行是不會事先向你說明的。另外，如果你因為財務問題，不能及時全額還款的話，上繳的滯納金也是很高的，而這一切往往都是你在吃虧之後才會發現的。所以，「天下沒有免費的午餐」，信用卡表面給你提供很多便利，但是你不會巧妙使用的話，就會有很多不可知的黑洞在等著你，一個不留神就讓你成為「卡奴」。

8 細水長流，理之有道

　　不少人一聽投資理財基金、股票就覺得恐怖，其實完全沒有必要這樣。年輕時期是家庭負擔較小，也是最能承受風險的時候，拿出小部分的錢試試基金、股票、債券之類的金融產品，也許會遭遇部分損失，但卻也是提高自己投資理財能力最有效的方法。個人資產的投資增值是我們一生都要面對的問題，當我們沒有富裕到可以請專業理財師來打理的時候，請自己動手吧。

　　專家曾對此做過科學的研究：同樣一種理財產品，你持有1年的話，負收益的可能性占到22%；持有5年的話，負收益的可能性為5%；而持有10年的話，負收益的可能性為0%。其中的原理就在於：任何投資理財都存在一定的風險波動，如果你持有的時間越長，那麼風險的波動就會更趨近於它的長期均值，也就是說你的風險會隨著時間的延長而被中和掉一部分。當然，前提是你要選對真正有價值的產品，比如，在理財產品中，購買銀行或者業績十分出色的國際企業的股票或基金，就更有利於你長期受益。我們需要多瞭解一些關於理財方面的知識與技能，不斷地尋找適合自己的理財方法與方式。

被譽為股神的巴菲特，在他的一本書裏介紹說，他6歲開始儲蓄，每月30塊。到13歲時，他已經有了3000塊錢，他用這3000塊錢買了一檔股票。年年堅持儲蓄，年年堅持投資，數十年如一日。現在85歲的巴菲特長年佔據《福布斯》富人排行榜前三甲。

另外，理財專家經過長期的觀察和調研發現：股票投資雖然向來被視為風險很高的投資領域，但能在股票領域上獲利頗豐的投資者，卻恰恰是那些堅持長期持有的群體。這與他們對投資產品的深入研究、具有長期持有的信念和決心是分不開的，無論市場波動多麼劇烈，這些人始終採取持有的策略來應對。

採取持有的策略來應對市場的波動，不僅適用於風險程度高的股票，風險程度略低的基金亦可。有關報導稱，曾經有基金公司發起過尋訪公司原始持有人的活動。調查的結果是，就該公司單檔基金的收益來看，原始持有人的獲利普遍超過了200%，遠高於那些提前贖回或者中間多次交易的投資人的回報水準。

國際的一項調查表明，幾乎100%的人在缺乏理財規劃的情況下，一生中損失的財產從20%～100%不等。舉例來說，有華僑在美國辛苦打拚一輩子，把畢生積蓄存於某

家銀行，卻不幸遭遇這家銀行破產。按照當地的法律，政府只保護10萬美金以內的存款，這意味著其餘的積蓄全部打了水漂。再舉例來說，很多人在世時富甲一方，但去世後遺產稅甚巨，他們的子女僅能享受一半的遺產，甚至還會因爲無力支付遺產稅而被迫放棄遺產。

　　所以，作爲一個現代人，尤其是最具備理財年齡優勢的年輕人，在一開始，就應有個清醒的認識：樹立良好的理財心態，總有一天會從中受益。我們不需要達到格雷厄姆或巴菲特那樣的大師水準，但弄清楚成熟市場基本的投資哲學和遊戲規則，有助於年輕朋友避免將辛苦錢捐給毫無預期的「市場黑洞」。

　　一個非職業的投資者，最擔心的往往是投資市場中無所不在的「陷阱」，尤其是隱藏在大肆宣揚的回報率後面的黑箱操作。如果對自己的理財知識不是很有信心的話，最好詢問專業的理財投資師或者個人理財顧問，不要自己盲目決定。這樣，才能真正做到「理之有道」。

　　要知道，理財不是投機，而是細水長流、相對穩健的財富積累。如果我們指望著靠理財而一口吃成個胖子，最後只能讓我們欲速不達，結果甚至會適得其反。

　　因此，我們在理財時並不是具備了理財的意識就足夠了，也要講究循序漸進、長線操作、穩中求升。理財，既需要智慧，更需要耐心。

正確的理財步驟如下：

第一步，要瞭解和清點自己的資產和負債。

我們知道，要想合理地支配自己的金錢，首先要做好預算。預算的前提是要理清自己的資產狀況，比如，我有多少錢？哪些是必不可少的消費支出？我有多少錢是可以用來理財的？

我們只有對自己的資產狀況進行理性分析，才能結合自己的需求，作出符合客觀實際的理財計畫。而要清楚瞭解自己的資產狀況，最簡單有效的辦法是要學會記帳。

第二步，制定合理的個人理財目標。

弄清楚自己最終希望達成的目標是什麼，然後將這些目標列成一個清單，越詳細越好，再對目標按其重要性進行分類，最後將主要精力放在最重要目標的實現中去。

一般來說，大多數人的理財目標不外以下內容。

（1）應付意外風險，如失業、意外傷害等，這主要來自於保險或者備用金。

（2）供給生活開銷，這主要來自於工作或者生意所得。

（3）自我發展的需要，如度假、學習、社交，來源同上。

（4）退休後的生活供給，來自於保險、退休金。

第三步，通過儲蓄、投保打好基礎。

我們常說蓋房子要先打地基，地基牢固，房子才安全，理財也是如此。剛入社會的人，因為有著大把的時間和機會，有著可以冒險的資本，盡可以大膽出擊，但我們在這裏還是要強調，開始理財的時候，尤其是初學理財的年輕朋友，還是以穩健為好。應該以儲蓄、保險等理財手段先打牢地基，然後再根據自身的喜好和實際情況，去嘗試高風險、高回報的理財品種。

第四步，安全投資，隨時隨地控制風險。

什麼是安全投資？就是結合自身的條件（比如抗風險能力），找到最適合自己的投資方式。千萬不要急功近利，看什麼賺錢快、賺得多就做什麼，在準備投資之前，最好分析一下自己的風險承受能力，認清自己將要做的投資屬於哪種類型的投資，是穩健型投資還是積極型投資，或者是保守型投資等等。然後根據自己的條件進行投資組合，讓自己的資產在保證安全的前提下，最大限度地發揮保值、增值的效用。

第五步，經常學習，改進自己的理財計畫。

有關權威專業機構曾經對北京、天津、上海、廣州等

4個城市進行了專項調查，調查結果顯示，74%的被調查者對個人理財服務很感興趣，41%的被調查者則表示需要個人理財服務。

出現這種局面的原因是，一方面，中國的理財熱潮剛剛興起，理財方面的人才還十分匱乏，目前的從業人員良莠不齊，作為理財投資人，我們自己應該多學一些理財知識。這有助於增加自己的鑑別力，不至於盲從上當。正如有句話所說的，「嘴是人家的，錢是自己的。」我們得學會對自己的財產負責。而在對市場把握不準的情況下，專業機構的理財顧問能提供相對全面的資料，為客觀的判斷和投資作參考依據。

第二章

全民理財，最基本的理財知識

1 計算清楚淨資產

在理財之前，首先應弄清楚你有多少財可理——資產是多少？負債是多少？資產扣除負債後剩下來的才是真正屬於你的資產，即淨資產，它的價值相應稱為淨值。雖然負債也是理財的重要部分，但是對一個淨值為負的人而言，理財可能是一件十分痛苦的事。所以理財的第一步是，算清楚淨值，並設法增加資產，減少負債，不斷累積淨值。

要想計算出淨值很容易，你可以製作一張表格，對自己的所有資產進行分類，在表中列出你的全部資產，就可以算出資產總值。資產可以分為流動性資產、投資性資產和自用資產。流動性資產包括現金（*活期儲蓄存款、支票帳戶*）、短期性的投資（*短期國債或企業債、證券*）；投資性資產包括長期持有的定期存款、股票、中長期債券、保險單、不動產、藝術收藏品、黃金和外匯等；至於自用資產，一般包括自用住宅、傢俱、通訊工具及交通工具等。然後列出所有負債，也算出負債總值，負債通常可分為短期負債和長期負債兩類。短期負債如信用卡透支餘額、各種分期付款、消費性的個人借貸等；長期負債如

房屋貸款、汽車貸款，其他用於投資或購置個人資產的長期貸款等。資產總值減去負債總值，剩下的就是你的個人資產淨值。

可見，計算淨值並不困難，但你必須瞭解其中各項內容所代表的意義。

（1）**流動性資產**。所謂流動性，也就是可以隨時應付緊急支付或投資機會的能力。通常流動性資產越多，代表這種能力越強，但流動性資產的收益率相對較低，流動性資產過多，會影響收入水準。對流動性資產的需求往往因人而異，收支情形不同、工作穩定與否及投資策略的高低直接決定著流動性資產的多少。一般來說，流動性資產的總值應該相當於半年的工作收入。如果你的工作不是很穩定，或者你投資比較大，這項資產的金額就應該更高些。如果工作穩定，而且預期短期內不會有大筆的現金支出，金額就可以低些。

（2）**投資性資產**。一般是指長期投資，主要是用來積累資金以應付將來較大的財務需要，比如子女的教育、買車，所以，一般短線操作的股票嚴格來說不能算投資性資產。

（3）**自用資產**。這類資產是為了讓你和家人可以長期消費和享受。自己居住的房屋一般屬於自用資產，而不能歸類於不動產投資。從理財的觀點來說，自住以外的房屋

或用於營運的交通工具，是以賺取現金收入或將來的差價利潤而購置的，不應算作自用資產，而應該歸類於投資性不動產。

（4）**短期負債**。指未來一年內必須支付的款項，也包括未來一年內到期的長期貸款（如房貸、車貸）。

（5）**長期負債**。長期負債主要包括用來做長期投資（如購置投資性不動產）和購置主要的個人資產（如住宅、汽車）。

很多人不願意計算自己的淨資產，以為那沒有什麼意義。其實，計算淨資產有很多用途。

（1）**清楚自己現在有多少淨資產**。也許你會認為自己的資產很多，或者只是在腦海中大概知道自己有很多淨資產。但如果你坐下來仔細計算一下，你也許會發現其實你的淨資產並沒有你想像的那麼多。你應該定期計算一下自己的淨資產，設定一個增長目標。

（2）**評估自己的資產**。資產負債表可以讓你對如何運用資產有個完整的概念，並告訴你流動性資產、投資性資產和自用資產各占多少比例，是不是平衡。另外，淨值表也可以讓你知道有哪些資產可以很快變現，投資有沒有分散，或者是否只集中於某一兩種投資工具。

（3）**分析你的負債情形**。把負債置於自己的能力控制

之下，是理財相當重要的一環。

（4）**估算相關的稅務。**知道自己的資產淨值後，可以較好地規劃自己的節稅方案，減少支出。

通過瞭解自己的資產淨值，可以更確實地掌握自己的財務狀況，進而做到「進可攻，退可守」，隨時調整理財計畫，修正理財目標，有效運用錢財。

2 正確認識金融商品

或許你認為自己已經學到了教訓——投資股票有風險，所以以後不再投資股票，而是把錢放在定存，避免再次受損。這並不是一個正確的態度，就像因為曾經發生了車禍，從此就不願意再開車或坐車一樣。不再開車，固然出車禍的機率會降低，但也喪失了開車的便利性。其實，問題不在汽車，而應該是吸取車禍的教訓，學習正確的開車方式，從此更加小心。同樣的道理，股票本身並沒有害處，任何投資工具都是有風險的（包括定存）。投資股票造成了虧損，主要是因為人們對股票的認知有錯誤，更正確地說，就是對金融工具的認識不清。「水可

載舟，亦可覆舟。」關鍵要看人們以何種方式、何種心態去使用金融工具。

經濟學理論告訴我們，我們在看到喜歡且有需要的東西時，就面臨選擇，是今天買，還是將來再買？是買衣服，還是買鞋子？通常立即購買帶來的滿足感是最高的，如果願意將錢省下來，等到未來再購買的話，我們就會期望在未來能夠有更高的回報，以此來抵消目前無法立即消費的遺憾。

比如，等兩個月後再買就可以打折。相反，如果今天買與下個月買的價格都一樣，絕大多數人都選擇今天就買，因為多了兩個月時間可以享受。

投資時，人們也會面臨類似的選擇。首先要決定的就是在眾多的金融工具當中，應該將錢放在哪些金融產品上。最常見的選擇有存款、債券與股票，這三種金融工具的特性與未來可能的回報都不相同。當然也有其他的投資工具可能被考慮，例如房地產、古董、黃金、期貨、外匯等。

在這裏，我們先對三種最普遍的金融商品進行探討，想要作出正確的選擇，就必須先對這三種產品有充分的瞭解。

存款

　　存款是變現能力最強、價值最穩定的金融商品，這也是將錢用於存款最大的好處。幾乎你想用錢的時候，就可以隨時將錢領出來，這是其他金融工具所沒有的。生活中，變現能力是很重要的。許多家庭財務出問題，並不是因為資金不夠，而是將太多的資金放在變現性不佳的工具上，如此，在急需用錢時就可能出現問題。存款人將錢存入銀行，主要獲得的報酬是利息收入，而利息的高低與景氣的繁榮與否有很大的關聯。通常景氣好的時候，利息就會比較高；反之，利息就比較低。

債券

　　簡單來說，債券就是發行債券的人向購買債券的人借錢，並承諾定期支付借款利息與到期支付本金。債券依據發行的機構又可分為政府公債與公司債券兩種類型。

　　政府公債——政府公債是以政府的信譽作為擔保，向購買債券的個人或機構借錢。因為是由政府作擔保，所以理論上沒有違約風險。但每個國家的情況不同，有的國家財政不好，有的政府政權不是很穩定，例如非洲或拉丁美洲的某些國家，其政府債券仍有違約的風險。國際上，以美國政府的公債作為風險最低的公債。其他國家所發行的公債，則依據該國的財力與政局穩定度，被認為多少都會

有違約的風險，差別只在於高低不同而已。政府發行公債向投資人借錢，之後每年或半年會支付公債的持有人一筆利息，並約定數年或數十年後，由政府償還投資人本金。

一般來說，政府公債沒有太大的違約風險，但是在公債到期之前，仍然會因為市場的利率變化而面臨利率上的風險。因為一旦投資了債券，每年所能收到的利息是固定的，未來如果市場利率上升，則債券的投資人就會喪失利息同步上升的好處。

公司債券——公司債券顧名思義，是發行公司以公司的信譽作為擔保，發行債券向投資人借錢。但是，再大的公司都有可能會倒閉，如震驚全球的雷曼兄弟。因此，投資公司債券，必須考慮發行公司是否有違約的風險。理論上，規模越大、財務越健全的公司，其倒閉的機率比規模小的公司來得低，因此違約的風險也比較低。如果想投資公司債券，可以參考債信評等公司對於發行公司所做的評等，債信評等越高的公司，其違約風險也就越低。當然，就像公債一樣，公司債券除了有違約風險以外，同樣也會面臨利率的風險。

股票

相信多數人對於股票多少都有些瞭解，股票代表的是對於發行公司的所有權，擁有的股票數量越多，表示擁有

公司的所有權也就越多。任何企業都不可能保證會永遠存在，如果投資的公司倒閉了，該公司的股票也會變得一文不值。但與公司債券不一樣的是，只要公司持續經營，股票就沒有到期的一天。

3 選擇合適的理財方式

　　想達到使已有的錢既保值又增值的目的，首先必須選擇恰當的理財方式，現在適合個人理財的方式有很多種：儲蓄、股票、保險、收藏、外匯、房地產等等。面對如此多的理財方式，許多人經常會因別人在進行某種投資後發了財，而坐不住了、心動了，也想試一試。孰不知因爲個人條件的不同，理財方式也會不同，最關鍵的問題是要選擇適合你的理財方式。

一、職業

　　有人認爲個人投資理財首先需要投入大量的時間，即如何將有限的生命進行合理的分配，以實現比較高的回報。這其中你所從事的職業決定了你能夠用於理財的時

間和精力，而且在一定程度上也決定了你理財的資訊來源是否及時充分，由此也就決定了你的理財方式的取捨。例如，如果你的職業要求你經常奔波來往於各地，甚至很少有時間能踏實地看一回報紙或電視，顯然你選擇涉足股市是不合適的，儘管所有的證券公司都能提供電話委託等快捷方便的服務，你所從事的職業也必然會影響到你的投資組合。又如，對於一個從事高空作業等風險性很高的工作的人而言，將其收入的一部分用於購買保險是一個明智的選擇。

二、收入

理財，首先要有一定的財，這樣才能理。對於一般普通家庭而言，財就是工資收入。你的收入決定了你的理財力度，那些超過自身財力，「空手道」式的理財方式不是一般人能行的。所以，很多理財專家常告誡人們：將收入的1/3用於生活消費，1/3用於儲蓄，剩餘1/3用於投資生財。按此算來，你的收入就決定了這最後1/3的數量，並進而決定了你的理財選擇。比如，選擇以收藏作為理財的主要方式，如果資金太少卻選擇收藏古玩，無疑會困難重重。相反，如果以較少的資金選擇不用太大投資，但升值潛力可觀的郵票、紀念幣等作為收藏對象，對當前的生活就不會造成影響。

三、年齡

　　年齡代表著閱歷，是一種無形的資產。一個人在不同的年齡階段需要承擔的責任不同，他的需求、抱負、承受能力也不同。所以不同年齡階段有不同的理財方式。對於現代人而言，知識是生存和發展的基礎，在人生的每一個階段都必須考慮將一部分資金用於投資求學，以獲得自身更大的發展。當然，年齡相對較大的人在這方面的投資可以少些。因為年輕人未來的路還很長，他們遇到一兩次失敗也不用怕，還有許多機會可以重來，而老年人由於生理和心理方面的原因，承受風險的能力要小些。因此，年輕人應選擇風險較大、收益也較高的投資理財組合，而老年人一般應以安全性較大、收益比較穩定的投資理財組合為佳。

四、性格

　　性格決定個人的興趣愛好、知識面，也決定其是保守型的，還是開朗型的；是穩健型的，還是冒險型的，進而決定其適合哪種理財方式。個人理財的方式有很多種，各有其優缺點。比如，儲蓄是一種傳統的重要的理財方式，而國債是眾多理財方式中最為穩妥的，股票的魅力在於收益大、風險也大，房地產的保值性及增值性是最為誘人

的，至於保險則以將來受益而吸引人們，等等。每一種理財方式都不可能讓所有的人在各方面都得到滿足，因此，只能是蘿蔔白菜各選所愛。如果你是屬於冒險型的，而且心理素質不錯，能夠做到不以股市的漲落而喜憂，那麼，你可以將一部分資金投資於股票。相反，如果你自認為屬於穩健型的，那麼，儲蓄、國債、保險以及收藏也許是你的最佳選擇。

總而言之，以你的實際去選擇適合你的理財方式是最重要的，好的開始已成功了一半，加上你的聰明才智，相信成功終將屬於你。

4 儲蓄：理財的第一選擇

如果你的收入有限，沒有太多的錢進行投資。那麼，你首先要做的是儲蓄，因為儲蓄是理財的基礎。將錢存入銀行，無論是活期還是定期都會獲得利息。這些錢好比一隻普通的雞，一到銀行就變成天天下蛋的母雞，沒日沒夜地給你生錢。當然，銀行也有所得的。它把你的錢和別人的錢彙聚成一大筆，轉借給其他人，從而收取更高的利

息。這樣，對你、銀行和他人三者來說，都是有利的。

　　利息的高低，由國家最高銀行統一規定，各銀行及其他金融機構沒有權力隨意調高或者調低利率。一般來說，定期存款比活期存款利率高，存款期限長的比期限短的利率高。

　　根據國家最高銀行的相關規定，各種儲蓄存款是以元為單位，元以下的角、分不計利息。

　　儲蓄存款的存期是從存入之日算起至取款前一天止，存入的當天計息，取出的當天不計息。

　　儲蓄存款的天數，按每月30天、一年按360天計算。30日到期存款於31日來支取，不算過期一天。31日到期，30日來支取，也不算提前一天。30日存入，當月31日支取，給1天的利息。

　　在法定節假日到期造成儲戶不能按期取款，儲戶可在節假日前一天辦理支取。這在手續上視同提前支取，但利息按到期計算。

　　按對年、對月、對日法則計算儲蓄存期，自存入日至次年同月同日為一對年。如存入日期為到期或支取月份所沒有的，則以到期或支取月份最大的一天作為對月計算。

　　所有的儲蓄存款，在原定存款遇利率調整，不論調高或調低，均按存單開戶日所定利率計付利息，不分段計息。活期存款以結息日或銷戶日利率計付。

　　各種定期儲蓄存款，如提前或逾期支取部分，均按支取日掛牌公告的活期存款利息計付利息（**通知儲蓄除外**）。

　　如果將你手中的幾百元、幾千元或是幾萬元，存入銀行1年、半年或者只有幾個月，或者只存活期，多多少少都會生出些錢來，總比放在家裏有意義得多。

　　因此，中國人特別喜歡儲蓄。個人金融資產總額與國有資產相差無幾，中國的儲蓄水準之高，在世界上都是非常有名的。

　　所以，儘管銀行的利率一再下調，城鄉居民的儲蓄總額還是呈上升趨勢。據最新統計可知，城鄉百姓的儲蓄額已達7萬億元。

　　雖然現在儲蓄已是微利時代，但存款仍是一種有效的資金積累方式，存錢畢竟或多或少有一些利息回報，而且將錢存入銀行具有安全可靠、存取方便、回報穩定等優點。

　　對於每一個首選儲蓄為理財方式的人來說，要做到科學安排、合理配置，想要運用好儲蓄這一理財手段，就應掌握一定的方法和技巧。

一、存期的選擇

　　一般來說，在經濟發展形勢良好、通貨膨脹率較低的情況下，宜選擇長期。因為存期越長，利率就越高，實際

收益就越大。但在經濟蕭條、通貨膨脹率很高的情況下，應選擇短期。因為短期存款流動性強，可以根據利率的變化及時做出調整。

二、儲種的選擇

目前銀行開辦的儲蓄品種主要有活期、定期、零存整取、存本取息、通知存款、定活兩便等。在眾多品種中應選擇不受降息影響或影響較小的儲種。如遇降息，定活兩便、通知存款、活期儲蓄均要按新利率計息。零存整取遇降息使在存期內不變，從而保證了儲戶的利益。定期、存本取息只要不提前支取，也仍按開戶日的利率計息。

三、存款組合的選擇

在選定了存期、儲種後，對儲戶來說要想獲得更多的利息，並確保日常生活開支需要，就得講究儲蓄存款的組合。一般來說，存款組合應以定期存款為主，通知存款為輔，活期和定活兩便少量。因為無論是長期存款，還是中期、短期存款，在相同期限內，定期儲蓄的利率最高、收益最大。對自己一時難以確定存期的大額暫時閒置資金，不妨選擇「通知存款」，用款時只需提前七天通知銀行，變現性極強，而收益又高於同期限的定活兩便儲蓄。選擇定活兩便與活期時，應以小額、少量為宜。

儲蓄技巧

（1）**階梯法。**儲蓄理財要講究一定存期搭配，如果把錢存爲長期，一旦利率上調，就會喪失獲取高利息的機會；而如果把錢存爲短期，那麼利息往往又太少。採用階梯存儲法則可以彌補這方面的不足，且流動性強，又可獲取高息。

具體操作步驟是：假設你有1萬元，你可分別用2000元開設一年期存單、二年期存單、三年期存單、四年期存單、五年期存單各一個，一年後，你用到期的2000元，再去開設一個五年期存單。以後每年如此，五年後手中所持有的存單全部爲五年期，只是每個2000元存單的到期年限不同，依次相差一年。這種儲蓄方法是等量保持平衡，既可以跟上利率調整，又能獲取五年期存款的高利息。

（2）**存單四分法。**如果你現在手中有些錢，暫時用不上，但過一段時間可能有急用，可具體金額、時間卻不能確定，而且還想將錢存起來獲取「高利」，那麼你最好選擇四分存儲法。具體操作步驟爲：把錢分別存成四張存單，但金額要一個比一個大，當然也可以將錢存成更多的存單。但存單過多則不利於保管，最好還是在確定金額後，把錢存成四張存單，在存款時最好都選擇一年期

限的。這樣一來，假如你需要資金周轉，只要動用其中一個存單便可以了，避免了動用其他存單，減少了不必要的損失。

（3）**交替法**。要想做到既不影響急用，又能使儲蓄為自己帶來「高」回報可選擇交替存儲法。具體操作步驟為：假設現在你手中有一筆閒置資金，你可將這筆資金平分為兩份，分別按半年、一年的檔次存入銀行，若在半年期存單到期後，有急用便取出，若用不著便也按一年期檔次再存入銀行，以此類推，每次存單到期後，都轉存為一年期存單。這樣兩張存單的循環時間為半年，若在半年後有急用，可以取出任何一張存單。這種儲蓄方式不僅不會影響家庭急用，也會獲得比活期儲蓄高的利息。

（4）**利滾利法**。所謂利滾利存儲法，是指存本取息儲蓄和零存整取儲蓄有機結合的一種儲蓄方法，採用此種儲蓄方法，只要長期堅持，便可獲得豐厚回報。具體操作步驟為：假設你現在有一筆閒錢，可以先把它存成存本取息儲蓄，一個月後取出月利息，用它開設一個零存整取儲蓄戶，以後每月把利息取出來後，存入零存整取儲蓄。這樣不僅存本取息儲蓄得到了利息，而且其利息又在參加零存整取儲蓄後又取得了利息，可謂是雞生蛋、蛋孵雞，一筆

錢取得了兩份利息。

（5）**十二存單法。**對一般的工薪階層來說，選擇十二存單法是比較合適的。這種儲蓄法具有分配合理、收益穩定、支取方便、風險較小等多種優點。具體操作方法是：根據自己的收入情況以不影響生活為原則，每月都存入一筆固定的錢。如每月收入1500元左右，便可考慮每月存300元，當連續存足1年以後，手中便會有12張存單，金額共有3600元。這時第一張存單開始到期，便把本金及利息加上第二期所存的300元，再存成1年定期存款。如此手中便有12張存單循環，年年、月月循環往復，一旦急需用錢，便可將當月到期的存單兌現。如果此張存單不夠，還可將未到期的存單作為質押物去辦理質押貸款，既減少了利息損失，又可解燃眉之急。

（6）**存本取息法。**如果你收入很豐厚，生活很節儉，經常會有些節餘，可選擇存本取息法。最低起存金額5000元，存期有1年、3年、5年，到期一次支取本金，利息憑存摺分期支取，取息週期由儲戶自定，可以每個月或幾個月取息一次。如到取息日未取息，以後可隨時取息但不計複息。如儲戶需要提前支取本金，則要按定期存款提前支取的規定，按活期利率計息，並要扣回多支付的利息。這

種存儲法在不動用本金的情況下，可以用利息支付日常的零星開支，還可以結合零存整取定期儲蓄，將利息存入，這樣，到期後會有一筆額外收入。

5 保險：有備無患的安全帶

美國夏威夷大學哲學教授、著名的統計推理學專家蘇丹曾對每個人的生命風險做過測算：

每年都可能遇到的危險主要有：受傷危險機率是1/3，難產1/6，車禍1/12，心臟病突然發作（年齡35歲以上）1/77，在家中受傷1/80，死於心臟病1/340，乳腺癌（**女性**）1/1000，死於中風1/1700，遭到強姦（**女性**）1/2500，死於突發事件1/2900，死於車禍1/5000，染上愛滋病1/5700，被謀殺1/1100，死於懷孕或生產（**女性**）1/1400，自殺1/20000（**女性**）、1/5000（**男性**），因墜落摔死1/20000，死於工傷1/26000，走路時被汽車撞死1/40000，死於火災1/50000，溺水而死1/50000，被刺傷而死1/60000，死於手術併發症1/80000，因中毒而死（**不包括自殺**）1/86000，吃東西時噎死1/160000，

死於飛機失事1/250000，觸電而死1/350000，死於浴缸中1/1000000，墜落床下而死1/2000000，被動物咬死1/2000000，被閃電擊死1/2000000，被龍捲風刮走摔死1/2000000，被凍死1/3000000。

一生中可能遭遇到的危險主要有：死於心臟病1/3，死於癌症1/5，死於中風1/14，死於車禍1/45，自殺1/72，被謀殺1/93，死於愛滋病1/97，死於飛機失事1/4000，死於狂犬病1/700000。

表面上看，那些萬分之一、幾十萬分之一的機率是天文數字，好比我們對某個星球距地球有多少光年難有具體的感覺。但是，我們在仔細觀察現實生活後，便不會覺得那是危言聳聽。疾病、地震、火災、車禍、橋樑坍塌、歌舞廳火災、癌症、愛滋病等等，任何人隨時被死亡包圍著，防不勝防。所以說，人生充滿了風險，有些風險是我們可以預測到的，但有些卻是我們不能預測的。而買保險便是有備無患的好策略，不只是買平安，也是一種生錢之道。

保險分許多種。從補償角度看，可以分為兩類：

一是保障型（意外險）。這種保險一般是一年一保。如果沒有發生應保之事，保險金不退還給投保者，投保者

第二年必須重新投保。這種保險與買彩票有相似之處，投入很少，要麼本錢無歸，要麼幾十幾百倍收回。當然，就每個人心願來說，寧肯不要那錢，因為這意味著平安無事。生命永遠比金錢貴重，錢沒有了可以再掙，命沒了就什麼都沒有了，平安是最重要的。不過，世事難料，如果不幸真的發生了，那麼多賠些錢也算是減少了些損失。從投資角度來說，比如你手中股票已經被套多時了，現在總算有些生機，雖然算起來還是虧些，但比原來低價位出手更合算些。

二是儲蓄型。這種保險跟儲蓄很相似，不僅本金在，投保者每年也可以從保險公司領取年金，且還按一定複利計算，通俗的說法就是你壽命越長，得到的保險金就會越多。萬一遇險，一樣可以索賠。因此，越來越多的人將人壽保險作為「第二儲蓄」進行投資。但從本質上來說，買保險與儲蓄還是有區別的。從預防風險上看，保險和儲蓄都是為將來的風險作準備，但兩者之間有很大的區別。用儲蓄來應付未來的風險，是一種自助的行為，而買保險則能把風險轉嫁給保險公司，實際上是一種互助行為。從存取方式上看，在銀行儲蓄的儲戶可以自由存取，而保險則帶有強制性儲蓄的意味，能夠幫助投保者迅速地積攢一筆資金，但條件是只有在保險期滿或意外

發生時才能拿到。從約期收益上看，在銀行儲蓄中的本金和利息是確定的，而在保險中，投保者能得到的錢大多是不確定的。從所有權上看，儲戶在銀行存的錢還是自己的，只是暫時有條件地讓銀行使用，而買保險花的錢就不再是投保者的了，它歸保險公司所有，保險公司按保險合同的規定履行其義務。

買保險有好處，但也有一定的風險。這種風險主要來自保險公司，保險公司的經營直接關係到投保者的收益。中國的《保險法》規定：「經營有人壽保險業務的保險公司，除分立、合併外，不得解散。」解散與破產是兩個不同的概念。《保險法》規定：「保險公司不能支付到期債務，經金融監督管理部門同意，由人民法院宣告破產。」人壽保險公司破產時，被保險人的利益便有可能遭受損失。

因此，投保者在投保前，必須瞭解好所投保險公司的經營狀況、發展前景，不僅要聽業務員的介紹、閱讀宣傳資料，而且在最終決定購買前，還應閱讀、分析保險條款全文，要瞭解購買壽險產品可能得到的利益，更要瞭解可能存在的風險。

個人保險投資原則

保險是現代家庭投資理財的一種明智選擇，是家庭未來生活保障的需要。參加保險要根據自己的經濟實力，

選擇最適合自己的保險專案及保險金額。從保險的回報來看，參加保險不能是單一的，以組合為佳。

（1）明確投保目的，選擇合適險種

在準備投保之前，投保者應先明確自己的投保目的，有了明確的目的才能選擇合適的險種。是財產保險，還是人身保險？是人壽保險，還是意外傷害保險？為了自己退休後生活有保障，就要選擇個人養老保險；為了將來子女受到更好的教育，就要選擇兒童保險等等。總之，要避免因選錯險種而造成買了保險卻得不到預期保障的情況出現。

如何選擇合適險種呢？投保人應從三個因素考慮：一、適應性。投保要根據自己或家人需要保障的範圍來考慮。例如，沒有醫療保障的人，可買一份「重大疾病保險」，這樣一旦因重大疾病住院而需要的費用就轉嫁給了保險公司，適應性很明確。二、經濟支付能力。買壽險是一項長期性的投資，每年都需要繳存一定的保費，每年的保費開支必須取決於自己的收入能力，一般來說家庭年收入的10%～20%較為合適。三、選擇性。無論是家庭還是個人，都不可能投保保險公司開辦的所有險種，只能根據家庭的經濟能力和適應性選擇部分險種。在經濟能力有限的情況下，為成人投保比為獨生子女投保更實際。因為，

作為家庭的「經濟支柱」，都有了一定的年紀，其生活的風險總體上要比小孩子高。當然如果財力豐厚，家中每人各取所需而投保是最好不過的了。

（2）量力而行，確定保險金額

一般來說，財產保險金額應當與家庭財產保險價值大致相等。如果保險金額超過保險價值，合同中超額部分是無效的；如果保險金額低於保險價值，除非保險合同另有約定，否則保險公司將按照保險金額與保險價值的比例承擔賠償責任，或只能以保險金額為限進行賠償。

譬如，一台洗衣機價值兩千元，投保人投保的保險金額卻是三千元，那麼超過的一千元無效，一旦保險事故發生，保險公司最多也只是支付兩千元。同時，應注意保險標的折舊問題，如一台用了幾年的電視機，它的保險價值不應是購買時的價，而是折舊後的實際價值。重複投保，即同種保險標的，向多家保險公司投保，雖然法律不禁止這種行為，但同樣的重複投保的累計保險金額超過保險價值的，超過部分無效。一旦出險，保險公司將採取分攤賠償金的辦法，防止被保險人獲得超額保險金。所以，為了得到多份賠償而重複投保行為是不可取的。

人身保險的保險金額一般由投保人自己確定，有的可以投保多份，投保人必須考慮自己的支付能力，不能為追

求高額保險金而不考慮自己的經濟能力。否則，一旦出現不能承擔保險費的情況，不但保險成了泡影，已繳的保險費也將蒙受很大損失，得不償失。

確定適度的保險金額可從兩方面來考慮：一、人壽保險的保險金額應根據實際需要來確定。一般來說，投保人在確定保險金額時可以考慮疾病醫療費、子女教育金、退休養老金、喪葬費、遺屬生活費等。二、確定人壽保險的保險金額還要根據投保人繳付保險費的能力。如果保險金額定得過高，一旦將來家庭或個人經濟狀況發生變化，就會因無力繳納保費而中斷保險，影響保障的程度；而保險金額定得過低，則不足以保障受益人的家庭生活的安定。所以簽定保險合同時，一定要有全域的考慮，既要長遠打算，又要根據實際的需要和能力確定適度的保險金額。

（3）保險期限長短相配

保險期限直接影響到保險的金額、時間的分配、險種的決定，直接關係到投保人的經濟利益。比如意外傷害保險、醫療保險一般是以一年為期，有些也可以選擇半年期，投保人可在期滿後選擇續保或停止投保。人壽保險通常是多年期的，投保人可以選擇適合於自己的保險的時間跨度、交納保費的期限以及領取保險金的時間。

（4）合理搭配險種

選擇人身保險可以在保險專案上搞個組合，如購買一個至二個主險附加意外傷害、疾病醫療保險，使保障性更高。在綜合考慮所有需要投保的專案時，還需要進行全面安排，應避免重複投保，使投保的資金能夠發揮最大作用。例如因工作需要經常出差工作的人，就應該買一項專門的人身意外保險，而不要每次購買乘客人身意外保險。這樣不但可以節省保費，而且在其他情況下所出現的人身意外，也會得到賠償。換而言之，如果你正準備購買多項保險，應當儘量以綜合的方式投保。因為，它可以避免各個單獨保單之間可能出現的重複，從而節省保險費，得到較大的費率優惠。

6 股票：炒股要有平常心

也許昨天你一文不名，今天卻一夜而富；但是也有另一種可能，昨天身價百萬的富翁，而今天卻已一貧如洗。這就是股票的魅力，它的變現性強，投機性大，但風險也最大。

股市受戰爭、政治及一些意外因素的影響很大，但這些因素對股市的影響力是一時的。在和平時期，內在時機占重要地位。股市上有句諺語說：「不要告訴我什麼價位買，只要告訴我買賣的時機，就會賺大錢。」因此，對於股票投資者來說，選好買入時機是非常重要的。買入時機因投資時期長短、資金多少等而有所不同，但也是有規律可循的：

（1）當有壞消息如利空消息等傳來時，由於投資者的心理作用，股價下跌得比消息本身還厲害時，是買進的良好時機。

（2）股市下跌一段時間後，長期處於低潮階段，但已無太大下跌之勢，而成交量突然增加時，是逢低買進的佳時。

（3）股市處於盤整階段，不少股票均有明顯的高檔壓

力點及低檔支撐點可尋求，在股價不能突破支撐線時購進，在壓力線價位賣出，可賺短線之利。

（4）企業投入大量資金用於擴大規模時，企業利潤下降，同時項目建設中不可避免地會有問題發生，從而導致很多投資者對該股票興趣減弱，股價下跌，這是購進這一股票的良好時機。

（5）資本密集型企業採用了先進生產技術，令生產率大大提高，從而利潤大大提高的時候，是購買該上市股票的有效時機。

選擇好的時機買進股票難，但在好的時機賣出股票更難，這與「創業難，守業更難」的艱辛很相似。賣出股票必須掌握一定的技巧，否則不僅不能賺錢，可能還無法脫手。通常以下幾種情況是賣出的好時機：

（1）買進股票一周後，價格上漲50%以上，此時出貨，投資收益率遠高於存款利率，應當機立斷，該出手時就出手。

（2）長期上漲的行情，要適可而止，切莫貪心，賺一倍即出手。

（3）突然漲價的股票，並且漲幅較大，應立即脫手。在這種情況下，股價可能被大戶操縱，若不及時出售，一旦大戶拋售完手中股票，悔之就晚矣，再想賣出就難了。

（4）股價上漲後，行情平穩之際宜賣出；成交量由增轉減時，宜賣出股票。

（5）視具體情況，對各種不同類型的股票加以靈活對待。

對於持續穩健上升的優質股，出現以下情況時應賣出股票：在過去一年中，股份企業中無人增購本企業股份；企業利潤增長率與銷售利潤明顯下降，靠削減開支維持盈利，且企業目前又沒有開發出有市場前景的新產品。

對於發展緩慢型股票，出現以下情況，應出售股票：企業連續兩年銷售不景氣，產品庫存量大，資金周轉緩慢，兼併虧損企業而使自身資金長期被佔用，並在短期內無法將兼併企業扭虧為盈；股價上漲30％以上或大戶操縱下股價上漲10％以上。

對於復甦上漲型股票，當其發行企業已成為眾所周知的發展型企業，人們紛紛購買股票時是賣出的好時機。

股票的操作技巧

1. 順勢投資

順勢投資是靈活的跟「風」、反「零股交易」的投資股票技巧，即當股市走勢良好時，宜做多頭交易，反之，做空頭。但需要注意的一點是：時刻注意股價上升或下降是否已達頂峰或低谷，如果確信真的已達此點，那麼做法就

應與「順勢」的做法相反，這樣投資者便能出其不意地獲先見之「利」。投資者在採用順勢投資法時，應注意兩點：一、是否真漲或真跌；二、是否已到轉捩點。

2.「拔檔子」

採用「拔檔子」投資方式是多頭降低成本、保存實力的操作方式之一。也就是投資者在股價上漲時先賣出自己持有的股票，等價位有所下降後再補回來的一種投機技巧。「拔檔子」的好處在於可以在短時間內掙取差價，使投資者的資金實現一個小小的積累。

「拔檔子」目的有兩個：一是行情看漲賣出、回落後補進；二是行情看跌賣出、再跌後買進。前者是多頭推進股價上升時轉爲空頭，希望股價下降再做多頭，後者是被套的多頭或敗陣的多頭趁股價尚未太低拋出，待再降後買回。

3. 保本投資

保本投資主要用於經濟下滑、通貨膨脹、行情不明時。保本即投資者不想虧掉最後可獲得的利益。這個「本」比投資者的預期報酬要低得多，但最重要的是沒有「傷」到最根本的資金。

4. 攤平投資與上檔加碼

攤平投資就是投資者買進某檔股票後發現該股票在持續下跌，那麼，在降到一定程度後再買進一批，這樣總平均買價就要比第一次購買時的買價低。上檔加碼是指在買進股票後，股價上升了，可再加碼買進一些，使股數增加，從而增加利潤。

上檔加碼與攤平投資的一個共同的特點是：不把資金一次投入，而是將資金分批投入，穩紮穩打。

攤平投資一般有以下幾種方法：

（1）逐次平均買進攤平。即投資者將資金平均分為幾份，一般至少是三份，第一次買進股票只用總資金的1/3。若行情上漲，投資者可以獲利，若行情下跌，第二次再買時，仍是只用資金的1/3，如果行情升到第一次的水準，便可獲利；若第二次買後仍下跌，第三次再買時，用去最後的1/3資金。一般來說，第三次買進後，股價很可能會升起來，因而投資者應耐心等待股價回升。

（2）加倍買進攤平。即投資者第一次買進後行情下降，則第二次加倍買進，若第二次買進後行情仍就下跌，則第三次再加倍買進。因為股價不可能總是下跌，所以加倍再買一次到兩次後，在通常情況下，股票價格會上升，

這樣投資者即可獲得收益。

5.「反氣勢」投資

在股市中，在大勢環境無特別事件影響時，可採用「反氣勢」的操作法，即當人氣正旺、輿論一致看好時果斷出貨，反之果斷進貨，且越漲越賣，越跌越買。

「反氣勢」方法在運用時必須結合基本條件分析。例如，當股市長期低迷、剛開始放量高漲時你只能追漲，而長期高漲、則開始放量下跌時你只能殺跌，否則，運用「反氣勢」不僅不盈利，反而會增加虧損。

投資股市應遵守以下三個原則：

不借錢炒股

有些投資者是用自己的積蓄來投資股票，碰上股市行情好，賺了錢就應收手，但往往因還想賺得更多，於是借錢炒股。這是非常不理智的做法。一旦虧了便債臺高築，得不償失。

不要用賭博心態炒股

買股票本是一種投資，而現實生活中很多投資者卻用賭博心態去炒股，將全部資金買了一檔股票，輸贏就看這一次，賺了自己運氣好，虧了怪自己手氣壞。而且賺了想

再賺，虧了想扳本。事實上，股市的漲跌是很正常的，投資股市必須有一顆平常心，不以股市漲升而沾沾自喜，不以股市下跌而怨天尤人。擁有一個投資股市的好心態，才會有好的收益。

不要把炒股作為主業

炒股可以致富，但並不是每個人都能通過股市成為富翁。股市好時，交易廳人滿為患，各行各業的人都盲目地擠進股市，賣菜的不賣菜了，小店主也不開店了，還有許多上班族在上班時打個卡就溜到股市去了，甚至有許多人把炒股作為主業，終日泡在交易廳，夢想著賺大錢。殊不知，股市賺錢容易，賠錢更容易，那些賺錢的股民是以一部分股民賠錢為代價的。

股市投資應注意的問題有以下幾點：

（1）關注政策取向

股市漲跌既有市場的因素，也有政策方面的影響。國家宏觀調控是穩定股市的基礎，股市的漲跌在很多時候都與國家的政策取向息息相關。隨時關注國家的政治經濟政策，瞭解政策取向是投資者在股市獲勝的法寶之一。

（2）注意公司的經營狀況

投資股市，選準股是關鍵。因此，投資者對發行股票的公司的基本情況必須要瞭解，不能盲目買股。很多初涉股市的投資者連公司的主業都不知道，看別人買什麼自己跟著買什麼，又怎能成功呢？想買哪檔股票前，應瞭解清楚公司的基本情況，包括經營狀況、近幾年的財務狀況等，只有這樣，投資才能心中有數。

（3）注意股票的成交量

股市的變化很難預測，股市裏的各種技術指標、圖形都可以因大股民的刻意營造而造假，用來吸引散戶跟風，惟有股票的成交量是真實的，它是交易成功的真實記錄。低位放量、價升量增、高位放量、價跌量增等都是股票漲跌轉向的重要標誌。關注所想買、賣股票的成交量的變化，再決定買賣最爲安全。

（4）分辨股評資訊的真假

股評資訊可以讓投資者開闊視野，瞭解股票的最新動向。但對投資者來說，僅根據股評而進行操作，賺錢的可能性很小。一般股評都是股市漲跌的催化劑，此外，它既是燃起股民希望的導火線，也是破滅股民希望的殺手鐧。所以，投資者要分析股評資訊的真實性，去僞存真，切不

可盲目聽信，全按股評操作。

（5）注意股市陷阱

股市的陷阱主要有兩個：多頭陷阱和空頭陷阱。多頭陷阱是大股民功成身退時營造的假像，是充滿希望的火焰。此時，人氣高漲，散戶擔心踏空，紛紛買進，結果卻是十買九套；空頭陷阱是大股民砸盤建倉時營造的絕望陷阱，是波濤洶湧讓人恐懼的海浪。此時，股價不斷下跌，人氣散淡，散戶認為無利可圖，紛紛拋售，結果卻是十買九賺。如果投資者能做到反其道，那麼必定可以賺錢。

（6）建立股票帳簿

股票投資應設立股票交易賬和資金賬。很多投資者都忽略了這一點，僅憑記憶保存交易次數和資金多少，時間一長就忘了。股票交易賬記錄股票買賣的時間、數量、單價、清算金額、盈虧金額，是全面反映和分析自己投資狀況的明細帳簿。資金賬是記錄股票資金收支情況的銀行日記帳，是全面反映自己資產狀況的基本帳簿。建賬可以幫助你及時總結經驗，作出正確決策。

（7）及時清算

買賣股票後進行清算是必需的，每次的清算單據是惟

一合法的標誌交易成功的原始憑證，它證明你合法地擁有某檔股票，是你向證券公司查證或索賠的最主要依據。很多股票投資者買賣股票後不及時進行清算，一旦出現錯誤就無據可查。

（8）注意身心健康

炒股需要有平常心，有一個健康的身體。只有身心健康，股市才能吉祥。很多投資者進入股市後只關心股票的漲跌，與所買股票「同呼吸、共命運」，不注意自己的身體。賺錢時滿面春風，虧錢時愁眉苦臉，這種與股市同悲喜的情況必然影響到身心健康。賺錢固然重要，但身體的健康更為重要，身體才是賺錢最原始的本錢。

7 基金：股票＋儲蓄

在所有的投資項目中，利潤與風險都是成正比的。炒股獲利最多，但風險最高；儲蓄獲利少，但風險也小。如果把股票與儲蓄的優勢集中在一起，體現出「取長補短」的形式，就形成了基金的優勢。

有人說，基金很像股票，有「準股票」之稱。但是，兩者之間也有很多不同之處，主要表現在以下幾個方面：

　　（1）具有不同的許可權。股票投資者對股票發行公司具有一定的直接管理許可權。而基金投資者與基金的投資物件則沒有直接關係，所以，不能對其具體的經營活動進行干預。

　　（2）具有不同的逆返性。股票發行後，只能在證券交易市場流通，不可逆返發行股票的公司。基金則正好相反，封閉型基金在發行之後一定的年限之時可以返給基金管理公司，退回自己的本金；開放型基金則可以隨時逆返。

　　（3）不同的獲利水準。基金投資與股票投資一樣，都可以根據投資物件的實際業績獲取分紅，並使分紅升值，但二者卻具有不一樣的獲利水準和穩定性。股票投資獲利來源於股票二級市場的價格波動水準，與股票發行公司的經營狀況密切相關。投資基金與投資股票相比，投資者每年都可根據其投資的份額，獲取相對穩定的收益。然而，基金獲利並不像股票那樣能夠收穫暴利。

　　（4）具有不同的風險度。股票投資受其所投資的公司

經營效益及市場狀況的影響，在所有投資形式中是風險最大的。與其相比，投資基金則可以通過平攤的方式最大限度地規避風險。投資股票主要是投資者直接與上市公司打交道，公司的盈虧直接關係到投資者的收益多少。投資基金則不同，是投資者委託基金管理公司去向股票或其他方面投資，這樣，就可以節約交易成本，提高投資收益。

基金往往能夠明確地告訴投資者這類基金將投向何處，贏利將是多還是少，風險將是大還是小。投資者想盈利多少，想擔多大的風險，完全可以憑藉自己的欲望，去選擇不同種類的基金。

通常，當基金規模較大時，投資者往往可以通過分散投資來減少投資風險，也可以在一些政策和交易費用上得到許多優惠，降低交易成本；當基金規模較小時，投資者能迅速從一個投資品種轉向另一個投資品種，擁有極大的運作靈活性。當然，投資者利用規模較小的基金，往往可能買到升值潛力較大的小型公司股份，從而獲得較大的投資收益。

一般而言，從獲利方式看，基金可以分為以下三類：

（1）**追求資本收益最大化的成長型基金**。這類基金往往用於投資剛興起的行業或發展前景廣闊的企業。一般能獲得相對較多的收益，但也要承受這類基金在當期或短期內收入可能較小的風險。

（2）**確保收益穩定的收入型基金。**這類基金主要投資於能帶來穩定當期收入的各種有價證券。一般能獲得較穩定的當期收入，風險也低。

（3）**收益均衡型基金。**這類基金主要以當前有較穩定收益且又有長期發展前景的公司股票為投資目標。通常既能提高當期收入，又能使資本收益實現長期增長，其風險處於成長型與收入型兩類基金之間。

投資基金的特點

對於一般的投資者，特別是有固定職業的業餘投資者來說，由於資金有限、缺少專業知識、沒有太多的時間，不宜自己直接進入股市，最好選擇投資基金這種間接投資工具，間接分享經濟發展、股市繁榮的成果，獲得個人的投資利益。投資基金具有以下幾個特點：

（1）投入小、效益大

投資基金的本質是集眾多投資者的小錢成大錢。投資基金是按購買單位起算的，每單位的數額從幾元到幾十元不等，有的甚至沒有投資額的限制，投資者可以根據自己的資金情況，決定多買或少買，這解決了那些錢少卻想入市的小額投資者的尷尬。投資基金由於資金整體數額比較大，在買賣股票或其他有價證券時，容易取得規模效益。

通常，買賣股票必須支付給證券商一定傭金，而傭金的數額是隨交易額的增大而遞減的，換而言之，投資基金往往能在大額證券交易買賣中獲得優惠折扣。因此，對投資者來說，投資於基金，個人相對地減少了傭金支出，從而降低了投資成本，提高了投資效益。

（2）專家管理、省心省事

投資基金是一種間接投資工具。基金募集的資金將由專業投資人才去操作，因此，投資於基金就等於每個投資者花很少的金錢，去聘請專業投資顧問幫助自己理財。很顯然，這些專家的投資理論和經驗要比一般投資者豐富得多，他們專門從事研究和分析國內外的經濟形勢、國際動態，隨時能夠掌握各種產業、上市公司的經營狀況與瞬息萬變的市場訊息，並且與國內外的證券市場、證券商保持密切的聯繫。這就為購買投資基金的普通投資者在風雲變幻的證券市場中，獲得較為穩定、豐厚的投資收入提供了可靠的保證。因此，投資基金比投資其他金融商品更有保障、省心省事。

（3）組合投資、風險小

為了保障投資者的利益，投資基金有為分散風險進行投資組合的原則，即將一定數量的資金按不同的比例，分

別投資於各種不同的有價證券和其他有利可圖的行業。
這是投資基金有別於其他投資方式的最大特點之一。一般
來說，投資基金的有關條款中都明文規定：投資組合最少
不得少於多少個品種，即使是單一市場基金也不准只購買
某一兩種股票，而且買入某一種股票，都有一定的比例限
制。通過組合投資，投資基金的投資風險一方面由所有投
資者分攤了，另一方面又由種類不同的證券和其他投資專
案分散了。因此，投資基金的風險相對來說非常小。

（4）變現性強、費用較低

一項投資儘管獲利很高也很安全，但如果流動性差、
脫手變現困難，就不算是好投資。與儲蓄、黃金、房地產
投資相比，投資基金的另一個優點就是變現性強。一般開
放型基金每天都會公開進行報價買賣，投資者可以根據自
己的實際需要，隨時買賣。而封閉型基金也可以通過證券
交易所的上市交易進行買賣，最快一天便可完成整個交易
和清算過程。相反，投資股票有時可能遭遇手中持股卻賣
不掉的情況，陷入被「套牢」的困境，使資金的流動性發
生問題。而投資基金則不會出現這方面的問題，基金公司
有義務應投資者的要求買回受益憑證。

(5)專門保管、安全性高

爲了保證投資基金資產的安全，一般投資基金在「信託契約」中均明確規定：基金資產不能由基金公司掌管，而必須由另外一家獨立的信託人公司持有和保管。這就避免了發生基金經理人以權謀私的現象。信託人公司往往是銀行、比較大的跨國財團或實力雄厚的投資機構，其資信好，設備先進，資訊網路發達，基金註冊地通常在海外，可以將基金資產離岸化，即使投資者所在國出現政治或經濟政策的變化，投資者的資金也不會被凍結。

(6)品種多、投資靈活

在發達的國外證券市場上，投資基金的數量非常多，涉及一切金融投資領域，而且大多數基金都進行跨國投資或離岸投資，任何一種被市場看好的行業或產品，都可以通過設立和購買基金得以開發和利用。如果你覺得某國債券值得投資但又無法前往某國去購買，那麼你可以通過本國的基金管理公司購買某國債券基金；如果你看好某國股市，也可以通過認購該國基金來實現自己的投資目標。而且還有債券基金、貨幣基金、優先股基金或藍籌股基金等多種基金供你選擇。可見，投資基金種類繁多，投資者可根據自己的實際情況，任意選擇符合自己需要的基金，從而進行靈活的投資。

（7）經營穩定、效益可觀

投資基金與股票類似，股票是按股劃分計算其總資產的；基金資產則劃分爲若干「基金單位」，投資者按持有的「基金單位」的份額分享基金的增值收益。而且投資基金由於採取組合投資等措施，因此其風險低於股票，其報酬一般比債券高。

個人投資基金策略

個人投資基金應實現兩個目標：一是提高資金增長率，使投資不斷增值；二是使投資資金保值。因此，投資者需要運用適當的投資策略。

個人投資基金的策略主要有以下幾種：

（1）平均成本投資法

平均成本投資法是投資者最常用的一種投資策略。所謂平均成本，指每次認購基金單位的平均價格。具體操作方法是，每隔一段固定的時期將固定的金額投資於某個基金。

採用這種投資策略的好處是，投資者可以不必擔憂基金市場價格的波動。通常，基金的單位價格是不斷波動

的，所以投資者每次以相同的金額所能買的基金份額也是不一樣的。在行市低迷時，同樣的金額可以購買到較多的基金份額；行市升高後，同樣的金額只可以購買到較少的基金份額。但是整體平均下來，投資者所購買到的基金份額要比花同樣的錢一次購入的基金份額要多，而且基金份額的價格相對很低。

平均成本投資法，實際上是把基金單位價格的變動對購買基金份額多少的影響抵消掉，分散了投資者以高成本購買基金的風險。運用此策略，投資者可以以較低的平均成本取得相同的收益，或以相同的成本購得更多的基金份額。

運用平均成本投資法時，投資者應遵循以下兩個原則：一、有長期投資的打算，且必須持之以恆地不斷投資，因為短期投資一般發揮不出平均成本投資法的優勢；二、用於投資的資金必須充裕。

（2）固定比率投資法

固定比率投資法，指將資金按固定的比率投資於各種不同類型的基金。當某類基金淨資產值變動而使投資比例發生變化時，可以通過賣出或買入這類基金的持份，使投資比例恢復到原有的狀態。

固定比率投資法的優點是，能使投資者經常保持低成

本狀態，保住已經賺到的錢，並具有一定程度的抵禦風險能力。運用此策略的投資者應注意以下幾點：一、該投資法不適用於行市持續上升或持續下跌的情況；二、投資於股票基金和債券基金的比例最好是一半對一半；三、不要在價格最高時買入；四、應制定一個適當的買賣時間表。

（3）分散投資法

分散投資風險是基金最大特點之一，也是吸引眾多小額投資者的原因所在。不同類型的基金風險是不一樣的，例如股票基金風險較大，債券基金、貨幣市場基金的風險較小，而國債基金風險相對來說最小。

對投資者來說，首先應確定自己是屬於冒險型，還是穩健型，或者是保守型。很多投資者往往不能確定自己到底屬於哪種類型的投資者，在不同的投資目標前猶豫不決。因此，對此類投資者來說，明智的做法是選擇分散投資法，把用於投資的資金分成幾個部分，分別投向風險各異、收益水準不同的各種類型的基金上。

分散投資法從兩個方面降低了投資風險：一是基金本身就分散了投資風險，二是多元化的投資進一步降低了風險。但對於資金實力並不十分雄厚的投資者來說，不應該選擇這種投資策略。因為如果資金少，投資者就不能組建合理的多元化的投資組合，也無力兼顧多頭投資。資金少

的投資者應選擇一個表現優良的基金作爲投資物件。

8 有閒錢立刻投資，重點是「資產配置」

很多人手邊都會有些閒錢，這些錢可能來自每個月薪水的結餘、額外的獎金等。當有了閒錢，自然就會想該如何善用這些錢。

放在銀行定存嗎？可是現在存款利息實在太低了。

投資在股票呢？看到報紙上各種複雜的消息，讓人實在不知道該怎麼辦。

……

相信這是許多人共同的煩惱，希望能夠在最佳的時機投資股票。

如果你對此也感到苦惱的話，看一看下面的案例分析吧。

當我們手邊正好有一些閒錢想投資的時候，我們的反應不外乎：

一、等待最低的時機進場投資；

二、不管現在行情如何，立即投資；

三、定期定額，到底哪一種方式比較好呢？

我們現在就來假設有5個投資人，每個投資人每年年底都有一筆7萬元的閒錢可以用於投資。這5個投資人的投資行為各不相同，假設投資的標的是美國標準普爾500指數，投資期間從1979年到1998年一共20年，我們看看結果有何不同。

投資人甲：幸運的傢伙

我們稱他為幸運的傢伙，因為他展現了不可思議的技巧或運氣，總是能在每年最低點的時機進場投資標準普爾500指數。而在等待期間，他將錢放在銀行存款賺取一些利息。

例如1979年年初，他得到第一筆7萬元，並在2月進場投資，因為當年標準普爾500指數的最低點是2月；同樣的，1979年年底，他又拿到第二筆7萬元資金，他等到1980年3月才進場投資，因為當年的最低點是3月。就這樣，他總是能夠在每年最低點的月份進場投資，一直到1998年都是如此，這個傢伙真是令人羨慕啊！

投資人乙：積極的投資人

我們稱他爲積極的投資人，是因爲他沒有時間做股票的研究，但是又希望能夠享受長期投資股票帶來的報酬，因此他採取一個非常簡單的投資方式，那就是有閒錢就立刻投資，不去猜測當時是否爲低點。因此，當每年年底他有7萬元資金的時候，就立刻投資在標準普爾500指數上。

投資人丙：倒楣的傢伙

如同投資人甲一樣，投資人丙也是花了許多時間研究股市的動向，希望能夠找到股市的低點。但是與投資人甲不同的是，丙投資人的技巧和運氣就很差，每年都是在股市最高點時（也就是最差的時點）進場投資。例如丙投資人在1979年年初拿到第一筆的7萬元資金，結果卻等到當年的12月才進場投資，而當年的最高點就是發生在12月。唉！真是個可憐的傢伙……我們自己好像也曾經做過類似的事情，不是嗎？

投資人丁：猶豫不決的人

雖然投資人丁也是每天花許多時間研究股票，甚至到處聽投資專家的演講或說明會，但是過多的資訊反而讓他更加無所適從，每次想投資時卻又會想，一定可以等到更低的時機再進場。結果20年下來，他的資金都是放在銀行

存款。

投資人戊：自律嚴謹的人

因為投資人戊是一個生活有規律且忙碌的人，平時沒有太多時間去研究投資方面的事情，因此他採用最簡單的方式，就是定期定額投資。他將7萬元資金分成12等份，每個月投資一個等份的資金，還沒有投資的資金就放在銀行存款，一直持續20年。

以上5個投資人都有各自的投資風格，到底最後誰的投資報酬率比較好？誰是真正幸運的傢伙呢？我們現在就來看一看，這5個投資人在20年後所能夠累積的資金。誰的投資績效最好呢？沒錯，就是那個幸運的傢伙。因為他總是能夠在最佳的時機進場投資，從而也就能夠累積最多的資金。最後，他一共累積了將近1300萬元的資金，投資績效最好。但是，這樣幸運的傢伙實在是太少見了。

接下來我們要特別注意的是乙投資人（**積極的投資人**），雖然他累積的金額並不如那個幸運的傢伙，但他也累積到1200多萬元，只相差了70多萬元而已！他並沒有特別花時間去研究股票，也不具備任何預測股票走勢的能力，他所採用的不過是最簡單的投資方式——有閒錢立即投資！

誰的投資績效又是最差的呢？是那個倒楣的傢伙嗎？

很多人都會抱怨說，一投資股票就虧損，我天生就是沒有投資的運！就和這個倒楣的傢伙一樣，績效最差的應該是他了吧？

但結果很令人驚訝，就算有人真的倒楣到每年都在最高點進場投資，結果也沒有想像中那麼差。丙投資人（**倒楣的傢伙**）一共累積了將近1100萬元，與成績最好的人不過差了200萬元而已，而且他還不是績效最差的。

績效最差的其實是投資人丁（**猶豫不決的人**），而且差距之大實在誇張！猶豫不決的結果是，20年來都將資金放在存款中，得到的資金一共只有277萬元，只有那個倒楣的傢伙的1/4！而投資人戊（**自律嚴謹的人**）表現也很好，他的投資方式也不需要花任何時間研究股票或猜測股價的變動，唯一需要做的，就是每個月自覺投資。最終的投資報酬率，僅次於投資人甲與乙，而且差距很小，他累積了將近1200萬元。

這樣的答案，讓你很意外吧！美國知名投資家查理斯‧艾理斯（Charles Ellis）在1985年出版的《投資方針》（Investment Policy）中就提到：「**資產配置，是投資人所能做的最重要投資決策。**」

如果你相信，投資組合報酬率最重要的因素是資產配置，那麼你在想要追求較高的投資報酬時，就應該將大部分的時間精力放在最重要的因素上——你的焦點要集中在

資金的分配上，而不是研究哪家股票可以買、何時應該買等問題。

第一，你永遠不會事先知道，哪個市場的表現最好。

我們都知道，不同的金融資產在不同時期的表現都會不一樣，這主要是由景氣循環造成的。有的金融資產，如債券會在利率下跌的時候表現好，而股票通常是在景氣復甦與繁榮階段表現最好。不同的國家也會因為景氣循環的不同，即使同樣是股票資產，也會有不同的表現。雖然專家花了很多時間，研究景氣循環，希望能夠找出未來表現最好的金融資產，但很少有人能正確預估未來的明星資產。

沒有人有能力預期下一個階段的贏家在哪裏，因此，最好的方法是將資金分配到各個資產上，充分運用分散投資的好處。

第二，分散投資有很多好處。

我們可以舉一個簡單的例子，來說明如何通過分散投資來降低風險。

美國有全球規模最大的股票市場，美國標準普爾500指數（S&P500）是由美國500家各種產業的大型上市公司所組成的指數，投資該指數就等於投資美國500家最大型的上市公司，比自己去購買個股更能達到分散風險的效果。假設1970年開始投資美國標準普爾500指數，到了

2007年，平均每年可以有11.1%的投資報酬率，同時在這37年共148個季度中，有46個季度會有負的投資報酬率。

　除了投資美國的500家大型上市公司之外，我們還可以進一步分散投資。如果我們在投資組合中加入全球第二大股票市場——日本的股票，結果會如何呢？

　同樣從1970年到2007年，如果投資日本股市，則投資人會有平均每年10.7%的投資報酬率，同時這段期間內會有60個季度產生負的投資報酬率。但如果我們將資金的60%投資在美國標準普爾500指數，另外40%投資在日本股市，則這個投資組合在這段時期內的平均年投資報酬率為11.6%，高於單獨投資美國或日本股市的報酬率，同時只有42個季度會產生負的投資報酬率，也低於單獨投資美國或日本股市的負報酬率季度。

　很神奇吧！簡單的投資組合就能夠創造更好的結果，在這37年中，即使全球金融市場也發生了幾次重大事件，例如1987年美國的黑色10月，道瓊工業指數一天大跌500多點；1990年伊拉克攻打科威特，造成石油價格暴漲；2000年全球高科技市場的泡沫破滅……雖然這類重大事件層出不窮，但是這個投資組合的表現還是令人滿意，這就是分散投資的好處。

　一個好的投資組合，並不只是創造高的投資報酬率，還要考慮到投資報酬率的平穩性，因為多數人投資失敗的

主因就是，無法承受投資報酬率的大幅變動。

　　看了上述的說明，相信你會很清楚地認識到資產配置的重要。

　　如今，幫助人們分配資產的商品越來越多，投資資產配置型的投資組合變得越來越容易了。許多基金公司都推出了各種風險組合的基金產品，如保守型、平衡型、積極型等。例如平衡型基金，就是將投資的資金分配在股票與債券的資產上，對於風險承受能力差的人來說，這是相當好的選擇。

第三章

市場細分，互聯網理財迎來「＋」時代

1 互聯網＋金融格局的新興領域

互聯網金融（ITFIN）是指以依託於支付、雲計算、社交網路以及搜尋引擎、App等互聯網工具，實現資金融通、支付和資訊仲介等業務的一種新興金融。互聯網金融不是互聯網和金融業的簡單結合，而是在實現安全、移動等網路技術水準上，被用戶熟悉接受後（**尤其是對電子商務的接受**），自然而然爲適應新的需求而產生的新模式及新業務。是傳統金融行業與互聯網精神相結合的新興領域。

當前互聯網＋金融格局，由傳統金融機構和非金融機構組成。傳統金融機構主要爲傳統金融業務的互聯網創新以及電商化創新、APP軟體等；非金融機構則主要是指利用互聯網技術進行金融運作的電商企業、創富貸（P2P）模式的網路借貸平臺，眾籌模式的網路投資平臺，挖財類（**模式**）的手機理財APP（**理財寶類**），以及協力廠商支付平臺等。

眾籌

眾籌大意爲大眾籌資或群眾籌資，是指用團購、預購

的形式，向網友募集專案資金的模式。眾籌的本意是利用互聯網和SNS傳播的特性，讓創業企業、藝術家或個人對公眾展示他們的創意及項目，爭取大家的關注和支援，進而獲得所需要的資金援助。眾籌平臺的運作模式大同小異——需要資金的個人或團隊將專案策劃交給眾籌平臺，經過相關審核後，便可以在平臺的網站上建立屬於自己的頁面，從而向公眾介紹專案情況。

P2P網貸

P2P（Peer-to-Peerlending），即點對點信貸。P2P網貸是指通過協力廠商互聯網平臺進行資金借、貸雙方的匹配，需要借貸的人群可以通過網站平臺尋找到有出借能力並且願意基於一定條件出借的人群，幫助貸款人通過和其他貸款人一起分擔一筆借款額度，不僅有利於分散風險，也幫助借款人在充分比較的資訊中選擇有吸引力的利率條件，比如貸貸巴等。

兩種運營模式，第一種是單純線上模式，其特點是資金借貸活動都通過線上進行，不結合線下的審核。通常這些企業採取審核借款人資質的措施有，通過視頻認證、查看銀行流水帳單、身份認證等。第二種是線上線下結合的模式，借款人線上上提交借款申請後，平臺通過所在城市的代理商採取入戶調查的方式，審核借款人的資信、還款

能力等情況。

協力廠商支付

協力廠商支付（Third-PartyPayment）狹義上是指具備一定實力和信譽保障的非銀行機構，借助通信、電腦和資訊安全技術，採用與各大銀行簽約的方式，在使用者與銀行支付結算系統間建立連接的電子支付模式。

央行2010年在《非金融機構支付服務管理辦法》中給出的非金融機構支付服務的定義是：從廣義上講，協力廠商支付是指非金融機構作為收、付款人的支付仲介所提供的網路支付、預付卡、銀行卡收單以及中國人民銀行確定的其他支付服務。協力廠商支付已不僅僅局限於最初的互聯網支付，而是成為線上線下全面覆蓋，應用場景更為豐富的綜合支付工具。

數位貨幣

除去蓬勃發展的協力廠商支付、P2P貸款模式、小貸模式、眾籌融資、餘額寶模式等形式，以比特幣為代表的互聯網貨幣也開始露出自己的獠牙。

以比特幣等數字貨幣為代表的互聯網貨幣的爆發，從某種意義上來說，比其他任何互聯網金融形式都更具顛覆性。2013年8月19日，德國政府正式承認比特幣的合法

「貨幣」地位，比特幣可用於繳稅和其他合法用途，德國也成爲全球首個認可比特幣的國家。這意味著比特幣開始逐漸「洗白」，從極客的玩物走入大眾的視線。也許，它能夠催生出真正的互聯網金融帝國。

比特幣炒得火熱，也跌得慘烈。無論怎樣，這場似乎曾經離我們很遙遠的互聯網淘金盛宴已經慢慢走進我們的視線，讓人們看到了互聯網金融最終極的形態就是互聯網貨幣。所有的互聯網金融只是對現有的商業銀行、證券公司提出挑戰，將來發展到互聯網貨幣的形態就是對央行的挑戰。比特幣也許會顛覆傳統金融成長爲首個全球貨幣，也許會最終走向崩盤，不管怎樣，可以肯定的是，比特幣會給人類留下一筆永恆的遺產。

大資料金融

大資料金融是指集合海量非結構化資料，通過對其進行即時分析，可以爲互聯網金融機構提供客戶全方位的資訊，從而通過分析、挖掘客戶的交易和消費資訊，可以掌握客戶的消費習慣，並準確預測客戶行爲，使金融機構和金融服務平臺在行銷和風險控制方面有的放矢。

基於大資料的金融服務平臺主要指，擁有海量資料的電子商務企業開展的金融服務。大資料的關鍵是，從大量資料中快速獲取有用資訊的能力，或者是從大資料資產中

快速變現利用的能力。因此，大資料的資訊處理往往以雲計算為基礎。

金融機構

所謂資訊化金融機構，是指通過採用資訊技術，對傳統運營流程進行改造或重構，實現經營、管理全面電子化的銀行、證券和保險等金融機構。金融資訊化是金融業發展趨勢之一，而資訊化金融機構則是金融創新的產物。

從金融的整個行業來看，銀行的資訊化建設一直處於業內領先水準，不僅具有國際領先的金融資訊技術平臺，建成了由自助銀行、電話銀行、手機銀行和網上銀行構成的電子銀行立體服務體系，而且以資訊化的大手筆——資料集中工程在業內獨領風騷，除了基於互聯網的創新金融服務之外，還形成了「門戶」「網銀、金融產品超市、電商」的一拖三的金融電商創新服務模式。

金融門戶

互聯網金融門戶是指利用互聯網進行金融產品的銷售以及為金融產品銷售提供協力廠商服務的平臺。它以「搜索比價」的模式為核心，採用金融產品垂直比價的方式，將各家金融機構的產品放在平臺上，用戶通過對比挑選合適的金融產品。

互聯網金融門戶多元化的創新發展，形成了提供高端理財投資服務和理財產品的協力廠商理財機構，提供保險產品諮詢、比價、購買服務的保險門戶網站等。這種模式不存在太多政策風險，因為其平臺既不負責金融產品的實際銷售，也不承擔任何不良的風險，同時資金也完全不通過中間平臺。

2 值得關注的互聯網理財新模式

　　傳統意義上的互聯網理財是個寬泛概念，網上理財諮詢、股票交易、資產交易等都可歸入這一領域。隨著 P2P 網貸、網上基金銷售（如餘額寶）的興起，這一概念的範圍有所變化，網貸平臺和基金平臺紛紛以「理財」作為主要宣傳理念，形成當前互聯網理財的一塊重要陣地。

P2P網貸

　　P2P 網貸的理財模式為人熟知，例如，宜信的「宜人貸」直接投標模式、人人貸的「優選計畫」委託投標模式。資金保障方面則有普通的無擔保模式、陸金所的線上

擔保模式、有利網的線下擔保模式等。基金理財的餘額寶模式更是耳熟能詳,無須贅述。

P2P網貸在2013年發展迅猛,據說全國的P2P網貸平臺已達千家(一說2000家,均為估計),預計全年的交易規模可達千億人民幣。龐大的交易量的增長,說明這一行業的資金需求必定同步增長,意味著理財機會比較豐富。但值得注意的是,行業的快速擴張經常意味著風險的增加。據協力廠商資料監測機構統計,已有數家P2P網貸的經營狀況不佳,存在倒閉的風險。因此,理財客在選擇P2P網貸理財產品時需格外謹慎。

P2C模式

嚴格來說,P2C這不算是新理財模式,而是P2P網貸的一個新方向。與普通的P2P網貸不同,P2C模式撮合的是個人與企業(P2C中的C可理解為公司或企業)之間的借貸。其模式是企業發佈融資項目,借款人直接針對項目投標。其特點是:項目的融資額較大,常至數百萬元人民幣;融資時間較短,普遍為幾個月,最長不超過一年;參與的借款人數也較多。

P2C模式從精神上更接近眾籌——資金由多人籌措而得,它對於解決中小企業的短期、急需貸款具有重要的價值。代表平臺有愛投資和積木盒子,前者對項目資金用途

有比較明確的限定，專款專用；後者則相對寬泛，允許企業自由支配資金，但是資金額相對較小。P2C模式的貸款一般需要企業資產抵押，並有擔保公司提供擔保。

O2O閉環模式

該模式的運營者一般爲線下資產生產機構。以小貸公司爲例，在提供線下貸款的過程中，這些公司發現通過線上模式，可獲得更好的資金來源和發展空間，於是開始向線上理財平臺遷移，重點在於爭奪有著良好互聯網使用習慣又具備一定投資能力的年輕白領階層。

與有利網的O2O對接線上線下不同，這類平臺依靠關聯企業實現資產的「自產自銷」，不用操心資產尋找和資產品質問題，更加強調理財體驗和理財文化，形成資產生產和理財服務的「閉環」。其中一個代表是今年8月底開始運行的證大向上。

證大向上是上海證大集團投資的一個線上理財公司，其線下的資產生產（小微債權）主要依託於上海證大集團的小微金融業務。後者在發展小微金融的理念下，在業務開展和風險控制等方面有一定的積累。在未來，上海證大集團旗下的小貸公司、P2P公司的理財業務都可能會整合到證大向上，甚至擴展到包括貨幣基金、信託、保險在內的多個理財領域。也因爲如此，證大向上上線不到一月，

其用戶僅有42人，累計貸款額為475.9萬元，但據傳已被估值過億。

O2O閉環模式的特點是，理財平臺直接從自己的關聯公司乃至股東獲得資產，後端負擔較輕，可專心進行理財產品的開發，建立針對一般P2P網貸平臺的服務或價格優勢。若平臺能積累一定數目的使用者，還可對接多家公司或金融機構的業務，形成較完整的理財服務體系。未來，這種模式很可能會被更多的線下資產生產公司採用。

移動記帳理財模式

該模式的運營者一般為記帳軟體發展公司。通過記帳軟體瞭解使用者需求，說明用戶優化開支，進而推薦合適的理財規劃和理財產品。這是記帳軟體公司的自然思路，如同我們在「互聯網理財規劃：美國值得借鑒的四個平臺樣板」一文中提到的Mint，就是這個模式。

受各種條件的制約，國內無法全面推行Mint模式。流動性好、收益比較穩定的貨幣基金成為記帳軟體公司的首選。挖財為其中的典型代表，挖財主要為用戶提供基於移動平臺的財務管理服務，通過挖財記帳、信用卡管家、差旅報銷等應用積累了超過4000萬客戶，也構成其基金銷售的用戶基礎。

2013年7月，挖財推出貨幣基金功能，該功能依託於

協力廠商基金銷售機構——數米基金網，目前提供5支基
金供用戶選擇。此外，它還提供了線上購買彩票、車險
（與平安保險合作）的功能，未來還將推出手機充值和水電
煤氣繳費的一站式服務。記帳用戶的流量導入、用戶較強
的財務管理意願，是這一模式的主要特點。2013年6月，
挖財獲得千萬元人民幣的天使投資，最近，它又獲得IDG
的千萬美元投資。

移動基金理財模式

碎片化是理財行為的新趨勢，既包括時間和空間上的
碎片化，也包括金額上的碎片化，移動理財模式便是對這
一新趨勢的回應。在基金銷售方面，越來越多的公司也通
過移動用戶端進行「碎片化」銷售，銅板街就是其中一例。

銅板街成立於2012年9月，其創始人何俊在創業之前
曾在阿里巴巴和支付寶工作八年，因此對於使用者體驗和
支付流程比較熟稔。目前，銅板街唯一的產品是銷售貨幣
基金的銅板街APP。**該APP最大的特點是步驟精簡，一個
普通使用者從打開APP到完成購買理財產品的流程縮短到
1分鐘**。上線不足兩個月，它單日最高交易量就曾超過100
萬元人民幣。2013年8月，銅板街獲得上百萬美元的風險
投資。

網上基金銷售在餘額寶之前就已經廣泛存在，但並沒

有引起年輕理財客的關注，主要原因包括操作的不便和認知度的缺乏等。餘額寶的出現啓動了這一市場，令創業者對基金理財服務寄予厚望，但是餘額寶的先天優勢難以複製，基金的銷售依然是管道爲王。因此，挖財和銅板街等紛紛選擇把移動理財作爲切入點，志在提供差異化優勢。比較遺憾的是，產品類型單一、同質化嚴重是這類服務的共同缺點。如何啓動超越貨幣基金的移動理財產品，爲理財客提供更加全面的服務，是擺在移動理財先行者與未來創業者面前的一道難題。

3 別被「包裝」弄花眼睛

互聯網理財產品在運作上確實有不少親民性，如靈活轉換、低門檻等等，但本質上只是把一些貨幣基金、理財基金進行再包裝。其實，不少互聯網理財產品的創新只是噱頭，投資者千萬別被一些宣傳上的「包裝」弄花了眼。

「每天看一眼收益就挺開心的。」從事廣告工作的朱女士對餘額寶有著這樣的切身體會。雖然每天的收益不會很

多，但她感覺這是一種小幸福，「反正小錢閑著也是閑著，原本我就經常逛淘寶買東西，支付寶裏有時也會存點錢。」確實，一筆閑錢買理財產品不太夠，而投在餘額寶之類的互聯網產品裏，既比定期方便，又比活期收益高。不少人都像朱女士一樣認為，這樣的理財產品創新確實不錯，彌補了市場的一部分空缺。

這不，退休在家的許先生最近也開始關注互聯網理財產品。他說：「以前總收到銀行的廣告簡訊，說有5%、6%左右收益率的理財產品，現在好像在網上買的收益率更高。」但讓許先生困擾的是，最近各家機構推出的理財產品花樣越發繁多，作為普通投資者的他，對如何挑選互聯網上的理財產品很是頭痛。「收益率一個個都公佈得挺高，實在是讓我挑花了眼，也不知道到底可不可靠？」

眼下，互聯網金融正炙手可熱，不斷出現各式各樣的理財產品，對於那些偏好低風險、低門檻的普通投資者來講，餘額寶、活期寶、易付寶以及「百發」等理財產品，一經推出無不成為關注的熱點，「嘗鮮」的也是大有人在。

其實，作為互聯網和金融的聯姻產物，這些看似新鮮的理財產品，其本質大多是投資者熟悉的基金。電商平臺借助理財產品為其客戶做增值服務，如創新T＋0、免費銀行轉帳等，提高自家用戶的使用體驗，以此留住老用戶、

吸引新用戶。就金融產品本身而言，其數位化的屬性也非常適合在互聯網上發展。因而我們才會看到，無論是電商還是金融機構，都希望在時下獲得更多的資源和先機。於是，不管是基金公司的直銷管道，還是基金銷售的協力廠商支付機構，都在積極地推廣各類相似的產品。據不完全統計，市場上現有的新型理財產品已有數十種之多。

事實上，傳統銀行同樣擁有很多類似的理財產品，只不過銀行並未以更通俗易懂、更簡易的操作方式讓投資者接觸到這類理財產品，反而讓其混在大量固定期限的理財產品中。

應該說，互聯網理財產品的創新更多地體現在其銷售管道、流動性、功能性等應用方面，而非產品本身。撇開這些外在的創新不提，其內在的收益和風險都與傳統產品相差不多。舉例來說，眼下較熱門的幾款互聯網理財產品大多只是綁定幾款基金，在貨幣基金中屬中等水準。因此，簡單選擇未必能挑到收益最好的，只能說是一種低門檻、易上手、碎片式的「懶人理財」。

同時，這類產品在推廣時往往會將本金安全、收益與活期存款比較，但事實上其安全性仍比不上存款，收益率也會經常波動。因而，投資者究竟要選擇哪個產品，不僅要根據自身的需求，而且在收益方面要關注掛鉤基金的表現，千萬不能被一些宣傳上的「包裝」弄花了眼，以至於

盲目作出投資選擇。

4 低風險≠無風險

　　無風險、高收益——這幾乎成為了互聯網理財產品的「標準特質」，然而這種不規範的宣傳方式不僅有違規之嫌，也容易對投資者形成誤導。所以，投資者非常有必要瞭解其中的「真相」。

　　在「百度金融中心——理財」首款產品「百發」的預熱環節，「百發」的宣傳一石激起千層浪。在前期宣傳中，「百發」被描述為一款年化收益率高達8%的無風險產品。

　　事實上，略有投資常識的人立刻會產生疑問。

　　首先，「百發」是一款與華夏基金合作的貨幣基金產品，以貨幣基金的平均收益水準來看，達到8%的年化收益率實屬於偶然的情況，要想在整個投資期內保持這一水準是非常難的事情。

　　其次，該產品被描述為「無風險」，那麼，在同一市場

中，如果無風險利率能夠達到8%，難以想像出有風險產品的收益率會達到怎樣的水準？

從監管角度來看，「百發」合作的貨幣基金產品既無法歸類於「無風險」產品，也無法允諾投資者某一個收益回報。與銀行理財產品不一樣，其有關預期收益率的說法違反了基金產品的相關監管要求。因此，雖然「百發」在短時間內迅速吸引了大量眼球，但這種違規的產品宣傳方式立刻引起了證監會的關注。隨後，「百發」迅速撤回了前期宣傳，在產品正式首發中再沒有出現「無風險」「年化收益率8%」的宣傳。

目前市場上推出的互聯網理財產品數量不少，但是在總體上，類型還比較單一，主要集中在貨幣市場基金和短期理財基金上。

以風險屬性來看，貨幣基金和短期理財基金都屬於較低風險的品種，主要投資範圍包括現金、定期存款、大額存單、債券、債券回購、央票等。一方面，不容易給投資者造成本金的損失；另外一方面，可以為投資者帶來一定的收益，但具體的收益水準要視貨幣市場的收益水準而定。

對於投資者來說，既要對貨幣基金、理財基金的收益風險的特點有所認知，也要意識到產品的收益要取決於

市場環境，並非毫無風險可言。無論在中國還是在發達國家，貨幣基金均曾出現過淨值低於1的情況。當攤於成本法估算的貨幣基金價值與代表公允價值的影子價格偏離過大時，貨幣基金會遭遇一定的風險。

因此，「低風險」和「無風險」是兩種不同的概念。我們可以引入銀行理財產品對低風險產品作出三種劃分——保本固定收益產品、保本收益浮動型產品和不保本收益浮動型產品，而現在互聯網平臺上所推出的理財產品應屬於「不保本收益浮動型」產品。

互聯網理財帳戶的安全，也是投資者需要密切注意的問題。在享受互聯網理財的便利之餘，安全問題同樣不容忽視——網站是否具有充分的安全防衛措施？有沒有足夠的認證手段？投資者自身在使用時也需要保持良好的習慣，如不使用公共場所的網路進行操作、不輕易將自己的密碼告訴他人、採用複雜的認證手段等等。

5 收益，並沒有你想像的那樣高

收益高達活期存款的20倍！在不少互聯網理財產品的宣傳中，都可以看到類似的說法。但是，投資者很容易因此而忽視的是，這些理財產品的收益是隨行就市的，收益率水準會隨著市場的變化而浮動。

互聯網理財產品的「火」點燃起不少投資新人的理財熱情，小連就是其中的一員。尤其是「收益高達活期存款的XX倍」，讓他覺得格外有吸引力。小連工作的時間不長，收入也不算高，有一點儲蓄也都是放在活期帳戶上，一是準備著交房租、還信用卡欠款；二是錢不多，夠不上那些理財產品的門檻。

投資靈活、收益高、門檻低，這些理財之「寶」正好滿足了小連的需求。他用自己活期帳戶的2萬元購買了一款互聯網理財產品，自此，觀察帳戶的淨值變化已成為了小連的一樁樂事。

不過，小連很快就發現，理財產品的收益並不會一直像自己以為的那樣高，同時收益也不穩定，有時高有時低。

互聯網搭建起了新的理財平臺，但投資者有必要理清的是，自己所投資的產品究竟是什麼，收益又是如何來確定的。

　　很多互聯網理財產品的實質是與貨幣市場基金進行了「連結」，包括支付寶的「餘額寶」、天天基金網的「活期寶」、金融界的「盈利寶」、眾祿的「現金寶」等等。其實，投資者購買了這些產品，就是認購了某一支貨幣市場基金。如「餘額寶」與天弘基金合作，投資者實際上是購買了天弘增利寶貨幣基金；「活期寶」採用了一對多的模式，投資者可以選擇南方現金增利貨幣Ａ、華安現金富利貨幣Ａ、寶盈貨幣Ａ及長城貨幣Ａ等貨幣基金產品；客戶存入「盈利寶」的資金相當於申購了鵬華貨幣基金；眾祿「現金寶」的背後是海富通貨幣基金。因此，準確地來說，這些產品的收益率，是指貨幣基金的7日年化收益率。如10月25日，「餘額寶」的7日年化收益率為4.8110%，是活期存款利率（0.35%）的13.74倍。但是，7日年化收益率是一個浮動的值，每天公佈的資料水準都不相同，與活期存款利率的所謂倍數關係並不是一成不變的。如在貨幣市場資金供應緊缺時，收益率水漲船高；反之，市場平均的收益率水準就會下降。此外，貨幣市場基金的收益率水準也與基金策略、久期等密切相關。

　　事實上，7日年化收益率並不是體現這些理財產品收

益的最好指標。原因是，7日年化收益率所代表的是基金過去7天的盈利水準資訊，並不意味著未來的收益水準，也不能完全代表資訊披露當日的收益率水準。這是一個平均值，過去7天中某一天的收益如果忽高或忽低，對平均值的影響也會很大。

投資者可以重點關注的是貨幣基金的「日萬份基金單位收益」。這個指標的含義是：把貨幣基金每天運作的收益平均攤到每1單位份額上，然後以1萬份為標準計算淨收益的結果。這也是投資者按日計息的計算基礎。

在互聯網平臺上，一些產品能夠提供「高出一籌」的收益率，原因在於其收益結構的特殊性——常規收益＋補貼收益。這種方式，既吸引了投資者，又規避了監管。但對於補貼收益，只能運用特定的方式才可獲得。

小胡是互聯網理財達人，最擅長的是在各種理財平臺上精挑細選。這段時間，他對互聯網上銷售的理財保險產品興趣濃厚。小胡說，理財保險產品的優勢不少。一是產品的選擇多，比如，淘寶的理財頻道吸引了多家保險公司的入駐，因此，產品也比較豐富；二是具有投資和保障兩種功能，在投資期間還可提供一定的保障；第三點最為重要，那就是收益率明顯「高出一籌」。

小胡說，一款曾經熱銷的理財保險，投資期為一年，

其預期收益率最高可以達到6.4%。

　　不過，我們如果認真研究這款收益率高出一籌的理財保險，就會發現它的實際收益和大部分人所預期的存在不小的差異。

　　作爲一款萬能險產品，保險公司給出的預期年化收益率最高爲5.2%，在此基礎上，投資者投資每1000元可以獲得1200個集分寶。需要標注一下的是，集分寶是由支付寶提供的積分服務，具有現金價值，100個集分寶可抵扣1元。這意味著每投資1000元獲得的集分寶，相當於12元的購買力，如果換算爲收益率，則相當1.2%的返還。因此，兩項收益相累加，在實現預期年化收益率的前提下，這款投資期爲一年的產品，其收益率能夠達到6.4%。

　　雖然集分寶與積分類似，而積分回饋計入總收益並沒有問題，但它與傳統意義上的收益形式還是存在差別，投資者有必要進行區分和瞭解。

　　另外，對於理財保險需要補充的是，在產品銷售時，萬能險僅能夠保障最低的收益率水準，大約爲2.5%左右（年化）。其宣傳的預期最高收益率只是一個「預期」的概念，結果出現偏差也屬於正常情況。

　　互聯網的特性，爲理財產品提供了新的收益形式。除

了集分寶外，有的基金銷售網站在銷售基金時，先按照原費率收取基金申購費和贖回費，再以虛擬貨幣的方式返還投資者，供投資者兌換話費或貨幣基金的份額。

在一些理財產品的發行中，發行商甚至不惜採用收益補貼或是資金槓桿的方式，使得收益率超出平均水準，以引起投資者的關注。

在互聯網理財風生水起的當下，各路豪傑拿出了十八般武藝，說到底為的就是為了搶佔市場、擴大份額。從某種意義上說，變相提高的收益率就是一場價格肉搏戰。但是，與消費品不一樣的是，理財投資不僅要遵循市場的客觀規律，也會受到更加嚴格的監管與控制。投資者需要認清的是：各種收益結構背後，到底能夠為自己帶來怎樣的回報？一些超乎尋常的高收益，其可持續性如何？對那些明顯越界的產品，則是少碰為妙。

6 投資者應有更多元化的考慮

互聯網理財產品大多集中在短期理財和低風險品種當中，類型較爲單一。投資者應有更多元化的考慮。

隨著互聯網理財產品的逐步升溫，看著身邊的不少「小夥伴」都把錢投進了各式各樣的「寶」裏，何女士也有些心癢難耐。儘管對基金一竅不通，何女士還是一口氣把自己的5萬元閒錢都投進了一款互聯網理財產品中。看著帳戶裏的資金收益每天一點點地增長，何女士頗有些樂不可支地說：「沒想到也有我能夠輕鬆投資的理財產品，不愧是理財『神器』！」以此爲依據，何女士還打算今後一有閒錢就投到這款理財產品中，「又方便又有效，以後投的錢多了，賺的就更多」。

其實，像何女士這樣的投資者並不在少數，但必須提醒的是，這樣的投資行爲存在盲目跟風、方式單一的問題，並不可取。一方面，這樣的投資者對於所購買的產品是什麼、如何盈利、收益爲何波動等，均不瞭解。他們無法正確分辨產品的好壞，認識其風險；另一方面，把資

金全部集中投向某一種理財產品，更是不能有效地防範投資風險，也難以獲得理想的投資收益，是投資理財中的大忌。

可以看到的是，新興的互聯網產品確實帶來了諸多的新鮮感，但是目前的整體情況是：產品類型較為單一，大多集中在短期理財和低風險品種當中。從產品週期來看，這一類理財產品無疑只能滿足一部分人的部分理財需求，而對於財務的全面部署和長期規劃來說，這樣的產品則並不足夠。

再從風險的角度而言，對於每位投資者來說，其風險承受能力的客觀評價是進行理財產品配置的基礎。只有選擇了與個人投資風格匹配的產品，才能獲得長久、穩定的理財收益。應該說，低風險的產品並不適合所有人。因為，目前的互聯網理財產品很難令投資者「賺大錢」，勢必無法滿足較大、較長遠的理財目標。

所以，建議投資者對長期閒置的資金有一個配置的理念，而不是全部購買短期的互聯網理財產品。實際上，一些投資者因為一時新鮮、懶於花心思等原因，仍然過分依賴這類所謂的互聯網理財「神器」。從長遠來看，這是缺乏合理性的。

因此，投資者首先要對自身的資金情況、投資目標有所瞭解和規劃，然後再進行較為多樣化的投資組合。選擇

互聯網理財產品的同時，不要忘了將高收益、高風險和低收益、保本穩健型的理財產品進行混搭。在投資期限上，也應儘量錯開，安排好靈活短期的投資產品和較長期的投資產品。特別是對於風險承受能力、學習能力較強的年輕人而言，「懶人理財」往往並非是最有效的投資手段，至少絕不是全部。投資者可以多瞭解和學習各類金融理財工具，把資產配置與經濟週期結合起來，不必過於保守。如此一來，才能真正發揮投資理財的作用，實現收益和風險之間的有效平衡。

7 P2P只是「看上去很美」？

　　現在，P2P可是個非常熱門的詞彙，雖然保本保息的說法令它「看上去很美」，但高收益勢必帶來較高風險。投資者應認清這一點，並確保自身具有較高的風險承受能力，不然，還是少碰這樣的產品為妙。

　　由於覺得沒有什麼好的投資產品，鄔先生前幾年在一個朋友的推薦下，決定嘗試P2P網貸。和其他的嘗試者一

樣，鄒先生一開始只投了最低門檻的5萬元，一個月後他就拿到了第一筆利息。在這樣「看得見、摸得著」的回報鼓舞下，鄒先生漸漸越投越多，8萬元、10萬元……但讓鄒先生沒想到的是，不到一年的時間，他投標的P2P網貸平臺突然就崩潰了，宣佈倒閉，令他前後投資的近15萬元一下子血本無歸。「這一下我可傻眼了，真是悔不當初啊！」鄒先生十分懊惱。

「收益遠遠高於銀行理財產品，門檻僅5萬元，並且零風險。」無獨有偶，章先生最近也時常收到類似的廣告簡訊，向他推銷各種P2P理財產品。但對此，章先生頗有些困惑：「這種收益高又零風險的產品真的存在嗎？」

目前，不少P2P網路貸款公司都打著「保本」，甚至「保息」的口號進行宣傳，而投資者也因此對P2P網貸十分信任，並放心地將錢投入了這些P2P網貸公司。

其實，P2P網貸是指個人通過網路平臺相互借貸。即由具有資質的網站（**協力廠商公司**）作為仲介平臺，借款人在平臺發放借款標的，投資者進行競標向借款人放貸的行為。如此，P2P僅作為撮合交易的平臺，就無法作出保障本金甚至利息的承諾。

但目前，國內諸多的P2P網路貸款公司都紛紛作出了類似的保本承諾。比如，所謂的「本金保障」，是指從每

筆借款中計提一定比例（一般為2%）作為風險準備金。若出現壞賬，則先用資金池的資金墊付，再由公司去催收；若壞賬高於風險準備金，則會暫停墊付，等新提取的準備金出現後再作墊付。據此，一些P2P網貸機構把獲得的債券進行拆分組合，打包成「類固定收益」的產品，並將其銷售給投資理財客戶，通過賺取資金的利息差和手續費來運營。

業內人士指出，這樣的模式隱藏了不小的風險。一是借貸人違約。借貸人如果能從銀行獲得貸款，大多就不會到P2P平臺上尋求融資，15%甚至更高的利率，借貸人需要賺多少利潤才能還清？因此，違約風險不可忽視。二是P2P平臺經營風險。就像案例中鄒先生的遭遇一樣，由於P2P網貸發展迅速、魚龍混雜，一旦該公司出現經營的問題，或是倒閉跑路，在缺乏監管的現狀下，投資者很難追回損失。

可見，如同章先生所擔憂的：任何一款投資理財產品都有著相應的風險。對於P2P網貸這樣尚處於發展中，又提供較高收益的產品來說，隨之而來的高風險更是無法避免的。保本保息的說法往往只是「看上去很美」，投資者絕不能將其看作是低風險的固定收益類產品，反而應首先確保自身具有較高的風險承受能力。

如果要選擇P2P網貸，投資者就要針對可能的風險做

好相應的防範工作，對於P2P網貸公司的選擇、考察都十分重要。之後，投資者還可重點關注P2P公司對借款人信用資訊的採集能力，對借款人信用資訊採集及驗證方面的工作越深入、投入越大，投資者的安全性就越有保障。另外，P2P平臺對違約人具備有效、合法的懲戒手段，也是約束並減少借款人違約的重要途徑。

一是擔保承諾並不可靠

到目前為止，除了少數資金實力雄厚、風控體系健全的行業領軍企業外，不少企業推出的擔保方案還只是看上去很美、卻經不起推敲的行銷噱頭。一旦信用風險大規模襲來，「擔保不保」將極有可能成為殘酷的現實。

2011年年初，徐女士初次聽聞互聯網P2P信貸理財業務，抱著試試看的心態，她在一家網貸平臺註冊後，借給一個淘寶賣家5000元，借款期限為3個月。到期後貸款人準時還款，扣除平臺管理費，徐女士獲得了180元利息，折合年化利率高達15%。此後，徐女士又陸續通過該互聯網信貸平臺出借了幾筆錢，都按時收回了本利。然而2012年後，因為P2P行業中出現了一些P2P公司倒閉事件，徐女士開始感到有些擔憂。此時，不少P2P公司開始由單純的平臺仲介轉型成擔保仲介，承諾萬一貸款人無法償還資金，擔保公司將墊付本金。這一承諾像一顆「定心丸」，重

新俘獲了徐女士的芳心。

　　P2P業務在英國初創時，互聯網平臺只提供通過牽線搭橋收取傭金的功能，並不承擔擔保責任。這種模式之所以能在歐美國家順利運行，與他們透明健全的信用體系和國民極高的誠信素養有密切聯繫。然而，中國目前的社會誠信環境欠佳，又缺乏可靠透明的徵信系統，使得通過互聯網牽線搭橋出借資金的行爲，面臨巨大的信用風險。久而久之，除了拍拍貸等少數最早開展業務、如今已形成品牌效應的互聯網信貸公司堅持走平臺路線外，大部分後起的網貸公司不得不由單純的平臺P2P轉型爲擔保P2P，即向借款人承諾本金墊付，借此吸引到投資人。如今，平臺承諾墊付已成了行業「標配」。

　　然而，P2P公司宣稱的擔保真的能成爲投資人的「定心丸」嗎？答案恐怕是否定的。

　　目前的P2P擔保模式主要有三種。一是P2P平臺以自有資金作擔保，或者出資成立擔保公司。然而由於P2P行業準入門檻較低，許多公司的資金實力屢弱，擔保能力自然也十分有限，自保等於無保，更多地只是在自己的頭上安上一個擔保光環，裝點門面而已。一旦風控失衡，這種承諾完全是一紙空頭支票。而且根據法律規定，從事融資

性擔保業務必須取得擔保資質。由此看來，這種做法顯然踩過了法律紅線。

第二種是引入協力廠商擔保機構。表面上看，這種做法似乎更可靠些，實際上同樣面臨法律風險。因為有擔保資質的擔保公司從風控成本考慮，往往要價很高，P2P平臺根本無力承擔；而那些開價可以接受的小貸公司不具備擔保資質，其擔保能力同樣堪憂。以曾出現過兌付危機的網貸平臺中財線上為例，中財線上曾聲稱：「引進多家強大的企業聯合成立擔保公司，同時，引進本省最優秀、最有實力、信譽最好的擔保公司，這樣可以大大降低系統性風險。」但事實證明，這樣的協力廠商擔保承諾同樣形同虛設。

自己擔保無效且涉嫌違法，正規協力廠商擔保又請不起，於是一些網貸平臺想出了第三種擔保模式，即參照商業銀行做法，從每筆業務的傭金中提取一定的風險撥備金，然而這恐怕也只是杯水車薪，不足以抵禦風險。

到目前為止，除了少數資金實力雄厚、風控體系健全的行業領軍企業外，「平臺承諾本金墊付」還只是一件看上去很美，卻經不起推敲的行銷噱頭。而且一些網貸企業在宣傳過程中，對於擔保公司是否取得了擔保資質、擁有多少資金來抵禦風險等關鍵性資訊都語焉不詳，投資人的風險實際上並沒有真正得到解除。

由於P2P網貸企業尚未迎來大面積的倒閉潮，因此許多投資人還和徐女士一樣，將宣稱的擔保看成確保資金安全的「定心丸」，然而一旦信用風險大規模襲來，「擔保不保」將極有可能成為殘酷的現實。

二是資金存管並非萬無一失

　　2012年6月3日，P2P行業發生了轟動一時的淘金貸跑路事件。張先生就是其中不幸中槍的一位投資人，數萬元投資款一下子就沒了蹤影。這讓原本對P2P行業的前景充滿信心的他氣憤不已，也讓他對整個P2P行業的資金存管安全性產生極大的憂慮——假如平臺可以任意經手投資人的資金，又不對外公佈資金狀況，資金監管處於真空地帶，那豈不是隨時都有攜款跑路的可能？一旦遭遇經營困境，攜款跑路不是一件十分自然的事情嗎？

　　中央財經大學金融法研究所所長黃震用「三有三無」來形容P2P網路借貸平臺的現狀：有需求、有供給、也有中間服務商，但卻處於「三無」狀態——即無準入門檻、無行業標準、無監管機構。這「三無」使得P2P行業亂象叢生，其中最大的風險就在於一些不法分子可能以P2P平臺為幌子，以高額收益為誘餌，在獲得資金後立刻攜款跑

路。據瞭解,目前僅需10萬元就可以註冊一家電子商務諮詢服務公司,再花費2～5萬元就可以請人開發出平臺系統。如果連平臺系統開發的錢也不願投,那麼花費幾百元到兩千買一個通用範本就可以開張了。正如2010年大爆發的團購模式,一時之間互聯網爆發「千團大戰」,其中有一些團購網站在以超高折扣吸引了巨量資金後,出現了攜款跑路的情況。

互聯網借貸中之所以會出現資金存管風險,和絕大多數P2P公司從單純的不經手資金的平臺仲介轉型成擔保仲介密切相關。在國外,之所以P2P公司不經手資金,就是為了最大限度降低融資成本和杜絕資金存管風險。然而在國內,大部分P2P平臺採取的是協力廠商支付直接收取的模式,並沒有引入安全係數最高、資質最好的商業銀行作為資金監管方。這是因為在中國現有金融體系下,銀行出於對風險的考量,將P2P平臺的資金監管和結算需求拒之門外,使P2P公司的資金流轉只能由支付寶、財付通、快錢等協力廠商支付公司提供服務。

然而,許多投資人出於對協力廠商支付公司的信任,並未意識到由協力廠商支付公司作為資金平臺,實際上就是將資金劃入P2P平臺在協力廠商支付公司的帳戶中。這與直接將錢劃入平臺的銀行帳戶並無區別,風險也就隨之產生。

當然，不少規模較大的P2P公司已經意識到資金存管風險對P2P行業的發展不利，也採取了一些做法，試圖贏得投資者的信任。比如，明晰融資帳目、定期公開財務報表、聘請協力廠商會計師事務所審計等。其出發點都是希望通過「公開」的方式讓投資人放心，可這些方式依然無法從源頭上解決資金歸集和流轉的問題。

歸根到底，只有從物理上使投資人的資金與平臺資金完全隔離，才能從根本上杜絕資金存管風險。而要實現這一點，就需要銀監會等相關監管部門出臺法規，予以規範。比如，規定P2P公司的客戶資金必須交由協力廠商存管機構（商業銀行）存管。在此之前，理論上說，任何一家P2P公司都具備攜款出逃的技術條件和可能性。

所以，在挑選P2P平臺出借資金時，投資者一定要擦亮眼睛，儘量選擇那些社會知名度高、歷史悠久、規模較大的公司。這些行業領軍的企業往往夢想借互聯網金融的東風把企業做大做強，資金實力和風控能力都比較強，發生攜款跑路的機率較低。反之，那些不知名、成立不久、規模較小的P2P公司，發生攜款跑路的機率則相對較大。

三是風控水準不透明

由於資訊不透明，互聯網信貸公司的風控水準到底有多高，如同霧裏看花，外人怎麼也看不透。這種情況

的出現，也給其後續經營帶來了不小的隱患，投資者需
多加留意。

　　一年前，董先生聽朋友介紹了某知名P2P公司的某款
理財產品，據說可以獲得每年10%以上的固定收益，董先
生頗為心動。然而，對投資理財有一定經驗的董先生在對
該公司的P2P業務模式進行仔細瞭解後，卻發現其中可能
暗藏一些不為人知的秘密。

　　「比如他們公司一直對外聲稱壞賬率只有1%，但P2P
公司畢竟不同於銀行，實際壞賬率多少只有他們自己心裏
清楚。更大的問題是，假如給投資者12%的收益，他們公
司還要賺錢，再扣除各種剛性的經營和宣傳成本，尤其是
對貸款人資信情況的調查需要耗費很大的人力，貸款人的
借貸成本很可能要高達20%～25%，現在有多少小微企業
主能承受這麼高的資金成本呢？所以我到現在也一直不敢
踏入P2P的門。」董先生說。

　　P2P信貸模式看似簡單，但要經營好一個P2P企業絕
非易事。除了需要成熟的技術，貸前審核、貸後管理以
及整個平臺的風險控制都需要非常專業的人才進行打
理。尤其在中國這樣一個個人徵信體系不健全的國家，
任何一家P2P公司想要獲得最真實可靠的貸款人資信情

況，不但要花費很高的人力成本，而且還必須有一套成熟的評判系統。

　　P2P的一頭是甄別貸款人，另一頭則是吸引優質的借款人資源，正所謂「巧婦難爲無米之炊」，這對P2P公司線上上線下的推廣行銷能力提出了極高的要求。而這一切工作要想順利推進，背後就需要資金的支援。但目前P2P行業公司的平均註冊資本約爲500萬元，其中還有極高的水分。今年上半年，重慶相關監管部門處罰了當地的5家網貸企業，並撰寫調研報告。報告指出，重慶當地網貸平臺「註冊資本低，擔保能力有限，有兩家機構存在資本金抽離情況」。

　　不少P2P公司的倒閉，與資金實力不足、技術條件不過關、行銷能力欠佳、風控水準不高等密切相關。今年4月初，上線還未滿一個月的眾貸網突然宣佈倒閉。關於倒閉，眾貸網給出的解釋是：「由於管理團隊經驗的缺失，造成了公司運營風險的發生……」眾貸網倒閉不到10天，另一家網站城鄉貸也掛出歇業公告。公告顯示，城鄉貸在存續期間僅開發了一名投資者。這也從側面反映了經營好P2P平臺的不易。

　　在這一系列企業經營風險中，最爲棘手的是壞賬風險。對各家P2P公司而言，小額貸款的壞賬率一直以來都是最高機密，對外公佈的壞賬率和中國政府公佈的城鎮登

記失業率一樣，低到讓人只能「呵呵」了之。說到底，互聯網信貸公司的風控水準到底有多高？自己出借的資金到底處於什麼狀態？10%高額回報率的背後，投資者真正要承擔多大的風險？這些問題的答案，外人怎麼也看不透。

其實，造成上述風險的根本原因在於資訊不透明，而資訊不透明的根源則是監管缺位。目前P2P行業還沒有專門的管理機構，只是暫由央行代管，也未建立完善的管理機制。

8 互聯網理財，多長個心眼兒

事實上，P2P行業野蠻生長多年後，如今已形成了4種模式：有擔保線上模式（如人人聚財）、無擔保線上模式（如拍拍貸）、線下模式（如宜信）、線上線下相結合模式（如陸金所），每種模式面臨的風險和問題不盡相同。尤其是後兩種模式，極具中國特色。如今，以招商銀行的「小企業e家」為代表的新型P2P（招行稱之為P2B）也悄然上線。由此可見，P2P行業將迎來大鱷時代，新一輪洗牌在所難免。假如相關部門不儘快建立監管機制，投資者的權

益終究難以獲得有效保障。

　　就目前來講，互聯網金融的監管還存在不少盲點，投訴與監管方面都存有一定的問題。對此，投資者應有所注意和防範，在進行投資時要多留一個心眼兒，以避免招致不必要的損失。

　　對互聯網理財產品有所耳聞的施先生，近日在網上無意間看到一家提供高收益投資理財的網站，便加了該網站公佈的QQ客服為好友。之後，客服告訴施先生，該公司是一家專業理財公司，現有為期一個月的短期投資項目，回報率可達到12%。由於收益很高，客服又展示了公司的各種資質、證書之類的掃描件，施先生就打消了原本的一些顧慮。然而，施先生在按照客服提供的帳號，分三次匯去5萬多元後，就再也無法聯繫到對方。

　　目前，有一批不法分子在互聯網上發佈虛假理財產品，進行釣魚欺詐，以高收益、低門檻來騙像施先生這樣的消費者。除了直接騙錢，有些網站也會打著互聯網金融平臺的旗號，套取使用者的個人資訊，然後將這些資訊販賣給協力廠商機構，借此謀利。

　　市場的火爆無疑會很快引來監管和規範的問題。互聯網騙局頻現、維權的問題既損害了消費者的利益，也不利

於正規互聯網金融產品的發展。另一方面,新興的互聯網理財產品本身也存在著諸多監管的漏洞。10月21日,百度在其網頁上發佈「百發」產品的宣傳資料,8%的年化收益率讓不少人都「驚呆了」。之後,證監會對該產品正式表態,8%的年化收益率不符合相關法律法規的要求,將對產品的業務合規性予以核查。不管「百發」的做法是否有悖現行政策,證監會的聲明無疑給大熱的互聯網金融行業潑了一瓢冷水。

現階段,互聯網金融的發展才剛剛開始,它的風險暴露得不充分,還在集聚之中。

目前,互聯網金融市場存在的首要問題是,尚未建立起完善的信用體系和風險處置機制。在互聯網金融發展的眾多商業模式中,只有協力廠商支付得到了嚴格的監管,而網路貸款、眾籌融資以及正在試水的財富管理、理財產品等等,都還存在著監管空白的問題。互聯網理財產品能夠通過平臺信譽為投資者擔保的說法顯然尚不足信。比如,一旦互聯網金融出現交易糾紛,消費者的維權管道和法律依據就顯得很缺乏。

作為當前金融創新最火的形式之一,互聯網金融還沒有相應的管理體系。前期,人們比較關注這一新業態對傳統金融業造成的衝擊,也看好它為整個普惠金融轉型帶來的生機,希望市場以開放容忍的態度來接受這一創新。到

目前為止，相關監管部門確實已經在互聯網金融領域發放了不少牌照，積極信號非常明朗。

不過，從「百發」的事例可以看到，目前互聯網金融的監管還存在一定的空缺。在互聯網金融已經逐漸步入正軌的情況下，相關部門尚未能針對之前出現的問題和發展情況制定出法律政策。例如，要想在網上銷售理財產品應該有怎樣的標準和細則、互聯網購物應該怎樣保障消費者權益等等。那麼，對於投資者來說，就要將政策與監管尚未跟上的大環境納入考量，多多注意可能出現的風險，諸如確保資金安全性、防「釣魚」等等。當然，投資者在檔簽署、法律條款等問題上都要有防範意識。對於一些有金融機構背景的網路平臺也要認真考察其信譽，不能僅依靠協力廠商金融管道的監管，自己還是要多留一個心眼。

第四章

謹慎計算：理財投資中的賺與賠

1 設定現實的投資預期

　　很少有理財者對投資的預期收益有著堅定的信念，或者雖然設定了投資預期目標，但卻定得過高。所以，對理財者來說，無論選擇何種投資方式，必須注意的一個問題是：要確定一個合理的、現實的預期目標。

　　投資是一種具有高度競爭性的角逐，很多有經驗並且才能出眾的人以此爲職業。他們幾乎將全部的精力都集中在這一行業，以求在這個令人振奮、富有挑戰性的領域成名。

　　你可以花錢購買他們的專家服務，也可以提高自己的投資經驗，或者雙管齊下。有這麼多人致力於此，所以，不要期望找到一個絕技——由你自己獨享的絕技！

　　個人的判斷是非常局限的，你可能對市場中某一部分有自己的見解，但在其他部分中肯定有同樣傑出的專家存在。

　　投資在更大程度上，是一門藝術而不是科學，所以你可能一生都不能完全掌握它，更何況投資領域是不斷變化的。要達到或超過專家水準並不是十分困難的，只要你能運用傳統的常識與長遠的觀點。避免重大損失，就是成功

的投資。

如果你從宏觀與技巧上，把常識與長遠觀點運用在你的投資上，那麼你離自己設定的目標已經不遠了。重要的是，你要有足夠的自信。

缺乏自信者只能得到低回報，而輕信者則會面臨虧損，除此之外沒有其他的保證可言。人人都希望自己所進行的投資，既沒有風險又能帶來高收益。事實上，世界上根本不存在這種投資。如果世界上真有這樣的投資機會，那麼所有的人都會將資金用於這種投資，而競相投資的結果必然會引起該投資專案的價格上升，最終導致投資收益率下降。

你可能看不到或無法理解投資中的風險，但你必須明白：風險與利益是並存的，要想取得高收益，相應地就得承擔高風險。但投資並不是賭博。賭博只有兩種結果：一是很高的回報；二是完全的損失。你可能成為大贏家或者是100%的輸家，沒有第三種結果。

人們對賭博很熟悉，因此，許多理財者潛意識地把賭博的特點套用在投資上。這種錯誤的理念使人們把投資理解為賭博遊戲，即投資也是一種帶來很高收益或者完全賠錢的賭博。有這種信念的理財者傾向於高風險、高收益的冒險式投資，偶爾的潰敗會被他們認為是賭博宿命的一部分。

投資通常不會在短時間內為人們帶來巨額的收益。一般情況下，投資的收益是逐漸產生的，但不一定是平滑、持續地增長。因此，在投資過程中，你完全有機會兌現、提取部分收益，避免全部的損失。

許多理財者的心裏，即使沒有打算使自己的投資收益迅速增加兩倍、五倍，但仍抱有很高的、不切實際的預期。一夜致富、飛速上漲的高科技股票和大的公司合併等事件，雖然是真實且可能發生的，但絕不是投資的正常管道。

2 複利中的「72法則」

所謂複利，也稱利上加利，是指一筆存款或者投資獲得回報之後，再連本帶利進行新一輪投資的方法。複利是長期投資獲利的最大秘密。據說曾經有人問愛因斯坦：「世界上最強大的力量是什麼？」他的回答不是原子彈爆炸的威力，而是「複利」。

關於複利，有一個古老的故事：

從前，有一個非常愛下棋的國王，他棋藝高超，從未碰到過敵手。於是，國王下了一道詔書，在詔書中說無論是誰，只要擊敗了自己，國王就會答應他任何一個要求。

　　一天，一個小夥子來到皇宮與國王下棋，並最終贏了國王。國王問這個小夥子要什麼樣的獎賞，小夥子說他只要一個小小的獎賞，就是在棋盤的第一個格子中放上一粒麥子，在第二個格子中再放進前一個格子的一倍，以此重複向後類推，一直將棋盤每一個格子擺滿。

　　國王覺得很容易就可以滿足他的要求，於是便同意了。但很快國王就發現，即使將國庫裏所有的糧食都給他，也不夠其要求的1%。因為即使一粒麥子只有一克重，也需要數十萬億噸的麥子才夠滿足。儘管從表面上看，小夥子要求的起點十分低，從一粒麥子開始，但是經過很多次的乘積後，就迅速變成龐大的數字。

　　複利看起來很簡單，其計算公式是：

本利和＝本金（1＋利率）n（n：期數）

　　其實，很多投資者沒有瞭解複利的價值，或者即使瞭解但沒耐心和毅力長期堅持下去。這是大多數投資者難以獲得巨大成功的主要原因之一。如果你想讓資金更快地增

長，在投資中獲得更高的回報，就必須對複利加以足夠的
重視。

　　打比方說：1萬元的本金，按年收益率10%計算，第
一年年末你將得到1.1萬元，把這1.1萬元繼續按10%的
收益投放，第二年年末是1.1·1.1＝1.21（萬元），如此，第
三年年末是1.21·1.1＝1.331（萬元），到第八年年末將達到
2.14萬元。

　　同理，如果你的年收益率為20%，那麼3年半後，你
的錢就翻了番，1萬元變成2萬元。如果是20萬元，3年半
後就是40萬元……

　　聽上去如此誘人，事實真是如此嗎？

　　來檢查一下這個「神奇」的公式。

　　首先關於本金。以一個1994年開始工作即開始投資的
人——趙星為例。1994年，他第一個月的工資是300元，
在當時算是中等水準。假定他把這第一個月的工資拿出
100元，投進一個年收益率為10%的項目，到第十一年即
2005年年末，也就是100（1＋10%）11=285（元）。285元，
那比他當月收入的90%還強！今天，經過投資收益達10%
的投資得到的285元相對於他現在的工資來說，僅僅是個
零頭。

　　由此看來，想要讓你的複利來得神奇，你的本金可不
能是個小數目。對於大多數工薪階層來說，複利公式中的

本金即使以萬元爲單位，也只能在兩位數上停住，至多不過幾十萬元。而當你有了幾十萬元的時候，你就該看看利率了。

關於利率。在以上的計算中，我們選用的數字是10%。可凡是存過錢的人都知道，上哪裏能找10%的銀行利率呢？正如經常炒股的人都知道，上哪裏能找沒有風險的10%的投資產品呢？

關於期數。這個期數和你的利率相對應。利率按年利率算，期數就以年爲單位，如10年、15年。如果利率按月利率計算，那期數的單位就是月了。

72法則

再說說72法則。所謂「72法則」就是以1%的複利來計息，經過72年以後，你的本金就會變成原來的1倍。這個公式好用的地方在於它能以一推十。例如：利用5%的年報酬率的投資工具，經過14.4年（72÷5）本金就變成1倍；利用12%的投資工具，則要6年左右（72÷12），才能讓1元錢變成2元錢。

綜合起來，要讓複利成爲我們心中可觀的累積，需要三個條件：

（1）讓你足夠滿意的本金。

（2）好的投資管道。

（3）足夠的耐心和精力。

由此可以看出，要讓複利真正地為我們的錢財服務，首先要完成本金的積累，或者持續地對本金進行投入；其次要瞭解有限的投資管道，並在這些管道裏進行恰當的選擇；最後要具備精明的選擇能力，這是複利發揮神奇作用的關鍵所在。

複利真的可行嗎？

在複利的模式下，一項投資所堅持的時間越長，帶來的回報就越高。在開始的一段時間裏，得到的回報也許不理想，但只要將這些利潤進行再投資，那麼你的資金就會像滾雪球一樣，變得越來越大。經過年復一年的積累，你的資金會攀登到新的臺階，這時候你可以在新的層次上進行自己的投資，你每年的資金回報也已遠遠超出了最初的投資。

現在，人們的收入不同於改革開放初期，如果一個大眾家庭從現在開始投資1萬元，通過運作每年能賺到15%，那麼，連續投資20年，最後連本帶利變成了163660元。看到這個數字後，我們也許並不感到滿意，但是連續30年，總額就會變成了662117元，而如果連續40年的話，總額又是多少呢？答案或許會讓你目瞪口呆，是2678635元。也就是說，一個25歲的年輕人，投資1萬元，每年盈

利15%，到65歲時，就能獲得200多萬元的回報。

然而，天有不測風雲，市場並非總是一直景氣的。每年都保持15%的收益率，是很難做到的。但這裏說的收益率是個平均數，如果你有足夠的耐心，再加上合理的投資，這個回報率是有可能達到的。

這種由複利所帶來的財富的增長，被人們稱為「複利效應」。其實，不但投資理財中有複利效應，在和經濟相關的各個領域，也廣泛存在著複利效應。比如，一個國家，只要有穩定的經濟增長率，並保持下去就能實現經濟的繁榮，從而增強綜合國力，改善人民的生活。從這個角度看，「可持續發展」這個時髦的詞，實質上是追求複利的另一種說法。

可以說，**複利是一種思維，是一種以耐心和堅持為核心的思維方式。如果我們能充分利用複利思維，無論是投資還是人生，都會有不錯的回報。**

正複利與負複利

複利的力量無處不在。大到社會，小到個人投資，莫不如是。經濟學家凱恩斯曾經在一篇題為《我們後代在經濟上的可能前景》的文章中，重點談到過複利的作用。在20世紀30年代，西方正值大蕭條時期，許多人認為，在未來世界繁榮將不會再現。但是，凱恩斯卻指出：蕭條不過

是兩次繁榮週期中間的間歇，支撐西方經濟發展的「複利的力量」並沒有消失。凱恩斯在當時就已經發現，近代社會的崛起是從16世紀的資本積累開始的，而這個崛起導致人類進入了「複利時代」。有趣的是，凱恩斯毫無隱晦地告訴我們：「英國對外投資的始端可追溯到1580年德雷克從西班牙盜竊的大批財寶」。經過長年的複利累加，「德雷克在1580年帶回來的財寶中，每1鎊現在已變成了10萬鎊」。由此可見，複利的力量如此之大！

然而，在為複利如此神奇的增長而興奮的同時，也不要忘記「負複利」的存在。

相對於正複利，負複利也同樣發揮著強大的作用，甚至比正複利的作用更大。在複利發揮同等作用下，下跌1/3需要上漲50%才能復原，下跌50%則需要上漲100%才能復原。

巴菲特規避「負複利」增長的方式，在全世界是最好的。研究一下巴菲特1957～2007年共51年的投資業績，可以看出，僅有2001年的收益率為-6.2%，為負增長，其他所有年份的收益都為正的增長。巴菲特的這一業績充分說明了複利的魅力，同時也說明了規避「負複利」增長的重要性。

規避「負複利」的增長，是巴菲特一貫的投資目標。巴菲特在1966年7月12日給合夥人的信中指出：「當大多

數人賺錢時，我們也賺，而且賺的程度差不多；當大多數人輸錢時，我們也輸，但是輸得少一些。」在1960年2月20日給合夥人的信中說道：「在熊市中取得優秀的業績，在牛市中取得平均業績。」

所以，想實現複利增長的夢想，關鍵之處是要規避「負複利」。

在投資市場中，規避熊市中的「負複利」，在熊市中繼續獲利，需要克服人性的弱點——貪婪與恐懼。而要想在熊市中獲利，初期需要克服人性的貪婪，中後期則需要克服人性的恐懼。

華爾街有一句名言：「市場是由兩種力量驅動的：貪婪和恐懼。」也就是說，貪婪與恐懼是每一位投資者的本性。在投資過程中，投資者渴望獲利的心理是永無止境的，他們對利益的貪婪是永無止境的。同樣，投資者在面對風險時，希望風險少些更少些，甚至有些投資者害怕風險到了恐懼的地步。

在股市繁榮的時候，投資者往往都會忘記以往市場崩潰時的慘痛教訓。因為，投資市場的繁榮不僅會增強投資者的信心和對股市上漲的預期，而且也會提供機會讓進入股市的投資者來哄抬或操縱股市的價格，以便吸引更多的投資者進入；反之，如果被悲觀或恐懼的力量所籠罩，那麼股市的價格會發生逆轉，而投資者認為股市的價格會進

一步下跌，整個股市就會被恐懼籠罩住，股價跌到最低也沒有人敢購買。

事實上，投資市場的暴漲暴跌，是由於市場的本性、投資者的人性貪婪作用的結果。而且恐懼與貪婪在複利的作用下，比在其他環境裏更能被無限地放大。

所以，投資，就要最大限度地規避貪婪和恐懼。

3 投資回報率的誤區

無論是什麼類型的投資，對投資者來說最關心的莫過於投資利潤，即投資回報。投資回報的多少一般用回報率來評估。但不少投資者對投資缺少全面的瞭解，對投資回報率有認識誤區。例如，有的投資者說在股市投資賺了10萬元，聽起來回報率很高，但關鍵還要看你投入的本金是多少。如果你投資10萬元兩年內賺回10萬元，就比投資20萬元在一年內賺回10萬元要差得多。因為前者的回報率是兩年100%，而後者卻是一年50%。正確評估投資回報率，可以參考以下幾個原則：

用百分比表示，而不是所得金額數。

用相同時間來衡量，一般都是以年爲基礎來換算回報率。同樣獲利10%時，如果甲是六個月投資的回報率，而乙是兩年的投資回報率，顯然甲要大大好於乙，因爲甲的年回報率是20%，而乙的才達5%。

以投資淨值計算，而非投資總值。比如房地產投資，如果以30%的首期付款買得一棟20萬元的房子，你的投資總值是20萬，但淨值只是6萬。如果房子漲到30萬，你實際獲利是167%，而非50%。

在進行投資時，另一個重要的問題是，要有好的心態，能夠正確看待投資的賺與賠，這樣才能將可能發生的虧損減至最小。

必須注意的是，賠錢後再將虧損賺回，往往並不是想像的那麼容易。你也許會認爲投資股票賠了20%後，如果股票回漲20%就又打平了。然而，事實並不是你想像的這麼簡單，因爲資金賠掉了20%，剩下的只是80%，而以本錢的80%想賺錢打平，所要賺回的是剩下的80%的四分之一，即25%。80%的25%只有16%，因此必須再漲25%才能撈回已損失掉的那20%。

許多人往往忽略這樣的漲跌關係，總感覺賠掉幾個百分比，再賺幾個百分比就行了。事實上，如果你賠去了投資額的一半，要做到回本，就要以所剩的資金再賺回一倍（而不是50%）方可，如果賠掉了75%，就必須賺回所剩資

金的三倍。

出於本能，幾乎所有的人在投資理財時都會謹慎又謹慎，儘量將風險降到最低，力求獲得有保證的收入。同樣地，人們也期待資產的快速增長，其期望值要高於非常謹慎的投資所能實現的水準。這是一個很普遍的矛盾！

在過度謹慎的投資觀念下，人們往往很容易落入投資陷阱，過早地追求當期收入，而忽略了整體的投資效益。

雖然投資的最終目的是獲得收入，但並不意味著現在的投資重心就要放在收入上！每個人的生命中有付出的時期，也有收穫的時期，應當把兩者區分開來。當進入了收穫的階段，資產組合的大部分可以投資於當期收入，但並不是說，在各個階段都要這樣操作。投資者應該確認好自己的投資動機，修正在投資目標與手段方面的錯誤認識。對每個投資者來說，應該瞭解所購買股票的公司或行業的生命週期原理。

首先，一個公司或行業的生命週期，都要經歷數個時期：在最初階段，行業或公司還不穩定，變化很大，需要投入大量的現金，用於研究開發或購買機器設備，很少支付甚至不支付給股東股息。一旦公司在這一階段生存下來，就會開始進入了下一個高速增長階段，佔有了一定的市場，收入有了增長。但在這個階段，公司會吸收現金而不是向投資者支付現金，因為公司的快速增長要求加大資

金的投入，以適應發展的需要。

其次，增長逐漸放慢，經過市場的淘汰，較大的公司得到了廣泛的市場知名度並取得了決定性的地位。它們憑藉自己在生產、行銷方面的優越與效率，可獲得較高的價值水準，而較弱的競爭者則處於虧損的邊緣。

最後，隨著增長趨緩，利潤主要流向市場的領先者。這些領先企業現金流量出現過剩的情況，從而可能提高股息。成熟期之後是衰落期，這時的發展趨勢是合併與生存，不再需要新的投資。對投資者來說，最好的行動是收穫提出的現金。

事實上，可以提供較高股息收入的公司是處於成熟與衰落期的企業，而不是處於增長階段的企業，但是處於增長階段的企業可以使投資者的資本很快地增值。

雖然某些行業會支付較高的股息收入，但是幾乎不可能提供資產增值的機會。對於投資者來說，必須尋求資產的增值，形成大量的資產積累，並在將來從中取得安全、有保障的收入流量。

在投資中，人們往往把當期收入當作是最低限度的收益，這一虛幻因素使很多人過早地把投資的重心放在了當期收入上。

由於股息利率的變化是可以看得見的，至少看起來是保險的，所以投資者在潛意識裏通常會把現金收入作為最

低限度的預期，類似收益的底部。其實，這種想法是錯誤的。如果投資者不仔細地分析，很容易被它的假像——股息利率或現金收益所迷惑。

如果股票價格沒有漲落，那麼你看到的股息就是全部的收益。當股票價格上升時，你獲得的現金與價格變化的總和會大於股息收入；當股票價格下跌時，下跌幅度可能並不局限於同期所支付的股息金額。這時，股息只不過減少了總體虧損而已。

今天，在市場的驅使下，股票價格的變化很大，因而一年的現金股息，可能不足以彌補一小時大規模賣壓後造成的損失。

稅收負擔的差異也使投資者必須拋棄「收入優先」的投資觀點，這種差異表現在兩方面：

（1）與股息、利息收入的稅收獲利相比，資本增值的稅收獲利比較優越。

資本增值的稅率較低，並且投資者可以靈活地選擇它的確認年份。但是，股息收入與利息收入沒有這樣的選擇餘地。

（2）從表面看來，複利計算的結果雖然是令人難以置信的，但這對當期收入的稅負，卻有重大的影響。

納稅的早晚確實會影響稅負的高低，在複利因素的推動下，推遲納稅實際上等於減輕稅收負擔。

4 個人投資策略

無論你選擇什麼方式進行投資，都是一場與市場拚搏的鬥爭。

也許你已經與市場數次交手，現在開始明白，投資並不像釣魚那麼簡單。你已經認識到，在投資的時候，如果一筆生意聽起來好得令人難以置信，那麼它就真的不值得置信。如果你曾經是一名失敗的投資者，也沒有什麼值得可悲的，因為世界上還有很多人同你一樣。關鍵的一點是：你必須面對現實，重新調整你的投資計畫，否則現實將讓你再次嘗到失敗的苦果。

下面的個人投資的10條策略，也許不能給你實質性的幫助，但卻可助你保持清醒的頭腦，從而作出正確的投資判斷：

（1）**投資不是十幾個人的足球遊戲，而是你一個人的遊戲**，你必須自己作出判斷與抉擇。想投資，自己就好好地研究所要進行的交易。

（2）**不要期望過高。**期望越高，失望也越高。當然，你期望自己投入的本金每天能翻一倍，作為夢想是無可厚非的。但你要清醒地認識到，這是一個非常不現實的夢

想。記住：如果年平均回報率能達到10%，就是非常成功的投資了。

（3）**不要被虛漲的股票所迷惑。**切記，公司的股票同公司是有區別的，有時候股票只是一家公司不真實的影子而已。所以，應該多向經紀人詢問股票的安全性。

（4）**不要低估風險。**「風險」不僅僅是兩個字而已，它值得每一個投資者投入足夠的重視。一個重要的原則就是，在選擇一項投資之前，不要先問「我能賺多少」，而要先問「我最多能虧多少」。

（5）**在不知道自己該買哪一檔股票，或者為什麼要買這檔股票的時候，堅決不要買。**這一點尤其重要，先把事情搞懂再作決定。

（6）**資金才是硬道理。**當你把目光投向一些正在走向衰敗的公司的時候，這點尤其重要。

（7）**不要輕信債務大於資本的公司。**雖然有些公司通過發行股票或借貸來支付股東紅利，但是他們最終會陷入困境。

（8）**永遠不要把雞蛋放在一個籃子裏。**除非你有虧不完的錢，否則就要牢記一句話：不要把所有的資金都放在一家或兩家公司上，也不要相信那種只關注一個行業的投資公司。雖然把寶壓在同一個地方，可能會帶來巨大的收入，但同樣也可能會帶來巨大的虧損。

（9）不要忘記，除了盈利以外，沒有任何一個其他標準可以用來衡量一個公司的好壞。無論分析專家和公司怎樣吹噓，**記住盈利就是惟一的標準。**

（10）**如果你對一檔股票產生了懷疑，你就不要再堅持，及早放棄吧。**

5 投資的槓杆原理

槓杆是物理學中的術語之一，利用一根槓杆和一個支點，就能用很小的力量撬起很重的物體。古希臘科學家阿基米德曾說：「給我一個支點，我就能撬起地球！」這是對槓杆原理最精彩的描述。其實，槓杆原理也可以充分應用於投資中，主要是指利用很小的資金獲得很大的收益。

從某種程度上來說，槓杆原理的使用可以增加你的購買力，使你掌握自己的潛在資產。它的機制遠比你想像的要普通，比如，當你進行抵押貸款的時候，你實際上是在運用槓杆原理，來支付你無法用現金兌付的某樣東西，而當你償付了抵押貸款後，你就可以在資產買賣中獲取利潤。

你也可以將槓杆原理運用到股票投資的保證金交易中。在這個場合中，你可以用自己的錢加上從股票經紀人那裏借來的錢，來購買股票。如果股票上漲，你可以賣出而獲得盈利，然後將借的錢和借款利息歸還，剩餘的錢就歸你了。

　　因爲，你只是用了自己很少的錢進行投資，使用槓杆原理可能會比不用在投資回報上賺取更多。舉一個例子來說，如果你自己出5000美元，又借了5000美元做一筆10000美元的投資，然後又以15000美元出手，那麼你盈利是以5000美元賺取了5000美元。換句話說，你的投資回報率是100％。如果你全部用自己的錢來投資，則只是在10000美元的投資基礎上實現了5000美元的盈利，或者說是50％的回報率。

　　雖然在投資中運用槓杆原理會增加你的收益，但也會給你帶來巨大的風險。

　　如果一旦拖欠貸款，即便你以前一直有規律地支付貸款，貸方也會因這次欠款而收回你的房屋。因爲槓杆性的投資要求你抵押一定價值的物品，來把握你的財務合夥人投入資金數量的風險。如果你賣出的資產總額不足以償還借貸，那麼你仍然應該向貸方支付剩餘的款項。

　　如果你以保證金來購買股票，一旦你的股票跌至低於相應的購買價格所預先設定的百分比，你就必須上繳

一定數額的保證金，以防你的股票經紀人的那筆錢處於
危險之中。況且如果你割肉的話，你仍然必須償付全額
的保證金。

　　運用槓杆性投資的波動越大，產生巨大損失的風險
性越高。事實上，你損失的錢可能會比你的投資還多。
但是，這種情況在沒有運用槓杆性投資的時候是不會發
生的。

　　俗話說，凡事有一利就有一弊，甘蔗沒有兩頭甜，槓
杆也不例外。在使用槓杆之前，有一個更重要的核心需要
把握住：成功與失敗的機率是多大。要是賺錢的機率比較
大，就可以用很大的槓杆，因爲這樣賺錢快；如果失敗的
機率比較大，就根本不能做，因爲做了就是失敗，而且會
賠得很慘。

　　在投資市場上，人們都有以小博大的欲望，希望用很
少的錢賺更多的錢。但是，天下沒有免費的午餐，使用槓
杆必然是以巨大的風險爲代價。這就需要投資者不要只看
到收益，更要看到風險，謹慎使用這一工具。

6 投資的安全邊際

　　「安全邊際」和「成長性」是價值投資的兩個最基本的概念。其中，安全邊際是比較難把握的。當然，這也很正常，因為如果人們學會了確定安全邊際，短期內雖然難免損失，但長期來看，應該是不賠錢的。這樣好的法寶，當然不容易掌握。

　　那麼，什麼是安全邊際？為什麼要有安全邊際這個概念呢？

　　安全邊際，顧名思義就是股價安全的界限。這個概念是由證券投資之父班傑明・格雷厄姆提出來的。作為價值投資的核心概念，安全邊際在整個價值投資領域中處於至高無上的地位。它的定義非常簡單而樸素：內在價值與價格的差額。換一種更通俗的說法就是，價值與價格相比被低估的程度或幅度。格雷厄姆認為：值得買入的偏離幅度必須使買入是安全的。最佳的買點是即使不上漲，買入後也不會出現虧損。格雷厄姆把具有買入後即使不漲也不會虧損的買入價格，與價值的偏差稱為安全邊際。他給出的是一個原則，而這個原則的核心是，即使不掙錢也不能賠錢。同時安全邊際越大越好，因為安全邊際越大，獲利的

空間會自然提高。

安全邊際雖然不保證能避免損失，但能保證獲利的機會比損失的機會更多。巴菲特指出：「我們的股票投資策略持續有效的前提是，我們可以用具有吸引力的價格買到有吸引力的股票。對投資人來說，買入一家優秀公司的股票時支付過高的價格，將抵消這家績優企業未來10年所創造的價值。」這就是說，一旦忽視安全邊際，即使買入優秀企業的股票，也會因買價過高而難以盈利。

對於投資者來說，不能忽視安全邊際。但什麼樣的情況下，股票就達到安全邊際，股價就安全了呢？10倍市盈率是不是就安全呢？或者低於淨資產值就安全呢？未必是。如果事情這麼簡單，那就人人都能賺錢了，股市也就成了提款機。

我們打個比方，雞蛋8元一斤，值不值？就現在來說，不值。這個8元是價格，我們來分析一下價值，從養雞、飼料、稅費、運輸成本折算一下的話，可能是2元一斤，那麼這個2元就是雞蛋的價值。什麼是安全邊際呢？就是把價值再打個折，就能夠獲得安全邊際了。例如：你花了1.8元買了一斤雞蛋，你就擁有了10%的安全邊際；你花了1.6元買了一斤雞蛋，那你就擁有了20%的安全邊際。

所以，安全邊際就是一個相對於價值的折扣，而不是一個固定值。我們只能說，當股價低於內在價值的時候就

有了安全邊際，至於安全邊際是大還是小，就看折扣的大小了。

為什麼要有安全邊際呢？曾有人打了一個很好的比方，如果一座橋，能夠允許載重4噸，我們就只允許載重2噸的車輛通過，顯然這個2噸就是安全邊際。這樣，就給安全留出了餘地，就內因而言，如果我們設計或施工中有一些問題，那麼這個2噸的規定可能還會保障安全；就外因而言，萬一有個地震或地質變化什麼的，2噸可能保障不出事。

股價的安全邊際也是如此。就內因而言，我們可能對一個企業的分析有錯誤，而安全邊際保障我們錯得不太離譜；就外因而言，一個企業可能會出現問題，會在經營中進入歧途，而我們在察覺到的時候，可能還不會吃太大的虧。因為，我們的選擇有安全邊際，說白了，就是股價夠便宜，給我們留出了犯錯誤和改正錯誤的空間。當然，安全邊際不僅讓我們賠得少，還能讓我們賺得多。很簡單，因為買價低。比如說，一檔股票的股價從2元上漲到12元，內在價值是4元，2元就是很大的安全邊際。

比如，一檔股票，巴菲特會在2元時買入，一般價值投資者在4元時的價值線買入，技術分析家則根據趨勢在6元買入，結果是巴菲特賺了5倍，一般價值投資者賺了2倍，技術分析家賺了1倍。其實，這個結果還算不錯。如

果股價從2元上漲到6元，巴菲特則會賺2倍，一般價值投資者賺50%，技術分析家可能還賠錢。

或許，有人會說，大盤漲起來的時候都沒有安全邊際了，但問題是，在市場極度低迷的時候，很多有很大安全邊際的股票根本無人問津。話說回來，安全邊際能不能保障股價安全？未必。最大的安全邊際是成長性。比如，一個生產尋呼機的企業只有5倍市盈率，不高吧？可是現在連尋呼台都找不到了，安全就是笑話。可見，只有在具有成長性的前提下，安全邊際才有意義。

關於安全邊際的理解其實非常容易，但是怎麼判斷安全邊際，或者什麼時候才真正到了跌無可跌的時候是非常困難的。還有就是如何應對遲遲不來的安全邊際。對於這些疑問，格雷厄姆的原意是「等待」。在他眼裏，人一生的投資過程中，不希望也不需要每天都去做交易，很多時候我們會手持現金，耐心等待。由於市場交易群體的無理性，在不確定的時間段內，比如3～5年的週期裏，總會等到一個完美的高安全邊際的時刻。換句話說，**市場的無效性總會帶來價值低估的機會，那麼這個時候就是你出手的時候。**就如非洲草原的獅子，它在沒有獵物的時候，更多的是在草叢中慢慢地等待，耐心地觀察周圍情況，直到獵物進入伏擊範圍才迅疾出擊。如果你的投資組合裏累積了很多次這樣的投資成果，從長期看，你一定會取得遠遠超

出市場回報的機會。所以，安全邊際的核心就在把握風險和收益的關係。

其實，對安全邊際的掌握更多時候體現了一種生存的藝術。投資如行軍打仗，確保不被敵人消滅掉是作戰的第一要素，否則一切都將無從談起。這一點在牛市氛圍中，在泡沫化嚴重的市場裏，顯得尤為重要。

7 投資的黃金分割律

黃金分割是一種古老的數學方法。黃金分割的創始人是古希臘的畢達哥拉斯，他在當時十分有限的科學條件下大膽斷言：一條線段的某一部分與另一部分之比，如果正好等於另一部分同整個線段的比，即0.618，那麼，這樣比例會給人一種美感。後來，這一神奇的比例關係被古希臘著名哲學家、美學家柏拉圖譽為「黃金分割律」。

對於黃金分割線的神奇和魔力，數學界還沒有明確定論，但它屢屢在實際中發揮我們意想不到的作用。如攝影中的黃金分割線，股票中的黃金分割線……同樣，黃金分割線在個人或家庭的投資理財規劃中，也有著神奇的效

果，妙用黃金分割線也可使資產安全地保值、增值。

孫民是廣州一家飲食集團下屬分公司的財務部長，妻子也在一家財務公司任職，孩子正在讀小學，家裏還要供養2位老人。孫民每月的家庭總收入在11000元左右，這個水準在廣州市只能算是個小康之家，日常節餘也不多。但是，多年來孫民家的資產一直在穩步增長，小日子過得有滋有味。

原來，專業出身的孫民非常關注自己家庭的財務規劃，對家庭的每一筆投資都非常慎重。他在日常的工作中，創造性地總結出「黃金分割線」的家庭理財辦法，即資產和負債無論怎樣變動，投資與淨資產的比率（投資資產/淨資產）和償付比率（淨資產/總資產）總是約等於0.618。這正是他所謂的理財黃金分割點。多年來，孫民一直在這個理財黃金分割點的指引下不斷調整投資與負債的比例，因而，家庭財務狀況相當穩健。

2008年時，孫民的父母相繼去世，孫民每月的負擔減輕了2500多元，他還分得了7萬多元的遺產。1年後，隨著孫民在銀行的存款快速增加，黃金分割點有失衡的可能，於是孫民決定做點投資。

一般來說，個人的負債收入比率數值應在0.4以下，高於此數值則在進行借貸融資時會出現一定的困難。要保

持財務的流動性，負債收入比率維持在0.36最為合適。如果一個人的該項比例值大於1，則意味著他已經資不抵債了。從理論上講，這個人已經破產了。

一、投資額度要設上限

當時，孫民的家庭總資產包括銀行存款、一套109平方米的三居室、貨幣市場基金和少量股票，總價值為105.5萬元。其中房地產尚有28萬元的貸款沒有還清，淨資產（總資產減去負債）為77.5萬元，投資資產（儲蓄之外的其他金融資產）有39萬元，孫民的投資與淨資產的比率為39÷77.5＝0.503，遠低於黃金分割比率0.618，意味著家庭有效資產可能得不到合理的投資，沒有達到「錢生錢」的目的。因此，加大投資力度是很有必要的。

要讓資金最快增長，毫無疑問，第一要多投入資金。但是因為存在著虧損的可能性，所以孫民給投入的資金量設定了上限。加大投資額的同時也考慮家庭的償付能力，在償付比率合理的基礎上，進行合理的理財投資。這就是孫民家庭財務一直很穩健的原因。而大部分人進行理財投資時，往往忽略了自己的償付能力。

二、借款可優化財務結構

在經濟風險膨脹的今天，如果償付能力過低，則容易陷入破產的危機。償付比率衡量的大小，是財務償債能力的高低，是判斷家庭破產可能性的參考指標。

孫民的家庭總資產為105.5萬元，其中淨資產為77.5萬元，而他的房地產貸款還有近28萬元未還。按照償付比率的計算公式，孫民的償付比率為77.5÷105.5=0.735。

從孫民多年的財務經驗看，變化範圍在0～1之間的償付比率，一般也是以黃金分割比率0.618為適宜狀態。如果償付比率太低，則表示生活主要依靠借債維持，這樣的家庭財務狀況，無論債務到期還是經濟不景氣，都可能陷入資不抵債的局面。而如果償付比例很高，接近1，則表示自己的信用額度沒有充分利用，需要通過借款來進一步優化其財務結構。

0.735是個比較理想的數字，即便在經濟不景氣的年代，這樣的資產狀況也有足夠的債務償付能力，但0.735遠高於黃金分割比率，可見孫民的資產還沒有得到最大合理的運用，信用額度也沒有充分利用。當然，0.735的償付比率增加了孫民投資住宅房的信心。

孫民開始尋找符合自己財務的投資住宅房，一方面他要使有效資產得到合理的運用，另一方面又要保證家庭財

務的償付比率維持在黃金分割比率上下。

　　由孫民的事例可以看出，黃金分割線可以作為投資理財的一個度量。

8 投資要學巴菲特

　　所謂投資中的風險是指在競爭中，由於未來經濟活動的不確定性，或各種事先無法預料的因素的影響，造成股價隨機性地波動，使實際收益和與預期收益發生背離，從而使投資者有蒙受損失，甚至破產的機會與可能性。

　　投資和風險是孿生子，只要投資存在，伴隨而來的必將是風險。

　　任何一個準備或已經在證券市場中投資或投資其他實業的投資者，在具體投資前，都應認清風險、正視投資風險，從而樹立風險意識，並做好如下的基本準備工作。

一、掌握必要的證券專業知識

證券市場的本身是一門非常廣泛而深奧的學問，一般普通投資人很難研究透徹，但是若想成為一個穩健而成功的投資人，就必需花些心血和時間去研究一些最基本的證券知識。假如連一些基本的投資知識都沒有就妄想碰運氣賺大錢，即使運氣好，誤打誤撞撈上一筆，不久也肯定會再賠進去。

二、認清投資環境，把握投資時機

股市與經濟環境、政治環境息息相關。經濟衰退，股市萎縮、股價下跌；反之，經濟復甦，股市繁榮、股價上漲。政治環境亦復如此。政治安定，社會進步、外交順暢、人心踏實、股市繁榮、股價上漲；反之，人心慌亂、股市蕭條、股價下跌。

在股市中常聽到一句話：「**選擇買賣時機比選擇股票種類更重要。**」也就是說，在投資前應先認清投資的環境，避免逆勢買賣。比如，許多人在未瞭解股市大勢之前，糊裏糊塗地盲目買賣，結果與股市反道而行。多頭市場時做空，空頭市場時卻做多，這種人焉能不賠光老本？

三、確定合適的投資方式

股票投資採用何種方式，因投資人的性格與閒置時

間而定。一般而言，不以賺取差價為主要目的，而是想獲得公司紅利或參加公司經營的人，適合採用長期投資方式。本身有職業，沒有太多時間前往股票市場，而又有相當的積蓄及投資經驗的人，適合採用中期投資方式。時間較空閒、有豐富經驗、反應靈活的人，可採用短線交易的方式。經驗豐富、整天無事，且自認反應快、喜愛刺激的人，多半嚮往當日交易。

就理論而言，短期投資利潤最高，次為中期投資，最後為長期投資。但經驗證明很少有人能每次都準確地在底部買進，頂部賣出。所以，就平均獲益能力來計算，中期與長期投資較短期投資利潤高，當日交易投機性最濃且具有賭博性質。要想通過當日交易來獲利，一半憑經驗，一半靠運氣。這種投資方式不但風險大，而且傷害身體，一般投資者最好不要輕易嘗試。

四、制訂周詳的資金運作計畫

俗語說「巧婦難為無米之炊」，股票交易中的資金如同我們賴以生存解決溫飽的大米。大米有限，不可以任意浪費和揮霍，因此，巧婦如何將有限的「米」用於「煮」一鍋好飯，便成為重要的課題。

同樣，在血雨腥風的股票市場裏，如何將你的資金作最妥切的運用，在各種情況發生時，都有充裕的空間來

調度，不致捉襟見肘，這便是資金運用計畫所能為你做的事。

股票投資人一般都將注意力集中在市場價格的漲跌之上，願意花很多時間去打探各種利多利少的消息，研究基本因素對價格的影響，研究技術指標作技術分析，希望能作出最標準的價格預測，但卻常常忽略本身資金的調度和計畫。

事實上，**資金的調度和計畫、運用策略等都基於一項最基本的觀念──分散風險**。資金運用計畫正確與否、使用得當與否都可以將風險是否分散為標準，來進行衡量。只要能達到分散風險的目的，使投資人進退自如，那便是好的作法。至於計畫的具體做法，那便是仁者見仁，智者見智了。因為，世界上有1000人就會有1000種性情、觀念、作法、環境的組合。任何再高超再有效的計畫，也須經過個人的融會貫通才會立竿見影，不能生搬硬套，請投資人千萬要記住這點。

時下市場上存在一種觀點：認為分散投資風險，就是將所有的資金投資在不同的股票上。因此，真的有人將100萬元資金分成若干份，分別投向不同的股票市場、不同股票上：花20萬元買「深發展」，20萬元買「長虹」，30萬元買「海爾」，20萬元買「華聯」，最後10萬元再買點「金杯」。

　　這樣的操作，不但起不到分散風險的作用，反而更容易將事情搞糟。萬一5種投資裏有3種行情走反，他馬上就會手忙腳亂，無法應付接踵而來的變化。一如同時從天上掉下5個西瓜，接住1個，接不住其他4個；接住2個，接不住其他3個；或者，最常發生的情況是，5個西瓜都摔碎了。這樣的操作，陡增風險。

　　真正的風險分散方案，概括地說，就是不要一次性把所有可投資的資金悉數砸進市場。

　　投資人，尤其是初入市場的投資人，手中握有的股票種類應該儘量單一，絕不能如上例所述——選擇不同市場、不同種類、不同性質的股票。這樣在行情分析預測、應付不時出現的意外行情時，才不會左支右絀，窮於應付。在具體操作上，可將資金分成三份。第一份作為第一次投入的先鋒隊，第二份作為籌碼，第三份作為補投資金。例如，100萬元的資金可分為40萬元、30萬元、30萬元，在作價格行情分析後，選擇適當品種投入第一份資金40萬元，進行開倉交易；當行情的走勢如預測一樣時，作為籌碼，隨即投入第二份資金30萬元，逐漸加碼，並隨即選定獲利點獲利離場；當行情走反，朝著不利方向發展時，此時第二份資金30萬元配合做攤平。而最後一份資金30萬元，可以靈活運用，在行情大好時追殺，在行情大壞時當成反攻部隊，彌補損失。

值得注意的是，所有這些動作均必須將較準確的行情判斷和資金策略配合使用，保持清醒克制的頭腦，行情走對時要下得狠心加碼追殺，行情走反時要冷靜選擇反攻機會。

巴菲特如何規避風險

最初，巴菲特靠親朋好友湊來的10萬美元白手起家，50多年後的今天，巴菲特的身價已達到近500億美元。在世人眼中，巴菲特的故事無異於一個神話。但仔細分析巴菲特的成長歷程，發現他並非那種善於製造轟動效應的人，更像一個腳踏實地的平凡人。

雖然巴菲特是全球最受欽佩的投資家，但是機構投資者在很大程度上不理會他的投資方法，很少有投資諮詢公司或養老金信託公司會委託他管理資金。巴菲特所掌控的伯克希爾公司股票，包括基金經理在內的大部分人都不會去買，也從沒有分析師推薦他的股票。或許在很多人眼中巴菲特更像是一個老古董，他的投資理念與市場格格不入。總之，巴菲特與其他人總有那麼一點點區別與距離，或許正是這一點點的區別，決定了只有一個巴菲特。

巴菲特投資攻略一：儘量避免風險，保住本金

巴菲特曾說：「成功的秘訣有三條：第一，儘量避免

風險，保住本金；第二，儘量避免風險，保住本金；第三，堅決牢記第一、第二條。」爲了保證資金安全，巴菲特總是在市場最亢奮、投資人最貪婪的時刻，保持清醒的頭腦，急流勇退。1968年5月，當美國股市一片狂熱的時候，巴菲特卻認爲再也找不到有投資價值的股票了，他由此賣出了所有的股票並解散了公司。結果在1969年6月，股市大跌，並漸漸演變成了股災；到1970年5月，每種股票都比上年的年初下降了50%，甚至更多。

巴菲特的穩健投資——絕不幹「沒有把握的事情」的策略，使他逃避過一次次的股災，也使得機會來臨時資本迅速增值。但很多投資者卻在不清楚風險、自己沒有足夠的風險控制能力下，貿然投資，或者由於過於貪婪的緣故而失去了風險控制意識。在做任何投資之前，我們都應該把風險因素放在第一位，並考慮一旦出現了風險時我們的承受能力有多強，如此才能立於不敗之地。

巴菲特的投資攻略二：做一個長期投資者，而不是短期投資者

巴菲特之所以會成功，最主要的因素是，他是一個長期投資者，而不是短期投資者。巴菲特從不追逐市場的短期利益，不會因爲一個企業的股票在短期內大漲就跟進，

他會竭力避免投資被市場高估價值的企業。一旦決定投資，他基本上會長期持有。所以，雖然他錯過了20世紀90年代的網路熱潮，但是他避免了網路泡沫破裂給無數投資者帶來的巨額損失。

巴菲特曾說：「**投資者必須在設想他一生中的決策卡片僅能打20個孔的前提下行動。每當他作出一個新的投資決策時，他一生中能作的決策就少了一個。**」在一個相對短的時期內，巴菲特也許不是最出色的，但沒有誰能像巴菲特一樣長期比市場平均表現好。從巴菲特的盈利記錄中可發現，他的資產總是呈現平穩增長而甚少出現暴漲的情況。1968年巴菲特創下了58.9%年收益率的最高紀錄，也是在這一年，巴菲特感到極為不安而解散公司隱退了。

從1959年的40萬美元到2004年的429億美元的這45年中，可以算出巴菲特的年均收益率為26%。從某一單個年度來看，很多投資者對此也許會不以為然，但沒有誰可以在這麼長的時期內保持這樣的收益率。因為，大部分人都被貪婪、浮躁或恐懼等人性弱點所左右，成了一個投資客或短期投資者，而並非像巴菲特一樣，是一個真正的長期投資者。

巴菲特投資攻略三：把所有雞蛋放在同一個籃子裏，然後小心地看好

究竟應該把雞蛋集中放在一個籃子裏，還是分散放在多個籃子裏？這種爭論從來就沒停止過，也不會停止。這不過是兩種不同的投資策略。從成本的角度來看，集中看管一個籃子總比看管多個籃子要容易，成本更低。但問題的關鍵是，能否看管得住唯一的一個籃子。巴菲特之所以有信心，是因為在作出投資決策前，他總是花上數月、1年甚至幾年的時間，去考慮投資的合理性。他會長時間地翻看、跟蹤投資物件的財務報表和有關資料。對於一些複雜、難以弄明白的公司，他總是避而遠之，只有在透徹瞭解所有細節之後，巴菲特才作出投資決定。

由此可見，成功的關鍵在於，投資前必須有詳細周密的分析。對比之下，很多投資者喜歡道聽塗說或只是憑感覺投資，完全沒有進行獨立深入的分析。投資如果缺少盈利的可靠依據，那麼難免會招致失敗。

第五章

智能理財：互聯網理財的下一個風口

1 手機銀行，簡單方便優惠多

某外資企業職員王先生最近有一椿煩心事。「我手中一筆5萬元理財資金到期了，但想到要冒著40多度的高溫去銀行排隊購買理財產品，就已經累了。雖然回家可以通過網上銀行進行理財，但不巧的是，筆記型電腦出了故障，理財成了麻煩事。」

不過，經過身邊的理財達人推薦，王先生最終開通了手機銀行，購買到了心儀的理財產品，還享受了積分以及手續費優惠。

不少銀行客戶都像王先生一樣，選擇手機銀行操作一些傳統銀行業務。簡單、方便、優惠多、收益高等優勢，讓手機銀行大行其道。銀行推出的手機銀行專屬理財業務，即以手機銀行用戶端為銷售管道的理財產品，多以高預期收益率為賣點，收益超過絕大多數同期傳統理財產品。

手機銀行專屬理財產品的平均收益較同期限的傳統理財產品能高出0.1%至0.5%不等，甚至民生銀行推出了一款期限35天的手機銀行專屬理財產品預期收益率可達5.05%，與當日發佈的期限66天的傳統理財產品預期收益

率相同。而同期各家銀行傳統管道銷售的35天期理財產品預期收益率多在3.5%至4.7%。手機銀行理財產品的投資門檻在5萬元，而不少高收益預期的傳統管道銷售理財產品起售金額需幾十萬元至100萬元不等。

除了理財產品外，手機銀行還提供更多服務。以光大銀行手機銀行用戶端為例，手機銀行不僅提供異地、跨行轉帳服務，而且使用者可享受手續費全免優惠。此外，還提供包括帳戶管理、投資理財、轉帳匯款、充值繳費、資金歸集、機票電影票預訂等服務，並結合手機定位功能，提供周邊營業網點、ATM自助設備和特惠商戶的查詢服務等。

一位銀行業內人士說：「**手機銀行購買理財產品收益率更高，主要是銀行推廣手機銀行的一種行銷手段。此外，手機銀行與傳統銀行相比，沒有人工成本，前期雖然有較大的技術成本投入，但長期來看，成本較傳統管道要低。**」

手機銀行的操作並不麻煩。以光大銀行推出的「二維碼買理財」服務為例，投資者掃描海報、廣告中的二維碼，即可下載手機銀行用戶端，或者直接通過在網信上填寫帳號、密碼，完成理財產品的購買。

不同銀行的手機銀行操作也各有不同。如有的銀行需要登錄手機銀行，通過一級一級功能表找到並選擇對應理

財產品，查看產品明細，閱讀產品銷售檔，點擊認購；選擇投資帳戶，輸入認購金額；確認協議書及產品說明書；確認購買產品資訊，成功完成交易。

而有些銀行則可以通過Android、iPhone手機用戶端的「二維碼掃描」功能，啓動手機攝影機，拍攝理財產品宣傳頁面中的二維碼，直接進入購買頁面。

「手機銀行非常便捷，我僅用了不到5分鐘就完成理財產品的購買，以後即便在上班休息時間，也能通過手機銀行辦理較爲急切的銀行業務。」王先生告訴記者，「不過，對手機銀行也有一點安全上的擔心，幾萬元的投資理財產品可以通過手機銀行購買，但數十萬元的大額資金我肯定還是會去銀行進行操作。」

投資者對於安全的質疑，銀行並不認同。爲保障客戶帳戶資金安全，民生銀行就表示，已經採取交易設備綁定、動態密碼校驗、登錄密碼保護、超時自動退出、密碼強度控制、反欺詐和釣魚、SSL安全傳輸等多種措施，全面立體進行防護。

理財專家提醒投資者，更值得關注的是，通過手機銀行購買理財產品與傳統管道購買理財產品一樣，應該注意理性購買，特別要注意手機銀行介面能否清楚介紹理財產品的投資方向、投資風險，如果並不清楚，應該去更詳盡地諮詢該款產品，不能圖一時方便，購買並不適合自己的

產品。另外，與傳統管道的購買一樣，投資者需要理解，雖然手機銀行理財產品給出了更高的收益率，但這僅僅是預期收益率，能否實現還需看實際收益率。

2 有代表性的手機理財軟體

　　隨著互聯網金融越來越發達，手機的相關理財軟體也是越來越多，手機理財軟體以其方便、快捷、靈活，很快贏得了不少「掌上一族」的青睞。那麼，名目繁多的手機理財軟體究竟有哪些好處，又有什麼區別呢？

一、銀行業務：手機專享理財

　　如今，銀行的移動業務已經不僅僅只有簡單的手機充值、帳戶查詢、轉帳匯款等功能，還添加很多金融服務，如理財產品、黃金、基金等諮詢項目。不少銀行，如農行、建行、招行、廣發、華夏等銀行，還針對手機銀行用戶推出了專屬理財產品。

二、理財平臺：隨手記帳理財

俗話說「理財從記帳開始」。**一生能夠積累多少財富，不取決於你能夠賺多少錢，而取決於你是否會投資理財**。因此，投資者必須善於記帳，對自己的財務狀態進行整理和規劃，只有讓財務一目了然，才能在這個基礎上進行投資理財。

傳統的帳本式記帳已經無法跟上當今的快節奏生活，因此用戶用手機來記帳是最好的選擇。記帳 APP 應用的基本功能是記帳，比較主流的記帳軟體還有「91 記帳」「隨手記」等。

移動端的記帳 APP 應用也在近年迅速發展，頗受年輕上班族的喜愛。隨著智慧手機的快速普及，無論是 Android，還是 iPhone 手機，不少程式開發者開始將記帳作為研發的方向。如今，只需利用智慧手機，普通人也能做到像會計一樣，每天將每一筆支出都一一入帳，對自己的開銷筆筆明細。

用戶可通過查帳，瞭解自己實際的資金與所記錄的是否一致，若有出入，可儘早發現問題所在。其實手機記帳 APP 的功能遠遠不止上述幾個方面，許多軟體還具有語音記帳、製作預算、購買理財產品等功能。使用者可根據自己的需求或喜好，選擇帶有某些特定功能的軟體。

另外，某些記帳 APP 也開始和基金公司合作，能夠實

現貨幣基金的申購和贖回，這類貨幣基金通常為開放式的T＋0，支持即時贖回。如「挖財」APP，在售的一款最低申購金額為100元的工銀貨幣基金，七日年化利率達到5.07%，目前已有15萬餘人申購。

三、協力廠商支付：移動端優惠多

「互聯網金融」正逐漸成為各企業爭先涉足的炙熱領域，在繼支付寶推出餘額理財產品「餘額寶」後，國內各大協力廠商支付平臺也在移動用戶端裏植入基金申購功能，並採用大量優惠策略來爭奪移動理財的「入口」。

阿里巴巴——支付寶

支付寶手機用戶端中的轉帳到銀行卡功能，用戶無需電腦，只需要手機上網登錄支付寶，即可直接將支付寶帳戶內的現金轉至對方的銀行卡上，既不需要填寫任何銀行卡內的詳細資訊，也不需要對方卡的資料，並且還可以享受單筆5萬元、每天無上限的免費轉帳額度。支付寶此舉是對銀行業務中的網上銀行和手機銀行的重大衝擊。

騰訊——微信

2013年8月，微信推出支付功能，此後短短幾個月時間裏，包括易迅、當當、蘑菇街、大眾點評等眾多企業接

入。諸如手機話費充值、購買電影票、彩票、商品券、收看互聯網付費電視節目、購買咖啡等，都將可以通過微信APP快速實現。擁有良好體驗的微信支付，因其日漸豐富的多元應用場景和海量用戶基礎開始顯現其商業價值。

與此同時，各大銀行和基金公司也積極加入了微信平臺，紛紛開通微信銀行、基金公司的微信帳號等。部分基金公司的微信端已經可以實現基金申購和贖回的功能，如華夏基金的「活期通」起購金額低至100元，極大激發了投資者的投資熱情。

另外，各大商家也針對微信端的用戶推出了不少優惠活動。

四、互聯網金融：百花齊放高收益

互聯網金融來勢洶洶，從「餘額寶」的橫空出世，到各種「寶」、各種理財產品逐漸闖入人們的視野，一時間，互聯網理財市場呈現百花齊放的局面，互聯網金融跨時代已經到來。

支付寶聯合天弘基金推出貨幣基金「餘額寶」，短短3個月規模就突破500億元；百度推出線上理財產品「百發」，當天規模就突破10億元；國華人壽通過淘寶網賣保險，3天就賣出1億元⋯⋯自從「餘額寶」取得巨大成功，互聯網公司嫁接貨幣基金的「餘額寶模式」就被廣泛

複製，據不完全統計，目前類似「餘額寶」的產品超過20種。本書第3章已介紹了比較熱門的「餘額寶」、百度理財、網易理財、微信理財通、「活期寶」、「零錢寶」、「盈利寶」、「增值寶」等移動理財產品。

「寶類」理財產品就如雨後春筍般不斷被創新推出，甚至連銀行機構也迅速逆襲，紛紛降低理財門檻，比如中國銀行推出的「活期寶」、民生銀行推出的「如意寶」。它們並迅速佔據了部分市場份額，在收益上也超過了餘額寶等電商系產品。比如，8月18日民生銀行「如意寶」的7日年化收益率為4.422%，而「餘額寶」的收益率為4.159%。

互聯網金融以旋風之勢遍訪千家萬戶，改變了老百姓傳統的理財方式。人們不再拘於把錢存進銀行，而是要先用手機看一看最新理財產品的收益率變化再作打算，或者打開手機，逕自找到自己看好的互聯網投融資平臺，買入當期的理財產品。

在互聯網金融這個戰場中，不僅有「銀行系」「電商系」等主流產品，就連P2P平臺也希望能從迅速擴容的市場中，分得一塊蛋糕。隨著越來越多互聯網企業和傳統金融機構的進入，移動互聯網理財管道將更加豐富，面向個人的互聯網金融服務將更具活力。

3 個性化APP，助力移動理財

在移動時代，移動用戶掌握了更多的主動權，他們可以隨時隨地查詢價格，貨比三家，同時查看他人的評論和推薦。他們通過智慧手機找到所需，並通過各種方式與其他人取得聯繫。在移動設備的武裝下，使用者們成為了無所不能的一群人，他們游走四方，無所限制，通過移動設備獲得超強的行動力。

手機把移動消費者從電腦的束縛中解放出來，可以隨時獲取資訊。通過移動數位設備，他們總能與任何人在任何時間、任何地點自由聯繫。第三螢幕賦予了不受限的移動用戶無論走到哪裏，都擁有隨時隨地理財的超能力。

移動用戶無論何時何地，都能使用智慧手機消遣。例如，等公車時可以看電影片段、觀看孩子的球賽時可以查看郵件、繼續讀沒讀完的書或雜誌，或者下載朋友發簡訊推薦的APP。

隨著移動互聯網的興起，越來越多的互聯網企業、電商平臺將APP作為銷售的主戰場之一。有關資料表明，目前APP手機用戶端給電商帶來的流量遠遠超過了傳統互聯網（PC端）的流量，通過APP進行盈利也是各大電商平臺

的發展方向。事實表明，各大電商平臺向移動APP的傾斜也是十分明顯的，原因是每天增加的流量，重要的是手機移動終端的便捷為企業積累了更多的用戶，對企業的創收和未來的發展起到了關鍵性的作用。

　　當然，這些APP發展的另一方面，就是極大地方便了移動用戶，為他們賦予了更多新的「能力」。

　　支付寶和快的打車合作，推出「5億元請大家免費打車」活動，只要用戶在「快的打車」APP中綁定支付寶付款，即可享受每單獎勵10元、司機每單獎勵15元的服務。「快的打車」APP是一款立足於LBS（地理位置）的O2O（線上到線下）打車應用，主要面向日常打車的乘客和計程車司機。對於經常需要打車的使用者來說，「快的打車」APP會是不錯的選擇，不但可以更快找到計程車，而且還能享受更多的優惠，為理財生活添彩。

　　進入「快的打車」APP介面後，系統會自動定位，顯示目前所在位置和附近計程車的資訊。點擊「現在打車」按鈕，進行語音呼叫，說出要去的地方，軟體會語音辨識使用者要去的位置。等待司機響應，響應後可以查看司機的相關資訊和行車路線。在支付寶現有的功能中，乘客可選擇「當面付」「掃碼」「轉帳」等功能來支付車錢。需要注意的是，「快的打車」優惠政策處於不斷調整中，用戶使用時請參考官方公佈的最新消息。「快的打車」APP將傳統計

程車與乘客間的被動等待轉化為主動聯繫。乘客可以輕鬆
發單，隨時隨地叫車；司機可以降低空駛率，輕輕鬆松多
賺錢。

　　移動設備除了功能強大之外，還因不同的使用者而具
有個性化的特點。由於世界上沒有完全一樣的兩個人，因
此也就沒有完全一樣的智慧手機。可以說，每一部手機都
是高度個性化的，它們的通訊錄、APP及APP在螢幕上的
排放都不一樣。每部智慧手機的主人下載了個性化的APP
後，放在自己喜歡的位置。

　　除了硬體和作業系統上的重要性之外，更重要的是智
慧化運用。移動APP在不斷地增加，無論是開源的Android
系統，還是完全封閉的IOS系統，以及Windows Phone系
統，每個系統都有很多實用的APP。

　　如今，這些APP正從最早期的流覽器和輸入法等簡單
初級工具型應用、機組型應用，升級至閱讀、遊戲、社交
網路和證券銀行支付等更高級的應用。另外，手機用戶都
有自己固定的使用習慣，可能使用APP查天氣、在網上查
資料、看書、購物、找廉價物品、看視頻等。每個人都生
活在自己的移動世界裏，且獨一無二。

　　今後幾年，所有理財相關的操作，都將在移動平臺上
呈現，其呈現方式將更多元化，更貼近用戶需求，更方便

用戶隨時可用。中國每個運營商都有自己的應用商店，每個製造商也有，甚至像阿里巴巴和百度這些傳統互聯網公司也希望擁有自己的應用商店。這是爲什麼呢？從根本上來看，誰控制了應用商店的入口，誰就控制了未來移動互聯網的視窗。個性化移動設備成爲了移動互聯網金融的強大「基石」，帶領人們走進了移動理財時代。

隨著全球移動化的到來，人們觀察事物的視角也發生了全新的變化。因爲智慧手機高度個性化，每個人都可以從自身視角判斷市場。想贏取大移動行銷預算的行銷者，需要意識到當前這種大眾化傳播向個性化傳播的轉變，因爲控制預算的廣告主會基於他自己使用手機的體驗來判斷行銷者的提案。他們對消費者未來如何使用手機的看法，往往會被自身的使用經驗所左右。

另一方面，對於現在的移動用戶而言，由於手機的智慧性和私人性特徵，它與使用者之間產生的關聯是以前其他任何媒體都不具備的。手機設備具有貼近性，使用者可時刻線上，並能根據個人需求進行個性化設定，可以輕易獲取資訊，和任何人聯繫，並得到獨特體驗。

在外出差的李先生收到物業公司催繳電費的電話，讓同伴驚訝的是，他僅僅在手機上進行了簡單的操作，便直接從銀行卡劃款到了物業公司帳戶上，不到3分鐘，李先生

就接到物業公司的電話說費用已繳清。

　　類似這樣的案例比比皆是。現在大部分人已通過手機與銀行帳戶捆綁來實現移動理財，銀行帳戶的任何變化都會以簡訊形式通知用戶。用戶可以隨時隨地瞭解到每個月水電、煤氣等費用的托收情況，在商場刷了卡也會有及時的簡訊通知等。例如，使用「支付寶錢包」APP就能完成各種理財活動。在「支付寶錢包」主介面，點擊上方的「我的生活」按鈕，進入其介面後，點擊「生活繳費」按鈕進入其介面，可以看到支付寶可以繳納電費、水費、燃氣費、固話寬頻以及有線電視等費用。

　　互聯網金融來勢洶洶，移動端的發展可謂更加迅猛。使用者不用再去銀行櫃檯排隊買產品，拿起手機就能進行各項操作，隨時隨地理財的設想已經慢慢變成了現實。近期，無論是銀行，還是協力廠商支付機構，都在積極推動移動用戶端的業務。如此一來，移動端可享受的優惠也多了起來，使用移動端進行理財的用戶也與日俱增。

　　能賺會花的人，才是一個真正的理財高手。其實，移動理財的概念不僅僅局限於移動炒股，它還可以進行帳戶的查詢、轉帳、支付、結算以及電話費、手機費的查詢、繳納，網上購物支付等各種與生活密切相關的理財事宜。

如今，隨著無線終端及無線技術的發展，股票、證券類通過無線，交易成爲可能。我們有理由相信，隨著合作範圍的擴大，硬體、軟體技術的不斷更新完善，移動理財服務不再是概念化的東西，它勢必成爲人們理財的主流。

4 移動理財的發展趨勢

在移動互聯網時代，眾多行業打開了一扇全新的發展之窗，在國家大力支持移動互聯網發展、加快轉變經濟發展方式的大背景下，移動互聯網是大勢所趨已成各行各業的共識。在這樣快速變化的移動互聯網時代，商機不需要等待和觀看，需要的是把握和執行，移動理財市場更是需要如此。

隨著中國金融市場的逐步開放，各種金融理財產品紛紛進入中國，中國廣大人民的理財意識也在不斷地增強。尤其隨著近幾年的樓市、股市大幅震盪以及商品價格的暴漲，人們越來越認識到了金融理財的重要性。

比如，移動理財受到越來越多的關注。《2013年中國電子銀行調查報告》顯示，中國電子銀行業務連續4年呈

增長趨勢。其中，全國個人網銀用戶比例較2012年增長了1.7個百分點。在企業網銀方面，2013年企業網銀用戶比例為63.7%，較上年增長10個百分點；平均每家企業網銀活動用戶使用網上銀行替代了63%的櫃檯業務，而在2009年，這一比例為50.7%。如今，76%的企業使用網上銀行替代了超過一半以上的櫃檯業務。與此同時，手機銀行業務展現出巨大潛力。2013年全國地級及以上城市的城鎮人口中，個人手機銀行用戶比例為11.8%，較2012年增長近3個百分點，連續3年呈增長趨勢。

手機理財軟體的使用現狀相對較好，尤其在年輕人這樣比較容易接受新事物的群體裏，應用更廣泛，該軟體的市場前景非常樂觀。相信隨著理財觀念的普及，人人都會使用手機理財軟體。許多商務人士，一般都不會天天坐在電腦前面，忙碌的時候一般都是奔波在路上，更沒法天天盯著電腦看。因此，對商務人士來說，他們可以充分發揮手機隨身攜帶的優勢，隨時隨地享受理財服務。

在全球化發展、電子資訊技術日新月異、移動互聯網興起的今天，移動理財的發展呈現出五大趨勢，並將對傳統金融行業產生根本性影響。

一、支付產業鏈持續完善

智慧手機的普及帶動了移動互聯網的發展，移動互聯

網的發展推動了移動電商的進程，而移動電商的發展需要移動支付的支撐。現在，移動支付在整個移動互聯網當中的作用越來越明顯，互聯網系、銀行系與電信運營商系，已經開始針對移動支付市場展開激烈的交鋒。

從目前的發展趨勢來看，移動化與自金融將成主要發展方向。隨著當前協力廠商線下支付的迅速發展，協力廠商支付企業將更加重視與線下支付的融合發展，未來線上線下支付工具的融合將進一步增強。移動支付在未來將成爲手機的另一個重要功能，繼通信、娛樂、辦公等功能之外。未來，更多的協力廠商支付企業將全力進軍資訊化金融業務，致力於更多、更快、更好、更省地幫助企業「搬運」資金。

二、帶動P2P行業蓬勃發展

信用體系建設，是互聯網金融行業機制體制創新的重要組成部分，隨著未來信用體系的逐步完善，可以借助P2P陽光透明的借貸程式，積極推動P2P行業蓬勃發展，對抵制高利貸、扶持創業起到非常積極的促進作用。同時，P2P行業可以推動監管部門從防範轉爲鼓勵，提供民間借貸一個良好的發展方向。

三、移動銀行將嶄露頭角

移動銀行是依託移動互聯網的發展而興起的一種新型銀行服務手段，它借助移動互聯網遍佈全球的地理優勢及其無間斷運行、資訊傳遞快捷方便的時間優勢，突破傳統銀行的局限性，利用Internet技術為客戶提供資訊查詢、對賬、網上支付、資金轉帳、信貸、投資理財等金融服務。

互聯網銀行的發展，也是配合國家經濟發展的必然結果。移動互聯網銀行並不會依託傳統銀行「以錢生錢」的經營優勢，而是以其周邊的電商網站、社交網路、物聯網為應用核心，生成使用者資訊、偏好、消費和行為習慣等資料，通過資料採擷需求、識別管理風險、設計金融產品，並通過信貸產品創新、支付創新、業務創新等方式，探索更多參與互聯網金融的路徑。

四、實現從企業金融到產業鏈金融過渡

移動互聯網可以基於現有企業供應鏈金融的基礎，改變傳統的企業金融視角，從產業鏈金融視角出發，針對小微企業所處的產業鏈進行整體開發，提供全面金融解決方案，進一步解決小微企業金融服務的「三難」問題（收集資訊難、控制風險難、控制成本難）。相對於企業金融，未來產業鏈金融模式將在兩個維度進行擴展。

1. 服務對象從核心企業擴展到產業鏈上的相關方，包

括供應商、製造商、分銷商、零售商，直到最終用戶。

2. 所提供的產品服務，從一種或多種產品擴展到全面的金融產品，如票據及其衍生產品、貸款融資及其關聯產品、結算、託管、現金管理等。同時，還包括其他增值服務，如交易撮合、管理諮詢、技術諮詢等。這就使行銷、調查、審批、放款、貸後管理、不良清收等各個環節的工作都實現了批量化處理，極大地節約了經營成本。

五、有望打造一體化服務品牌

目前，中國形成了與移動互聯網金融相關聯的創新性金融機構和科技仲介機構集聚態勢。一大批銀行、投資機構、保險公司、證券公司、信託公司、擔保機構、小額貸款機構、資產管理公司、金融租賃公司、律師事務所、會計師事務所、資產評估事務所、信用仲介機構、智慧財產權仲介機構、產權交易機構等金融機構和科技仲介機構正在逐步設立和發展。

基於目前態勢，伴隨著移動互聯網技術的日益成熟和網路的便捷，未來移動投資者需要將所有相關業務融為一體的全面綜合服務。因此，未來必將會打造出整體的移動理財平臺。同時，為了使投資者能有多樣化的產品選擇，非金融機構也必將加快重組、兼併的步伐，充分吸收和融合相關資源，從而不斷移動理財產品，打造一體化的服務

平臺，豐富移動理財的生態圈。

5 移動理財與傳統理財的優劣比較

　　隨著社會生活水準的提高，人們對於「吃、穿、用、住、行、遊、玩」有了全新的需求。手機由於通信功能具有不可替代的方便性，成為了投資理財服務創新最重要的產品之一。移動理財的隨時、隨地、隨心、隨身的特性，潛移默化間改變了現代人的生活方式。

　　同傳統的理財管道相比，移動理財的最大優勢就是，用戶可隨時隨地獲取所需的服務、應用、資訊和娛樂。用戶可以在自己方便的時候，使用智慧手機或PDA，去查找、選擇及購買理財產品和生活服務。

　　移動理財與傳統理財管道的優劣比較，主要還是在於誰能更有效地發揮金融的基本功能。

　　金融體系要根據社會需要，提供多數人可接受的支付工具，即貨幣供應。以協力廠商支付為例，某著名調查機構的一份調查顯示，2014年的全球移動支付總金額將上漲40%，達到5070億美元。從更遠的時間來看，隨著熟悉移

動互聯網的年輕一代逐漸成爲社會的主流，移動支付方式
對傳統支付方式的替代會變得愈加明顯。

2013年，移動支付市場成爲互聯網巨頭佈局的重點。
隨著百度、新浪等紛紛推出移動支付業務，移動支付也迎
來爆發式的增長。特別是在2013年年底，支付寶錢包和微
信支付競爭激烈，分別與航空公司、視頻網站、線下零售
商、打車軟體等建立合作關係，豐富了支付場景。

移動支付由於其個性化，具備交易追溯到具體交易人
的特點，非常適合交易。從發展角度來看，移動支付是協
力廠商電子支付的一大趨勢。

最新資料顯示，2013年，中國全年協力廠商支付機
構各類支付業務的總體交易規模達到17.9萬億，同比增長
43.2%。其中，線下POS收單和互聯網收單分別占比59.8%
和33.5%，移動支付增長明顯，線上線下進一步融合。

儘管發展前景廣闊，但就目前而言，互聯網支付與傳
統金融還是有著一定的差異，尚難完成根本性的替代。

（1）互聯網金融本身並不創造新的支付工具，從這點
看，互聯網金融尚不具有明顯的貨幣創造功能。

（2）由於自身不能創造出支付工具，互聯網支付所使
用的交易媒介，事實上與傳統金融並無區別，即銀行帳戶
上的貨幣資金。在這個意義上，互聯網支付更像是對傳統
金融支付的補充和延伸，提高了傳統支付的效率，擴大了

服務範圍。

移動理財的資訊處理方式由以下3個部分組成。

（1）通過社交網路，可以生成和傳播各類與金融相關的資訊，特別是一些個人或機構沒有義務披露的資訊。

（2）搜尋引擎對資訊的組織、排序和檢索，能緩解資訊的超載問題，有針對性地滿足資訊的需求，大幅提高資訊的搜集效率。

（3）具備海量資料高速處理的能力。目前，全社會已經被數位化的資訊約70%。在未來，各種感測器會更加普及，在大範圍內得到應用，如目前智慧手機中，已經嵌入了很複雜的傳感設備或應用程式。購物、消費、閱讀等很多活動會從線下轉到線上，如果3D列印得到普及，那麼製造業也會轉到線上。在這種情況下，全社會資訊中有90%可能會被數位化，這就為大資料在金融中的應用創造了條件。如果個人、企業等的大部分資訊都存放在互聯網上，那麼基於網上資訊就能準確評估這些人或企業等的信用資質、盈利前景。

由此可以得出，移動理財可以及時獲取供求雙方的資訊，通過資訊處理使之形成時間連續、動態變化的資訊序列，並據此進行風險評估與定價。這對傳統金融無疑是一個相當大的挑戰。

金融體系能夠爲企業或家庭的生產和消費籌集資金，同時還能將聚集起來的資源在全社會重新進行有效分配。由於移動互聯網的覆蓋面極爲廣泛，所以，融資中的「融」可以發揮出更好的效果。

　　風險管理和配置功能的發展使金融交易和風險負擔得以有效分離，從而使風險在不同主體之間得到最有效的配置和分散，進而降低風險成本。

　　在一些移動互聯網平臺的交易體系設計中（如 eBay、淘寶），不但可以很容易地獲得交易雙方的各類資訊，而且還能有效地將眾多交易主體的資金流置於其監控之下。與傳統金融模式相比，這極大地降低了風險控制成本。

　　移動理財除了具有以上優點外，也有其不可避免的劣勢。任何涉及互聯網的行業，其監管總是比較大的問題，移動互聯網金融的風險存在於以下幾點。

　　（1）沒有統一的電子認證標準。對於移動理財市場來說，手機商、電信運營商和內容提供者三方通力合作，制定一個統一的電子認證標準。實際上，這三方形成了一個相輔相成、共生共滅的關係，如不能取得良好的合作關係，將會使整個市場的發育受到阻礙。對於內容提供者來說，移動理財業務的主要收入，將可能來自於與電信運營商的共同分成。因此，雙方達成默契的合作協定，將會決

定未來移動理財市場的發展進程。

（2）**信用風險大。**對移動理財而言，手機用戶的信用問題是影響其發展的一大瓶頸。目前中國信用體系尚不完善，移動理財業務的相關法律還有待配套。而且移動理財違約成本較低，容易誘發惡意騙貸、捲款跑路等風險問題。

（3）**網路安全風險大。**目前，中國移動互聯網安全問題突出，網路金融犯罪問題不容忽視。一旦遭遇駭客攻擊，移動互聯網金融的正常運作就會受到影響，危及投資者的資金安全和個人資訊安全。

由於移動互聯網金融在中國處於起步階段，目前還沒有明確的監管和法律約束，缺乏準入門檻和行業規範，其監管較弱，整個行業面臨諸多政策和法律風險。

6 移動互聯網金融發展趨勢

　　隨著移動互聯網、智慧手機的普及，人們的生活方式發生了很大的變化，大家的碎片化時間越來越多。人們更趨向於選擇手機作為上網設備，採用手機進行金融活動，而移動互聯網金融突破了PC互聯網在時間和空間上的局限性，使人們能夠隨時隨地享受優質的金融服務。

　　移動互聯網金融加速起航的時代已經到來，未來移動互聯網金融存在七大發展趨勢。

　　移動化：隨著手機、平板等移動設備的普及，4G的加速發展使我們正闊步進入移動互聯網時代，金融理念也正在從高大上走向屌絲人群，碎片化的金融已經開始真正融入人們的日常生活，春節8天超過800萬用戶參與微信紅包活動足以說明這一趨勢。目前以支付寶、財付通為代表的協力廠商支付已經在往支付寶錢包和微信支付轉移，在理財方面傳統的理財頁面也開始向APP進行轉化，如果不重視移動的趨勢，互聯網金融最終會被移動互聯網金融推入危機。我們可以很清晰地看到：在未來，人們在辦理金融業務時，不用去銀行了，通過手機、iPad等智慧終端

機，人們可以隨時隨地投資理財、移動支付、購買理財產品、流覽金融資訊，在任何空隙、休閒的時間裏就能完成金融需求。

個性化：在未來，客戶的體驗以及業務的便捷性和個性化的需求越來越重要，移動互聯網金融的服務、產品、功能等個性化趨勢會越來越明顯。以個人金融財富管理爲例，通過手機銀行進行查詢、對賬、服務消費、支付轉帳、投資理財等功能將迅速開發，同時還涉及公共事業的繳費，以及基金、債券、證券、保險、信託和社保、醫療等等一系列以家庭和個人產品爲特徵的私人零售業務。面對不同的人群、不同的需求，移動互聯網金融將會開發出更多個性化的金融產品、服務，以滿足使用者的需求，「使用者爲導向」的服務理念會越來越突出。社會即將進入一個「移動消費者年代」，客戶可以根據自己個性化、多樣化的需求，反向要求上游機構推出產品，金融產品就是典型的代表之一。

產業化：移動支付產業的發展對市場的拉動效應，將超越以往的任何產業。隨著移動支付產業的規模化、迅速化的發展，移動支付未來所承載的功能和使命，將大大超出現有的金融支付單一功能。在現代科技和市場迅猛發展

的今天，手機銀行所承載的私人銀行、零售業務、大貸、小貸金融衍生業務，將會成為移動支付產業未來重要的標誌。未來移動互聯網金融還將延伸到街道、社區等各個消費場所領域，移動支付產業鏈將會涉及包裝、運輸產業、倉儲、鐵路等各行各業，特點表現為線上與線下、碰櫃和離櫃、實務與虛擬等多種路徑方式，使得商業銀行在物理網點和移動支付兩個平臺上，通過產品與服務對廣大客戶，形成雙軌並行的市場，從產品到產業化是移動互聯網金融發展的必然趨勢。

場景化：對於移動互聯網金融，場景化就是把複雜的、相關聯的、需要做風險評估的產品和服務，用移動互聯網化的簡單思路表現出來，同時把移動互聯網金融的快捷、便利、通俗的投資方式，用合適的途徑傳播給廣大的投資者和消費者，並融入日常生活。場景化是移動互聯網金融發展下一個階段的趨勢，目前可以看到的是，大多數互聯網金融，如電商小貸、線上理財、支付、P2P、眾籌、金融服務平臺、互聯網貨幣等，都還是在傳統互聯網的框架內做互聯網和金融的嫁接。所以，在下一個階段，就需要把這種嫁接到移動的場景化，並融入日常生活。

數據化：金融業是大資料的重要產生者，交易、報價、

業績報告、消費者研究報告、官方統計資料公報、調查、新聞報導無一不是資料的來源。移動互聯網提高了金融資料的收集能力，大資料則為金融資料的處理和分析提供了思路。大資料時代下，移動互聯網開始顯露其在金融領域的真正價值。移動互聯網金融在大資料的推動下，將會更加快速地尋找到合適的目標使用者，實現精準行銷。做移動互聯網金融的核心是風險把控，關鍵是資料，大資料在加強風險可控性、支持精細化管理方面，助推了移動互聯網金融，尤其是信貸服務的發展。

創新性：在移動互聯網金融時代，依靠移動互聯網技術、大資料應用以及雲計算等新一代技術，移動互聯網金融的創新會越來越明顯，在功能開發、產品形態、交易模式、應用模式、行業形態等各個方面都會出現創新。在移動互聯網金融領域將出現顛覆性產品，新的交易模式也將不斷湧現。在傳統的B2B、B2C，包括C2C的基礎上，各種各樣新型的電子商務模式不斷湧現，而單一的產品創新也將向提供整體金融服務方案轉變。

交互性：交互性是移動互聯網的重要特徵，也是移動互聯網的發展趨勢。人們只要帶上移動終端，就可以隨時隨地和朋友問候交流、分享資訊，而整個社交圈也就裝在

口袋裏。如今，隨著微信的普及，微信銀行、微信理財、微信支付深受廣大用戶的歡迎，金融交互性必將成爲移動互聯網金融的發展方向。同時，移動互聯網的實名制、圈子、社交等關係資料，是移動互聯網金融對個人進行信用體系建設的一個重要參考因素，是互聯網金融與傳統金融不可替代的優勢。使用者可以隨時隨地查看財經金融資訊，而金融供需資訊幾乎完全對稱，可以實現供需雙方直接交流溝通。

7 打造極致的客戶體驗

當前，手機已經顛覆了人們的生活模式與習慣，拇指族和低頭族正在創造一個又一個的消費奇蹟。這些以移動平臺爲依託的銀行業新興管道，如手機銀行和微信銀行，我們稱爲移動金融。

那麼，銀行業的移動金融使用現狀如何呢？用戶體驗如何呢？

基於互聯網公開資料：截至2014年年底，中國移動智慧終端機使用者規模達10.6億，微信月活躍用戶突破5

億，智慧終端機和微信平臺已經得到普及。4G的逐漸普
及，使得移動金融也突破了網路的限制。在互聯網金融發
展方面，截至2014年年底，支付寶錢包活躍人群近2億；
今年春節期間，微信紅包累計收發達32.7億次，用戶已逐
步養成移動支付的習慣。今年互聯網理財收益率回歸平
穩，同時互聯網金融也迎來「監管元年」，相繼出臺的政
策將引導互聯網金融健康有序發展。此外，以80後、90後
為主體的使用者消費方式也已逐步轉變。

　　這樣的大環境給傳統銀行業發展移動金融創造了契
機。受互聯網金融的衝擊，2014年各大銀行均逐漸重視移
動金融管道的發展，並擴大宣傳。截至2015年2月，微信
銀行的知曉度已達到70%，比2014年初呈現翻倍增長。手
機銀行由於起步早於微信銀行，其知曉率達為82%，高於
微信銀行。賽諾經典認為，移動金融已邁入第二階段，
提升使用率是核心任務。調查顯示，移動金融客戶忠誠度
高，依賴性強。在已使用移動金融用戶中，有95%以上會
繼續使用。其中，超三成用戶會每週至少使用一次。客戶
一旦選擇使用移動金融管道，將很難離開。這也說明移動
金融能滿足客戶基本的需求，有持續優化發展的必要。未
來移動金融使用率仍有較大發展空間。因為調查顯示，有
超四成用戶知道移動金融，但沒有使用。

　　在大眾已普遍知曉的情況下，如何實現客戶「最後一

公里」的接入，是現階段移動金融發展的核心任務。

調查發現，在已使用移動金融客戶中，有近五成用戶是由於移動金融管道有專屬的優惠，或者開通時有禮物贈送等而選擇嘗試使用移動金融。比如，招商銀行目前通過手機銀行轉帳匯款異地、跨行均免手續費；交通銀行的手機銀行充值享優惠活動；民生銀行的手機銀行抽獎活動等。賽諾經典認為，「小利」時代已經到來，銀行應增加移動金融的專屬優惠，以吸引客戶使用。

然而，移動金融同互聯網產品一樣同質化現象嚴重，如何以優質的「客戶體驗」給客戶最好的服務？賽諾經典借鑒互聯網產品體驗指標，以實現全面、科學的測評，為移動金融設計了六項體驗指標，如資訊是否安全、操作是否便捷、功能是否滿足和介面是否友好等。調查結果顯示，資訊是否安全是客戶最關注的指標，在已使用移動金融的用戶中，有超六成的用戶感覺使用移動金融不安全；操作是否便捷還有較大優化空間，用戶感覺移動金融操作不方便的前三位原因是，操作步驟多、介面打開速度慢和找不到想用的功能；功能是否滿足和介面是否友好需要進一步完善。賽諾經典對國有五大行、民生銀行和招商銀行的手機銀行，以及微信銀行進行體驗，發現銀行間基本功能差異不大。

由於移動金融服務功能仍是以銀行常用業務為主體，

各銀行所提供的功能差異化小，較難從功能上突出各自特徵，所以，各大銀行試圖從展示形式方面入手，吸引客戶。這方面，建設銀行的手機銀行的展示方式值得行業借鑒：其導航菜單的圓盤可轉動，生動有趣。在體驗時代，好玩最重要。

在對客戶功能使用偏好調研中發現，使用者在進行交易類業務操作時，更傾向於使用手機銀行；在進行帳戶查詢和活動查詢操作時，用戶會更多地使用微信銀行；在移動金融安全性調研中發現，手機銀行的關注度略高於微信銀行。

基於此，專家認為，手機銀行和微信銀行承載功能應差異化發展，如手機銀行可向交易類功能發展，以安全建設為核心；微信銀行可向查詢類功能和資訊推送類功能發展，以快速便捷服務為核心。兩管道相互協同，根據自身特徵進行差異化發展，同時也滿足客戶安全性和便捷性的需求。

另外，打造極致的客戶體驗，是移動金融服務測評的唯一標準。在體驗時代，客戶需求出現了新的變化：操作便捷、資訊分享和娛樂時尚。移動金融應圍繞客戶需求，進行產品的完善。在操作便捷方面，應力求步驟清晰、操作簡單和功能表功能有效。在資訊分享方面，需要通過更實用的資訊資訊和更有趣的活動吸引客戶分享。在娛樂時

尚方面，移動金融應通過其功能、活動和展現方式的個性化發展，避免產品同質化，滿足客戶不同需求和感官感受。

　　由於體驗時代產品週期性極短，移動金融需不斷完善自己，不斷優化客戶體驗，來吸引使用者使用，保證用戶活躍度。由此可見，移動金融發展仍有很長的路要走。專家認為，利用有形的指標對無形的客戶感知進行測量，是移動金融產品邁入專業化的必然趨勢。

第六章

玩轉信用卡，財富「刷」出來

1 信用卡申請為何被拒

很多人申請信用卡被銀行拒絕，感到莫名其妙，而銀行人員卻不告訴他們被拒的原因是什麼。

來看一位網友的親身經歷吧。

話說，要不是去年去招行辦信用卡被拒，然後到交行被拒，我還一直以為：自己憑藉多年使用信用卡的良好習慣，肯定在銀行會有一個良好的信用記錄。結果卻是，信用記錄被拉黑了。

一開始，我不知道為什麼都被拒了，就給招行和交行信用卡中心打電話，尋求個理由，但是答覆大意都是綜合評審沒通過，信用記錄有問題。

當時，我能想到的就是，信用卡造成的信用記錄有問題，本人從未辦理過任何貸款。

於是，我開始給辦過卡的銀行打電話，問自己名下有沒有信用卡，畢竟我一直以為自己只有一張建行信用卡。

然後重點來了。

打到工行時，說我名下有一張信用卡，因為多次未交

年費，直接扣款至帳戶凍結，信用因此出現問題，就被央行拉黑了。什麼？我完全不知道，仔細回憶後⋯⋯

「大約在5年前，大學期間，我在學校統一辦理過一張工行信用卡，但開通後一直沒用。」其實，那位給我辦卡的員工根本沒說明是信用卡，而我也沒意識到，因為它的透支額度只有10塊，有信用額度這麼低的信用卡嗎？

然後，我開始跟工行的客服進行電話交流⋯⋯結果是：先把凍結的信用卡的年費補上，然後找當年的那位銀行工作人員，看他有什麼辦法能夠解決信用問題。可是，問題來了，年費補上沒事，畢竟信用記錄要緊，但是怎麼可能找到當年辦卡的人，先不說現在工作的地方離學校有2000多公里，5年多的時間誰還記得一個陌生人啊。

最後，問題還是解決了，工行的客服溝通過內部系統查詢，找到了當年給我辦卡的人。

一周後，當年給我辦卡的員工打來了電話，而我咬定自己不知道這是信用卡，不知道怎麼默認開通了，也從來沒用過。我不知道這件事能否解決，但還是想努力下得到一個好結果。出乎意料的是，那位員工態度特別好，當時就答應這事會給個說法，爭取幫忙撤銷不良記錄。後來我知道，出現這個問題的不止自己一人，他手頭有20幾個顧客遇到同樣的問題，瞬間覺得解決這事的希望大增啊！

接下來的三個月，我不停地跟那位員工溝通，他讓我

每隔7～10天打一個電話催促一下，說擔心自己手頭事太多忘了。三個月後，那位員工告訴我OK了，不用再擔心。

時間一長，我把這事忘了，也沒去央行查詢個人信用記錄。昨天剛好想起這事，本著去央行徵信網站試試的心態，發現我們省也可以註冊查詢，晚上收到查詢驗證碼，在網上看到了詳細資訊，確認了沒有不良信用記錄，心裏這個石頭總算落下了。

讓我們來聽聽內部人士的說法。

一、徵信逾期

如果你之前有過使用信用卡的經歷，並且產生了不良信用記錄，那麼你會很難在其他銀行再申請信用卡。如果之前有過貸款的不良記錄，那麼你也很難申請到信用卡。銀行在批卡前，會調取你的信用記錄報告，所以一定不要產生不良記錄。想知道自己的信用記錄如何，在註冊央行徵信中心的網站後，就可以查看了。

二、審核電話無人接聽

申請信用卡時，都需填寫個人電話和工作電話，你可別以為這是隨便填的，銀行是會打電話去核實的，如果電話沒人接聽，那也很難通過銀行的審核。因為，申卡

都找不到你，要是你欠銀行的錢了，銀行豈不是更找不
到你了。所以，在申卡期間，請隨身帶著手機，將鈴聲調
到最大。

銀行是最「嫌貧愛富」的，你的工作穩定、收入高，
自然會受到他們的青睞，而對於從事批發、個體、直銷、
物流、娛樂、餐飲、安保以及自由職業等行業的小夥伴，
銀行都會從嚴審批。所以，如果你提供了各種資料，卻還
是被拒了，不妨看看自己的職業是否在該銀行嫌貧愛富的
行列裏。

被拒後的對策

如果你申卡被拒，千萬別立刻再次申請。銀行會在審
批系統內自動設置最短1個月、最長6個月的申請間隔時
間，這一時間段內，如果發生過被拒申請，系統就會直接
拒批，所以在首次被拒後，最好過半年再申請。

在不符合申卡條件的時候，千萬不要向好幾家銀行頻
繁申請。因為，銀行通過查看你的信用記錄報告，是可以
看出來你申請過幾次信用卡的，而信用記錄報告上也會顯
示，某銀行因為什麼原因去查詢你的信用記錄報告。如果
你的信用記錄報告顯示，好幾家銀行因為申卡查詢過你的
信用記錄，而你手上卻沒有一張信用卡，那麼別的銀行看
到這個，肯定就心知肚明了。

根據上述原因，確定一下自己是因為什麼被拒的，最好上央行徵信網站看看自己的信用報告，看看是否有不良記錄。

詳細瞭解自己選擇的信用卡的申請條件，如果有不符的條件，最好申請其他種類或其他銀行的信用卡。

資料填寫要細緻，一定要仔細填寫申卡資料，如果讓你提供收入證明、工作證明，你也要及時提供。特別是單位電話一定要如實填寫，銀行會打電話向你的工作單位核實。

不要頻繁申卡，頻繁申請信用卡（如一個月內申請多張），會被某些銀行視為高風險。正如上面所說，銀行通過查看你的信用報告，就知道你申請過幾次信用卡。

2 信用卡「小白」入門攻略

面對那麼多的信用卡，我該怎麼選？要想最大限度地除盡銀行羊毛，我該怎麼選？再也不想被推銷員牽著鼻子走，我該怎麼選？挑選信用卡之必殺技，小白選卡「七要看」，選卡輕鬆不再難。

一、看自己消費的主要用途

你的消費主要用途是什麼？飲食、旅遊、超市購物、娛樂（看電影、KTV等）等方面，還是網購，或者其他。瞭解自身消費的主要途徑後，選擇相應的信用卡。目前，信用卡的種類各種各樣，有專門的超市購物卡、車主卡、旅遊聯名卡、航空卡、女人卡……不一而足。每一種卡，側重點各不相同，所享受的優惠、福利也千差萬別。

二、看信用卡額度

卡片額度一般分為以下幾種：普卡、金卡、白金卡等。參考自己的基本消費需求，申請相應額度的信用卡，儘量只用2～3張信用卡，以滿足自己的消費和資金周轉全部需求。

三、看信用卡卡費

信用卡的費用不容小覷，除了年費、利息、取現費、超限費、滯納金、掛失費等基本費用，分期繳費還需要分期利息及手續費，在異地異行異國使用，也有相關費用。但這其中，年費一般會有相關的減免政策，常見的多位一年刷卡幾次即可免除，有些則是首年減免。辦卡時，瞭解清楚這些費用。

四、看信用卡級別

　　信用卡一般分為普卡、金卡、白金卡或鑽石卡等。不同等級的卡片額度不同，等級越高，額度越高，享受更多、更優質的服務與權益，如貴賓室禮遇、高額交通保險、全球緊急支援服務等等。當然，這也是您身份的象徵。辦卡時，參照自身的經濟實力及相關需求，選擇不同卡片。

五、看信用卡優惠

　　不同銀行信用卡的特約商戶、積分等情況是不一樣的。有些特約商戶雖然優惠很大，但自己並非經常使用，這樣的優惠如同雞肋。在積分方面，有些銀行積分有時間的限制，並非終身有效，對於容易健忘或者討厭麻煩的人來說，也不划算。

六、看銀行

　　儘量選擇與自己的工資卡、儲蓄卡同屬一家的信用卡，對於提高申卡的成功率、綁定自動還款等等都有好處。此外，四大銀行難申請、門檻高、額度低，而申請商業銀行則相對較容易、門檻較低、額度較高，優惠也會更多。

七、看信用卡外形

如果你對卡片的外貌很講究，求好看、時尚、靚麗，可以選擇一些異形卡（幾何形、動物性等等），或者一些「奇葩」信用卡（有香味的、會發光的、綠色環保的等等），甚至，您也可以定制信用卡，建設銀行、光大銀行都設有相關的業務。

信用卡好用，但是用好卻不易，特別是對信用卡小白來說，用卡時最常犯外借、消費不注意、還款不及時、不開通消費提醒等錯誤。那麼，今天我們來盤點下，信用卡小白用戶最經常會犯的用卡「七宗罪」。

一、信用卡外借

很多人認為信用卡不過是花錢的工具，有朋友要救急，毫不猶豫就外借了。殊不知，信用卡是持卡人的信用憑證，若不慎產生了逾期，就會給持卡人的個人徵信帶來嚴重影響，不僅影響日後提額辦卡等，甚至還會影響貸款。

建議：保管好個人信用卡，切勿外借。

二、按鍵不遮擋

信用卡使用密碼交易的方式時，一定要注意遮擋按鍵，避免身後有不法分子在窺視密碼後，伺機盜竊卡片進

行盜刷。按鍵遮擋只是一個非常簡單的動作，但卻能夠爲用卡安全增加幾分保障。

建議：在ATM機輸入密碼時，注意遮擋，防止身後有不法分子。結帳時，將密碼器拿到面前，在遮擋後再輸入密碼，防止被窺探。

三、簽單不核對

結帳的時候爲了趕時間或耍帥，不看單據直接簽字的壞習慣真的是用卡安全的隱形殺手！在結帳顧客較多、POS機信號不穩定等時候，收銀員也難免忙中出錯，如果不核對的簽單的話，很可能會遭遇多刷、重複刷卡等問題。

建議：結帳時仔細核對POS簽單，包括卡號、金額、商戶、日期等等。

四、消費不提醒

信用卡刷完就算，不設簡訊提醒是很多人的壞習慣。一切消費明細都指望著帳單的話，會錯過很多問題的處理時間。比如遭遇了重複刷卡，如果沒有簡訊提醒，直到帳單日才發現的話，就很難解決問題，維權也會極爲困難。

五、帳單不細看

當前大多數人採用的都是電子帳單的形式，部分卡友在收到帳單之後，看一眼總金額就關了視窗，具體細則一概不關心。其實，這樣的習慣非常不利於用卡安全。因為，如果這個月產生過一筆盜刷，但是金額不大的話，不細對帳單就很有可能發現不了。長期以往，如果每個月都被盜刷的話，累計下來就是一筆不小的經濟損失。

建議：日常消費後自己主動記帳，帳單出來後及時核對每一筆消費。部分銀行的帳單沒有明細，是為了保證持卡人的隱私，有此需要的卡友，可以主動致電客服申請開通明細。

六、不按時還款

很多卡友並不是沒錢還，而是沒有按時還款的意識，久而久之，不僅需要支付額外的利息，還會影響日後的提額。更嚴重的，還會給個人徵信抹上污點。

建議：如果沒有按時還款的意識，可以將儲蓄卡與信用卡綁定，進行自動還款。

七、丟後不掛失

卡片丟失後以為只要不被盜刷就沒有關係的想法，是大錯特錯的！信用卡丟失以後不掛失，不僅不能享受掛失

前的失卡保障服務，還有可能因被他人盜刷，從而產生經濟損失。更嚴重的，還有可能被人冒名領用，後患無窮。

　　建議：信用卡丟失後一定要及時掛失，結清卡內欠款，45天後確認銷戶，再補辦新卡。

3 坑你沒商量，信用卡的使用誤區

　　這年頭，手上沒兩張信用卡還真不太好意思。不過，信用卡躺在你的錢包裏可不一定成了你的好幫手，還有可能會坑你，不信來看看你有沒有被以下的暗箭誤傷。

一、取現部分在免息期內也不能免息

　　小夥伴們都知道，信用卡最誘人之處就是可以「免費」借錢，在免息期內刷卡消費可以免收利息。

　　可是，千萬記住這只是對刷卡消費有效。如果你直接從自己的信用卡中借出現金，這條「免費」金牌就不管用了，你就得乖乖支付手續費和利息，而且當天就開始計息了哦！

　　還有一種情況需要格外小心，假設先往信用卡裏存一

筆錢，然後馬上取出來，也很可能要算利息哦！

什麼，自己存了就取，還要收費?!

沒錯，因爲按照信用卡的用卡規則，每一筆存入的現金都是默認先歸還欠款的。也就是說，你先存進去的錢被用來還了以前透支消費的欠款，然後取出的錢就變成從信用卡中借款取現了。這下收你利息沒商量了吧！

所以，沒事別隨便把信用卡當儲蓄卡使。

二、把自己的錢取出來可能還要收手續費

繼續說說這個取現，其實就算你的信用卡裏完全沒有欠款，還多存入了一部分錢（溢繳款），如果你想把多存的錢取出來，很可能還是需要手續費的。因爲一些銀行對於溢繳款取現也需要收取手續費，快查一下你的信用卡要不要溢繳款取現手續費吧！對於需要收取溢繳款取現費用的銀行，建議小夥伴們不要取現了。

三、免息額度≠授信額度（信用卡額度）

這條對於土豪，尤其需要注意。某銀行有一張土豪信用卡，最高授信額度可以達到100萬，但是其免息額度最多只有10萬元。也就是說，如果一個大土豪獲得了一張百萬高端信用卡，然後豪氣地刷了50萬，其中10萬可以免息，但是剩下的40萬可是從刷卡日起就計息了哦。

四、跨行還款有上限

其實，現實生活中，可能會發生因「陰差陽錯」導致明明備足了錢，卻沒還清信用卡的情況哦。

比如，你知道嗎，跨行自動還信用卡還有上限！現在許多銀行的信用卡都支持綁定他行儲蓄卡自動還款，但是他行的儲蓄卡可能會受到借記卡發卡行轉出額度限制、銀聯平臺額度限制及信用卡發卡行轉入金額限制等多重限制。比如，平安銀行信用卡對於他行儲蓄卡跨行還款就設置了50萬元的最高限額。

所以，在這裏提醒大家，即使選用了自動還款功能，最好還是在最後還款日確認一下是否及時全額還清欠款，否則不僅會被加收利息，還有可能因此給自己的徵信記錄留下污點。

五、四類信用卡刷卡不算積分

銀行對信用卡積分有各自規定，四大類交易和費用均不算積分。比如，劉女士刷信用卡批發一批貨物，卻沒有算入信用卡積分。

5月份，做生意的劉女士到商家進貨時一次性刷了2萬元的酒水，打算以後進貨都刷信用卡，有一筆刷卡積分財富。「我一年光進貨得二三十萬，換算積分能兌不少東西。」

劉女士盤算著。而劉女士在正常還款後，發現信用卡積分還是零。劉女士在諮詢信用卡客服人員後才知道，她刷卡的商戶不能計算積分。

生活中，有四大類刷卡用途都不能正常積分，可以說是「刷了也白刷」。第一類爲扣率低的刷卡途徑，包括購車購房、批發等內容。因爲扣率是商家向銀行支付的手續費比例，低扣率意味著低手續費。劉女士的批發刷卡就在此列。第二類是儲值繳費類，如公積金、學費、各類充值等。

第三類不積分交易是信用卡自身產生的費用，包括信用卡取現、利息、各類手續費等，以及一些關聯的生活帳戶代扣費用等，都沒法計算積分。第四類則是各家銀行自己規定的不積分消費，關於這部分的規定內容，各銀行都相對模糊。如工商銀行規定的不積分規則中，第五條爲「其他認定不應累積積分的交易均不累積積分」。交通銀行不積分規則的第四條也規定，「交通銀行信用卡中心另行指定的其他項目」不積分。

業內人士表示，市民越來越多使用的網購，因爲店家不向銀行支付手續費，也不在積分行列。在爲積分而刷卡消費前，還需要詳細瞭解積分範圍。如果想迅速積累積分，多參與銀行多倍積分活動是最簡單有效的。

六、不把信用卡的錢當錢

信用卡有時候像潘朵拉的盒子，一旦擁有，欲望無窮。

我們的信用卡額度很多時候都比我們一個月的收入多，有的甚至高很多。所以，拿著高額度的信用卡，如果心中衝動的小魔鬼稍稍冒出來一下，我們很可能就一失足成千古恨了啊！

當然，信用卡還是有很多優勢的，但是如果我們不能先馴服自己的消費欲望，信用卡總是弊大於利的。如果在每次刷卡後，立刻記錄支出，就能及時提醒自己，這筆錢已經跑出你的口袋了。到底該不該花呢？你自己就能最清楚。

仔細這麼一羅列，發現要用好信用卡，可得多長幾個心眼。

我們的目標是，堅決不月光、月欠，堅決不被信用卡綁架！

4 信用卡隱藏收費
——別讓不良記錄盯上你

　　隨著信用卡的使用越來越普遍，信用卡已成為我們生活中的重要消費和理財工具。其實，信用卡是一把雙刃劍，用得好，則能達到很好的理財效果；用得不好，則可能造成信用和財產的雙重負擔。信用卡的正確使用方式，你真的瞭解嗎？

　　目前，各大銀行為了搶佔信用卡市場，紛紛推出各種辦卡、刷卡的優惠活動來吸引消費者，不少銀行更是在街頭、超市甚至上門為消費者進行信用卡辦理。而隨著互聯網對於金融行業的影響加深，申請信用卡的途徑也延伸到了網上。信用卡的申請變得更加方便、快捷，但很多人在辦理信用卡時並沒有認真瞭解相關規則，以為只是刷卡還款這麼簡單，實際上，信用卡還隱藏了不少潛在費用，在使用前不瞭解清楚可能會讓你花不少冤枉錢。

隱藏費用：開卡費

　　雖然目前大部分信用卡的開卡都是免費的，但如果你選擇的是一些紀念版的信用卡，則會收取一定的開卡費，

費用會計入第一期的帳單中。所以你在挑選信用卡時，記得問清業務人員卡片是否會收開卡費用。

隱藏費用二：年費

年費是信用卡手續費中最爲常見的費用。大部分信用卡，只要刷夠次數，就能免交年費。但也有一些卡種，不管刷多少次，還是需要交年費，例如一些白金卡，年費可能高達數千元，在辦理前一定要瞭解清楚。

隱藏費用三：取現手續費＋循環利息

很多初用信用卡的人都會犯這樣的錯：用信用卡取現金，結果當即就被收取了很高的費用。信用卡不像儲蓄卡，可以隨意取現，各大銀行信用卡的取現費用通常爲1%。不僅如此，只要你取現了，就會即刻產生每天萬分之五的利息，並且按月計收複利。

隱藏費用四：最低還款的隱藏費用

最低還款本身不產生費用，但如果只還最低還款額，就會產生利息，而且是按照當月帳單全額計息，同樣每天萬分之五的利息，直到你把欠款全部還清爲止。

隱藏費用五：滯納金

如果你在到期還款日那天沒能還清最低還款額，那麼最低還款額未還的那部分金額就需要支付滯納金，滯納金通常是最低還款額未還部分的5%。

隱藏費用六：溢繳款

溢繳款，是指你還款時多存入的資金，或是你存放在信用卡帳戶內的資金。如果你想取出溢繳款，你就需要支付一定金額的費用，費率通常在1%以下，而且手續很繁瑣。

隱藏費用七：分期付款手續費

分期付款現在已經成為很多年輕人的還款選擇，但選擇分期付款時，銀行將收取一定的手續費，且各銀行的費率相差也較大，最好進行多方對比。

隱藏費用八：在國外交易產生的貨幣交易費

這種費用是指，兩種外匯之間進行兌換所產生的費用。假設你去歐洲旅行，帶了一張Visa卡——美元的雙幣卡，那麼你所消費的歐元在入帳時就需要換成美元，在這一過程中，就會產生貨幣兌換手續費，通常貨幣兌換手續費在1%～2%之間。所以在國外刷卡消費時，如果你有銀

聯卡,那麼你最好選擇走銀聯系統,可以省去這筆費用。

隱藏費用九:掛失手續費＋補發卡/損壞卡/提前換卡手續費

　　如果信用卡不慎丟失,或者卡片受損了想換張新卡,那麼掛失卡片或補辦卡片,也是會產生額外費用的。通常,掛失卡片或補辦卡片所需的費用在20～60元。此外,有的銀行還會收取20元/封的補卡快遞費。所以妥善保管好自己的卡片,不僅是為了用卡安全,同時也能省下一些不必要的額外支出。

忘記還款,有了不良記錄如何解決?

　　對於大多數人來說,使用信用卡都不是為了惡意透支,只是常常由於各種特殊原因,未能按時償還信用卡。一旦因此產生了不良信用記錄,對未來進行房貸、車貸、個人商業貸款甚至求學、就業都會有很大影響。那麼,如果真的不慎有了不良的信用記錄,又該怎麼辦呢?

　　首先,如果你是因為偶爾疏忽大意,忘記了還款,那麼在發現逾期後一定要儘快還款,並且最好是全額還款。同時,持卡人最好給銀行信用卡中心打電話說明非惡意欠款,如果以前一直記錄良好,且逾期時間短,發現逾期後還款良好,則有可能不被記為不良記錄。同時也提醒大

家，一定要儘量避免馬虎，注意銀行的帳單通知和催收資訊，避免因逾期而產生的不必要的麻煩。

如果信用卡的持卡人因為失業、疾病或是其他意外事故等，無力按時還款時怎麼辦？這種情況下，在最後還款期到來之前，持卡人應當主動跟銀行信用卡中心聯繫，陳述自己的經濟狀況，申明自己並非惡意欠款，並申請延遲還款和利息優惠。通常情況下，只要持卡人主動申請以及之前的信用記錄良好，銀行都會同意延期還款，並會同持卡人商定雙方能接受的還款計畫，包括延遲期限、利息折扣、每月還款額等。在主動聯繫銀行說明情況、銀行同意延期還款的情況下，個人就不會在銀行留下不良記錄，但需要注意的是，以後要保證按約定還款。

最後，如果信用卡真的已經產生了不良信用記錄，想要徹底不用信用卡，或者置之不理，如不還款、也不銷卡，是最錯誤的做法。一直不還款，信用卡每個月都會被記一次不良信用記錄；如果連續多月不還款，持卡人很可能會被銀行起訴，被裁定為惡意欠款。這時，個人的信用記錄就會越來越差，欠款數額也會越拖越大，嚴重的，持卡人還會被判刑罰款。這種情況下，保持誠信「刷掉負面記錄」才是最有效的方法。央行一般都會選擇每兩年從銀行重新提取一次信用記錄，如果在產生不良記錄後，持卡人一直保持良好的用卡習慣，那麼兩年後，新的、良好的

記錄會逐漸刷新並替代舊的、負面的記錄。

　　另外，有些持卡人可能因爲逾期的時間過長，已經登上了銀行黑名單或者被強制停卡。對此，有些銀行人士支招：這種情況下，銷卡也是萬萬不可的，持卡人可以選擇每個月往卡片中存入1～10元錢，保持卡片的狀態有變化，那麼在央行提取資訊時也會刷掉不良記錄。信用卡還款不良記錄一般保持五年的時間，超過五年將會被徵信機構刪除，這項規定爲有違約記錄的人提供一個信用修復的機會。

　　隨著人們對信用卡的使用越來越普遍，信用卡的種類也越來越豐富，對於持卡人來說，很可能會遇到辦理了信用卡卻不想使用，或是有了新卡不想繼續用舊卡的情況。這個時候，並不是將信用卡閒置就萬事大吉了，正確的做法是及時到銀行辦理銷卡。

　　有些持卡人之所以會辦理信用卡，可能是因爲看中開卡時送的禮品，或是經不住辦卡人員的推銷，以爲辦理信用卡後不使用就可以了。實際上，即使不使用，信用卡仍然可能因年費產生欠款，如果持卡人沒有及時還款，則會留下不良信用記錄。雖然很多銀行的信用卡聲稱免年費，但前提是需要在一年內滿足一定的刷卡次數或金額。所以，如果持卡人沒有使用信用卡，反而會產生這部分年費。

　　如果信用卡已經使用過，而到期後持卡人不想繼續使用，千萬不要認為不必再理會已過期的信用卡。一般來說，信用卡的有效期為3～5年。正常情況下，銀行會在信用卡到期的前一個月，通過簡訊或電話告知持卡人卡片即將到期，然後給持卡人寄出新卡。只要沒有辦理銷卡，持卡人即使不啟動、不使用新卡，仍然可能需要交年費。信用卡到期後，如果持卡人想更換同一銀行的另一卡種，也需要先把原來的卡片登出，然後再通過銀行信用卡中心的官網，或前往銀行櫃檯的方式，去申請審核想辦理的新卡。

　　所以，對於不再使用的信用卡，持卡人一定要及時註銷。銷卡一般可以通過銀行電話辦理和銀行櫃檯辦理兩種方式。電話辦理通常要求客戶提供詳細的資訊並進行核對，這個時候持卡人最好將卡帶在身邊，可以有效地保護帳戶安全，防止出現不必要的麻煩；櫃檯辦理則需要帶齊身份證，填好相關的資料後當場註銷。但是，不管你是採用哪種方式銷卡，在銷卡之後都要及時打電話去銀行確認是否銷戶，信用卡銷卡並不等於銷戶，銷卡是註銷不用的信用卡，但是客戶資訊仍然存在。因此，為了保障個人資訊安全，登出信用卡之後，最好再向銀行客戶中心申請登出帳戶。目前，大部分銀行的銷卡週期要在一個半月左右，期間如果跨越年費計費週期，還可能產生費用，而每

家銀行對年費收取的時間規定也有所區別，所以持卡人辦理銷卡時應該特別注意。

　　除此之外，信用卡註銷後，信用卡磁條上的資訊還存在，而不法分子可能通過信用卡磁條搜集到個人資訊，重新向銀行提交新信用卡的申請，令持卡人產生被盜刷的危險。因此，信用卡註銷後，還必須進行剪卡。因為在某些場景，只需要信用卡卡號就可以繼續。

5 使用得當，信用卡也可以買房

　　禹丹丹是深圳地鐵運營總部前技術主管，美好人生理財中心的理財規劃師，隨手記理財社區認證大 V。她自述了關於信用卡買房的過程和心得。

　　2010 年，在存款只有 5 萬的情況下，我利用三張信用卡刷了人生中第一套房。2013 年，為了給孩子購買學區房，我同樣採用刷信用卡的方式湊滿了首付。現在，僅僅過去兩年時間，我買的第二套房子已經漲到了 460 萬，比當初買的時候足足翻了兩倍。

關於用信用卡買房，我的觀點是，偶爾多花一些費用，取得時間紅利，得到的可能遠遠多於你的付出。當然，現在房價和我當時相比已經高出了好幾倍，光靠信用卡很難再像我買第一套房那樣簡單，但道理和思路是一樣的。以下就我的這兩次買房經歷跟大家做一個簡單的分享，送給想要有個家的你。

2008年全球金融危機，全國房價都處於相對比較低迷的狀態。緊接著政府4萬億經濟刺激政策出臺，我到深圳時，住宅均價已經漲到了1萬以上，2010年年初均價接近2萬——這時，我打算和先生結婚，並定居深圳。

其實當時的房價和工資對比起來不低，市場觀望的情緒非常濃厚。但是，跟大多數女生一樣，我不想在出租屋裏結婚生子。抱著這樣的心態，我一有空就拉著先生去看房。從新房到二手房，從市中心到關外，最終看中了當時比較偏遠的寶安區的一套小戶型二手房。

記得我和先生第一次去寶安看的第一套房，不大且偏遠，因此價格一平米不到1萬元。但是在地鐵口附近，我判斷升值空間較大。另外，該房子首付只需要11萬，加上傭金、稅費等一共13萬多一點，所以我們當即決定購買，而那時候我們一共只有5萬塊的現金。剩下的錢怎麼辦呢？我第一時間想到了自己額度不低的三張信用卡，它們是我必不可少的現金流！

我從2007年開始玩信用卡，買房時共有三張信用卡，

額度一張為5萬，另外兩張為1.5萬，如果申請臨時額度，大概能達到15萬左右。如果刷信用卡，付首付還是很容易的。但關鍵是首付之後，我們是否有能力償還月供、信用卡帳單、生活費用以及應付疾病等突發事件？

為了理清楚我們的承受能力，在看完房子出來後，我和先生在社區花園裏臨時拿了筆和紙，再次對我們的收入、支出、風險進行了評估和預測。覺得壓力是在我們的承受範圍之內，於是很快就用信用卡付清了首付。

高高興興買了房子之後，接下來就是和時間賽跑，和資料糾纏的一年。畢竟信用卡的錢要還，房貸也要付。我採用的方法是：

（1）一次性還清小額帳單

二手房的流程比較繁瑣，房子過戶花了三個月的時間，這給我預留了還款的黃金時間。我和先生的工資加起來有7000多元，每個月存5000元，那麼3個月就是1.5萬。這讓我還清了第一張信用卡。

（2）充分利用免息期，玩轉數字遊戲

那麼，第二個1.5萬元的帳單怎麼還呢？我的策略是充分利用免息期。

玩了幾年的信用卡，讓我對刷卡日、還款日、工資發放日、免息期等都瞭若指掌。我手上信用卡免息期最長是56天。三張卡錯開，最短也有40多天的免息期，所以又給我們爭取到了近兩個月的時間，還了房貸之後，還可以攢下一部分。而這時，已經快到年底發年終獎了。

（3）向親朋好友求助

　　在預測我和先生的年終獎金額不會低於1.5萬之後，我採取了向朋友求助的策略，借錢還了第二張信用卡。

　　關於借錢，我也有幾點可以跟大家分享：一是在借錢時，儘量向朋友說清楚自己的還款計畫，給予對方心理準備及信心，畢竟誰掙錢都不容易；二是不管跟誰借錢，都應該主動寫借條給對方，既可以保障雙方利益，又不易在日後產生爭議，保護雙方感情；三是如果你的借錢週期比較長，請向不急需用錢的朋友借，同時主動支付不低於銀行的利息；最後，一定要按照約定準時還款，確保良好的信譽，並可以送一些禮物或者請吃飯以表示感謝。

（4）和銀行談條件

　　也不是真的談條件，而是如果你手上有多張信用卡，那麼在面對銀行優惠條件時，就有很大的選擇權。買房

時，我刷卡金額較大，所以我有到三家銀行諮詢分期付款的優惠條件。其中有一家給我延長了30天的免息期，分期手續費也打了8折，這為我節約了一大筆。

用以上幾種方式，我先後購買了兩套房子。

當然，用信用卡買房有些風險也需要注意：

第一個風險：額外的利息和手續費

我所有的信用卡幾乎都採用的是分期還款，這必然會產生一定的費用。比如在支付第一個1.5萬元信用卡帳單的時候，需要償還近3個點的費率。一般而言，分期越長，費率越高，12期大概在7.5%左右。

不過在分期過程中，可以把剩下的錢進行投資，以求互補。比如隨手記理財市場週一理財日活動，貨幣基金5天10%的年化收益，完全可以抵消信用卡分期帶來的利息和費用。同時，可隨存隨取的特點，非常適合短期資金的周轉。

經驗告訴我，買房的時候偶爾多花一些費用，取得時間紅利，得到的可能遠遠多於你的付出。我身邊有一個朋友年薪40萬，生活簡樸，想全款買房，但至今仍住在簡單的租屋裏。因為當初深圳只需要150萬的房子，現在可能已經漲到了500萬。

第二個風險：資金轉換與政策風險

買二手房去銀行做首期監管需要現金，我們當時沒有那麼多現金，就直接多給了業主定金，然後在仲介公司刷信用卡，由仲介支付給賣家。其他的首付才拿到銀行做監管。這裏包括了資金轉換的風險，以及政策面的風險，雖然並沒有明文規定。當時我們敢於這麼做，是在多次溝通下形成了極度信任的狀態，但大家在冒險時一定要注意防範。

第三個風險：保險體系

買房的時候，如果家裏父母有能力支持，建議儘量接受。但是記得給父母寫借條，支付利息，確認還款時間。同時在買房之前，最好給自己和父母配置一定的保障。這樣即使面臨較大的壓力和風險，也能從容應對。

第四個風險：逾期的風險

假如你對信用卡並不熟悉，但是又想通過玩轉多張信用卡來買房，其實，不僅會很容易造成無法及時還款的情況，而且逾期之後還會給你帶來信用的污點。因此，在你能夠玩好信用卡之前，我建議慎入。

6 信用卡的三個省錢方式

信用卡理財如果運用得當，不但會方便生活，更會幫你獲取一些小收益。

現在，開始使用信用卡的人越來越多了，但也有一部分保守的人對信用卡有些抵制感，這部分人大多性格比較謹慎，或是不瞭解信用卡，認為使用信用卡有一種「借錢消費」的不安全感。

有位網友曾經也是抵制信用卡的一員，但當她瞭解使用信用卡的種種好處之後，反而感歎應該早一些利用好信用卡。這位網友通過親身實踐，總結了3個最容易實現的信用卡理財小竅門。

下面，就來看看她為我們介紹了哪些簡單的信用卡理財小常識——

我原本是非常排斥信用卡的一個人，但當我發現無知的拒絕，是一件愚蠢的事情時，我開始意識到我自己錯過了多麼好的理財機會。換言之，我浪費了許多可以收取額外利息的悠悠歲月。所以，從現在開始我要善用信用卡——即便非常小的利息收益。因為，我明白了「積少成

多」的理財精髓，我相信憑自己的努力一定會在多年之後修得正果。

在介紹之前，我先著重說明一下，因為我原來跟身邊的朋友提過，說可以用信用卡預先透支的方法來賺取小額利息，她們覺得利息太少，不值得。但在北京這樣的城市，月消費個3000～4000很正常，而日積月累能賺出不少利息。不好好利用信用卡理財，真的將是你的一個損失。

我自己對信用卡的應用主要集中在三個方面，也可以說是三個省錢方式——透支消費、積分累積、優惠關注。

信用卡理財一：透支消費

其實，關於這一點，我覺得大家應該差不多都懂，就是往往重視程度不夠。

8月份：我辦了一張修腳卡1000元，一張美容卡1500元，外出吃飯、唱歌、娛樂的消費大概500元。外加其他亂七八糟和一些支付寶的消費，8月份我可以用於信用卡消費的總數保守計算大概：3500元。

9月份：美容卡續費2000元，吃飯、唱歌、娛樂500元，護膚品1700元，請家裏人過節吃飯1275元，9月份可以用於信用卡消費的總數保守計算大概：5200元。

以上消費是我粗略的一些統計，我相信很多人跟我一

樣，平時花的時候不覺得，但是總體計算起來，往往自己把自己嚇了一大跳。但大家是否想過如果將這些花銷換成信用卡透支，而把自己的本金用於從一些餘額寶、網貸等理財方式上獲取收益，是不是又是另外一種感受呢？

我關注過一些關於大家對於信用卡的吐槽，抱怨自從辦理信用卡後消費變得無節制了。實際上，這裏面隱藏著一個非常大的心理暗示導向的問題，就是你對信用卡職能的理解。如果你是一個消費成癮的人，那麼信用卡對於你來說是災難性的；如果你是一個想要挖掘信用卡潛能的人，那麼信用卡對於你來說，就是個「賺小錢的工具」。

不知道大家是否領會了我說的信用卡精神。如果你在用信用卡，那麼改變下你的觀念，試著嘗試慢慢用信用卡透支後的本金理財。當你嘗到一點甜頭後，在人性對應利益追求的驅使下，我相信你會有所轉變的。如果你還沒有使用信用卡，多瞭解一點點，只要你能夠保證按時還款，對於使用信用卡理財的你來說，你只會多賺不會賠錢。

信用卡理財二：積分累積

積分累計對大家來說再通俗不過了，也許大家對積分的敏感度不會很高，因為積分換購的東西太缺乏誘惑力了。不過話雖如此，如果你是一個非常精明的人，有點壞壞的小野心，是可以這樣做的——如果你跟朋友出門吃飯，或是集體消費時AA制的前提下，你可以申請用你的信

用卡買單。當然這個辦法顯得有點太過於精明了，但很多時候，結帳就是大家拿出各自的100元來消費（往往大家都沒有零錢），場面會極為尷尬。所以，在某種意義上而言，這個辦法還是滿好的，在不失尊嚴的前提下，我覺得你來張羅下也沒什麼。

這樣做的好處是變相提現、積累積分、本金不變。

還有就是關於換購的東西，換購的東西感興趣還好，如果不喜歡就覺得積分有點累贅。這裏再教大家一個精明的小「招數」。

如果實在沒有你需要的東西，你可以去58同城、趕集、淘周邊或是其他一些二手社區搜集下什麼生活類用品是大家急需的，轉手速度最快的。說到這裏大家應該明白我的意思了吧，就是說，你可以把換購的東西當二手轉出去，換點小錢也未嘗不可。

信用卡理財三：優惠關注

銀行的信用卡業務肯定會伴有優惠促銷活動，所以你辦了哪個銀行的信用卡就要多少關注下。不過我太瞭解女孩子了，我相信絕大多數人都沒有心思去關心這個，所以，往往有的人記住了，有的沒有，而更多的人是沒有幾個優惠能記住的。

我的建議是，現在網路這麼方便，大家差不多都是智

慧手機，可以很容易去關注銀行的官方微信。其實，很多銀行都會有信用卡優惠活動的介紹，方便你隨時瞭解。只要點一下，看一眼，就能隨時瞭解，就這麼簡單。

這裏我想還必須嘮叨幾句關於「辦理哪個銀行信用卡」的問題。

這個問題對於我來說有點難度，畢竟銀行太多了，我不太可能一家家親身試驗。但大家可以先去網上查詢各個銀行信用卡的官方網站，或是官方微博，衡量下哪個更適合自己，而且銀行距離自己的遠近，也是一個考慮因素。

除此之外，關於信用卡的免息期利用，也不難理解。所以，期望大家善用信用卡，巧用信用卡，從今天起讓信用卡成為又一個理財小工具。

聰明的消費者如果能夠充分利用信用卡的功能和各項優惠，巧妙為個人理財，就能讓銀行的錢替自己「付息」「生錢」。

巧用免息分期購物

「割得起肉，買不起蔥花」，這大概是不少買房子的人難以避免的尷尬。不過，如果你手裏有一張銀行的信用卡，就可通過分期付款採購裝修材料，還款期長達6個

月，最高裝修款15萬元。

目前，很多銀行先後開辦此項業務，剛開始，可分期付款的產品主要集中在品牌電腦、高檔音響及洗衣機等大件商品上。銀行會定期公佈分期付款的商品名錄，同時限定持卡人在一定時間內申請認購有關商品。所購商品如果出現任何品質問題，消費者可以直接和商家聯繫更換或維修。

另外，信用卡長達50天的免息期，對並非缺錢的持卡人而言，也可利用信用卡享受理財機會。比如，在免息還款期內先花銀行的錢，自己的存款用於享受更多利息，或做其他投資，如購買一些銀行以周或月為投資週期的短期理財產品。需要記住的是，在帳單日的第二天消費能享受最長的免息期。

刷卡積分獲得優惠

信用卡是銀行鼓勵客戶消費的金融產品，往往會提供比借記卡更多的增值優惠服務。比如，獲贈100萬或300萬元高額的航空意外險等。

另外，大多數銀行都有積分換獎品、積累航空里程換機票等優惠計畫，24小時道路救援、旅行預定服務等也很有吸引力。目前，國內已有2個持卡人利用銀行「夢想好積分換禮品」永久積分計畫，用刷卡消費累計積分換得一

輛轎車。

35萬＋N：巧用額度

　　銀行一般會根據本人提供的申請資料確定信用卡的可透支額度。申請人的學歷、職位、收入、婚姻狀況等都可成為影響額度的因素。

　　例如，在其他條件相同的情況下，已婚人士可能比未婚者的額度高。

　　由於個人徵信系統的聯網，銀行可以很容易地查到申請人的銀行貸款和還款記錄，有不良信用記錄的人申請信用卡時會遇到困難。

　　在持卡人使用信用卡一段時間後，銀行會根據持卡人的刷卡情況自動調整額度，持卡人也可以自己申請調整額度。持卡人如遇過節、出國等情況，還可申請臨時調整額度。央行規定，信用卡的最高透支額度不能超過5萬元人民幣，而各家銀行早已用「5萬＋N」的形式巧用透支額度，為持卡人提供更優質的金融服務。

7 信用卡提額，就這麼簡單

　　信用卡額度就是銀行借給你可支配的錢。銀行會依據你的財務能力、信用記錄等資料，爲你設定額度。一般來說，白金卡的額度會比普通卡高出許多。如何提升自己的信用卡額度呢？給大家分享下面幾個方法。

轉換思路法

　　對於多數人來說，信用卡的提額是有一個有難度的問題。對有難度的問題，其實不用一定去解決這個問題，也可以轉換角度。

　　比如A銀行給你信用卡額度1萬元，你千辛萬苦地消費提額，倒不如直接向B銀行申請一張新的信用卡。兩張合計，即可提高總額度。

主動申請法

　　一般來說，正常使用信用卡半年後，就可以主動提出電子申請或通過致電銀行客服來調整授信額度。

　　其實想要提高的人大都不能等半年，總想通過各種簡單的辦法立刻提額。而另外部分人即使初始額度低，有穩

定收入和固定資產，卻懶得提額，因此額度也長時間不會改變。

因此，用卡也必須學會「養」卡。

最基本的辦法，就是學會經常刷卡，根據提額規則，一到半年期限就主動申請。

現在，申請提額的辦法多樣，比如，一是很多銀行都開通了微信調額，可以臨時或固定調額；二是致電銀行客服調額，一到半年，就打電話過去，你提出申請就有一半的成功機會。

最低還款法

銀行發行信用卡的最終目的不是為你我服務，也不是為廣大民眾服務，而是賺錢，且最大利潤化地賺錢。

如果你的信用卡還有其他很需要額度的用法，分期還款可能是一個不錯的選擇。銀行很喜歡用戶分期付款，這樣銀行能賺到錢，自然也就給你提額了。

另一方面，大多數人用信用卡的目的是節流，利用信用卡的期限來賺差額和積累信用。

如果要付高息給銀行，寧願不用信用卡。所以要做分期還款，必定是你對信用卡有其他特定的用途，如自己辦企業需要資金周轉，畢竟這比貸款方便，利息也差不多。

超額消費法

「超額消費」的意思是頻繁使用信用卡,無論金額大小,只要能刷卡的地方就刷卡消費。

如果每月產生的帳單消費情況占總額度的80%,那麼你的消費額度自然就高了。而你的收入與還款都及時,銀行自然喜歡你,一高興就給你提升額度了。

第七章

微信理財，低門檻也能高收入

1 微信上的創業機會
——總有一個適合你

　　首先，微信的門檻很低，只要有一個QQ號、電子郵箱或手機號，無需任何其他條件就可以註冊微信帳號。

　　你可以不懂技術，甚至，你也可以什麼都不懂——只需懂得怎麼用電腦操作公眾平臺和會打字就可以了。

　　下面我們為大家羅列了微信上創業的8大機會，相信總有一個是適合你的。

一、為微信提供個性化增值產品

　　這個創業機會來自於微信點開之後會有別的按鈕。

　　微信本身不以外掛程式形式存在的功能有：

　　（1）放在主介面下方正中間的四個按鈕，分別是微信、通訊錄、朋友圈、設置；

　　（2）主介面右上角有一個魔法棒的圖示；

　　不過，微信會努力把這些按鈕打磨得越來越精細，體驗越來越好。隨著微信市場不斷擴大，點開這些按鈕後，會有更多細分的按鈕，這些會是不低於一億美元的事。如

果順著按鈕繼續點擊下去，還會有很多個千萬美元級別的按鈕交由創業者們完成。

那麼這些按鈕將會以什麼形式讓創業者參與進來？比較大的可能方式會是供應商採購，少部分會是外包。

創業機會參考範本、表情、皮膚、資料分析、外掛程式、搞笑表情、微信皮膚、動態頭像、變聲、視頻編輯、地理位置偽裝等。

1. 表情大全

當你在使用微信自帶的表情與他人聊天時，有沒有想過把早已枯燥無味的微信表情替換掉呢？接下來為大家推薦一款 iPhone 手機上的表情大全應用，那種動態的表情會讓你更容易表達情感。表情大全並沒有複雜的操作過程，用戶在打開該應用後，即可流覽到「最近」「蛋蛋」「證書」「細哥」等表情分類，同時，還可通過應用在導航條最右側的「更多」功能上，繼續添加更多的微信表情。

2. 熱門簡訊

熱門簡訊是一款收集了時下最熱門簡訊的手機用戶端，該應用保持每日更新最新內容，以便使用者隨時流覽新鮮簡訊內容，同時，軟體還支援「微信」分享功能，用戶

可以把好玩的簡訊一鍵分享給他人。熱門簡訊提供了「最新」「排行」「分類」「收藏」等功能，通過該應用的「最新」功能，用戶可查看到由熱門簡訊收集的有趣簡訊。並且，軟體還提供了「簡訊」「群發」「微信」「微博」四種分享途徑，用戶可以直接把有趣的簡訊分享到微信平臺或其他平臺上。

3. 萌圖

萌圖是一款可以讓生活多點愛的手機應用，通過該應用，用戶可流覽到不同的可愛萌圖，其中一般以貓咪、狗等動物為主。並且，該應用還提供了「微信」分享功能，用戶可一鍵將萌圖分享給微信好友。打開萌圖，用戶即可流覽到最新的萌圖，按一下喜歡的萌圖，便可切換至大圖流覽介面，此時，使用者可通過按一下圖片呼喚出分享功能，把圖片一鍵分享到微信、微博等社交平臺上。

4. 微信變聲器

微信變聲器是一款集變聲、錄音和音效播放於一體的搞怪變聲應用，可以給你的語音交流應用（如微信、QQ等）發送變聲音訊（**男聲變女聲、男聲變蘿莉、女聲變男聲、男生變大叔等**），增強語音的播放效果，同時還支持保存變聲下次發送，支持通過郵件發送。它操作簡單，功能強大，還提供了自訂音效的功能，可以滿足你DIY的需要。

5. 偽裝微信地理位置

偽裝微信地理位置可以修改你的微信所在的地理位置，你可以將任何地方設置為微信所在的位置，通過微信搭訕陌生人時，你可以不再受當前所在區域的限制。互推等功能於一體的微信導航網站，是微信公眾平臺用戶的集中地，上線以來已經擁有公眾帳號用戶2100多個，為微信提供個性化增值產品。

二、應用開放平臺

這個創業機會來自於以公眾帳號為通行證的應用開放平臺。

成為公眾帳號的粉絲後，使用者能閱讀多媒體內容、查詢有價值的資訊、購買感興趣的商品、參與數位娛樂和體驗便捷的當地語系化服務等。其中，類似移動夢網模式的「內容出版與發行」，適合被媒體用於用戶訂閱閱讀，適合被廣告、公關和行銷公司用於推廣宣傳，為忠實使用者提供最新公告、資訊等。可以參考騰訊科技、冷笑話、donglivc等公眾帳號。類似傳統的呼叫中心、CRM、OA等系統可以對接、移植和擴展到微信平臺上，甚至能通過各種介面延伸到硬體層面，實現物聯網的諸多應用。可以參考卡小二、印美圖和招商銀行信用卡等公眾帳號。

　　這裏的項目之多、品類之廣可以無限想像。受制於淘寶和百度的各行各業的創業者，都能夠通過參與微信生態鏈的建設，從中受益。

　　創業機會可參考微信路況、美膚匯、微團購、阿狸、微信外賣、訂酒店等公眾帳號。

1. 微信路況：不走尋常路

　　目前，基於路況的產品已經越來越多，針對市內交通的就有路況電臺、導航犬和哪兒堵等產品。面對這麼多的對手，要如何突破呢?也許基於微信是一個不錯的突破點。無需先有App，只要先在微信裏進行推廣和搶奪用戶，一旦反響不錯，再基於已有的微信用戶推出App應用，相信會有不少忠實用戶下載。當然，也可以在已有的微信粉絲裏推送App下載。

2. 訂酒店：微信訂酒店

　　所謂的微信訂酒店，是指用戶通過關注某微信公眾帳號，然後進入其資料頁面，完成酒店的預訂。

　　以「訂酒店」這個帳號為例，用戶在微信中把自己當前的地理位置發送給訂酒店（微信可以直接發送地圖資訊）之後，訂酒店會回覆一條資訊，告訴使用者附近有哪些酒

店可以預訂，並提供訂房的費用和電話號碼（目前不支援直接付費）。

3. 外賣網路：微信裏吃的商機

對於上班族而言，最痛苦的事莫過於想叫外賣卻找不到外賣單，而吃貨更是因此而欲哭無淚。其實，通過微信裏的外賣網路，向它發送你的位置，即可獲得周邊一公里的外賣單，每次顯示大概15家左右的商家資訊，包括商家編號、名稱、距離。這時，只需回覆商家編號，系統就會自動發回商家的聯繫電話和所有菜品的資訊。最後，只要進行電話訂餐即可。不過該服務目前只限於上海市。

三、資料開放平臺——微信遊戲

這個創業機會來自於，在產品越來越重和滿足億萬用戶不同需求的矛盾中，微信將會推出資料開放平臺。

資料開放平臺，是指在安全、穩定、快速 的前提下，微信將把資料、資料關係和資料運算等，開放給創業者。

資料開放平臺不會是任何創業者都能參與的機會，它對產品的品質、和利用資料做推廣時的使用者體驗，會有相當苛刻的要求，而且平臺越成功，要求就越嚴厲。

遊戲會作爲種子和試點，率先接入開放平臺。微信上有一款HTML5小遊戲「青蛙跳跳跳」，雖然很簡單，但是

玩的人很多。遊戲頁面上有一個App應用推薦和公眾平臺推薦入口,算是微信遊戲應用的起步。相信未來微信的帳號授權機制出臺後,會出現更多優秀的遊戲。除此之外,可以幫協力廠商去做一些開發,做一些垂直行業的平臺。原來的一些傳統產業,或者是一些其他的互聯網公司,把原來的東西通過微信,簡單做起來。這個是有機會的,現在已經有很多人在幫協力廠商開發一些簡單程式。

一旦接入的遊戲立穩了,微信就能在讓99%的使用者享受最爽免費服務的同時,循序漸進地接納新的創業合作者,逐步完善商業生態體系。

1. HTML5遊戲破冰微信平臺

專注於HTML5遊戲開發的創業團隊磊友科技,開始關注微信平臺,在團隊的創始人趙霏看來,微信具有手機網頁遊戲的入口價值,於是在今年初開始試水。

其公眾號「手機網頁遊戲」(帳號:duopaogame)推出一月來,已經積累超過5000的使用者,日均PV(頁面流覽量)在4000左右,日活躍用戶有1500人。這其中有行業內的資深人士,也有草根的微信用戶,有圈內的技術產品大牛,也有還在象牙塔中的學生。據趙霏介紹,這些用戶都是通過社交化推廣和口碑傳播的方式自然增長的,沒有

花費一分錢推廣。

　　從後臺資料來看，男女使用者比例為7：3，男性玩家偏重於角色扮演和動作類遊戲，女性玩家偏重於休閒和養成類遊戲。但也有不少男性第一次進入平臺後，會直接打開「女孩專題」。在年齡分佈上，20～29歲的玩家占46%，30～39歲的玩家占49%，他們是玩遊戲的主力隊伍。其中廣東和北京的玩家數量最多，玩家的收入整體較高，活躍時間主要集中在中午12點至15點，晚上21點半至24點。

2. 斑狸互動遊戲

　　這個號稱「全宇宙首款微信RPG」的公眾帳號將自己變成了一個微信遊戲。用戶通過回覆不同的章節，進入不同的遊戲環節。如同一個尋寶的旅程，帳號會一步步引導你探索新的奇遇。對於有著極強好奇心的用戶，如果想消磨一下時間，不妨感受一下「斑狸」帶你走進的世界。

3. 37wan平臺

　　作為網遊領域微信行銷的先行者，37wan平臺此前就率先在微信上針對《龍將2》和《秦美人》兩款遊戲，開啟了新型的互動行銷。玩家只要成為37wan官方微信帳號的好友，即可通過微信向官方索要遊戲的新手禮包。區別於微博上各種需要等待結果的抽獎活動，玩家可在微信上直接領取相應的禮包啟動碼，並馬上進入遊戲體驗。

4. RPG遊戲「命運之塔」

改編自AppStore上一款名為「命運之塔」的RPG遊戲。英雄老爹獨闖命運之塔，到第9層塔頂營救心愛的女兒。可以打怪升級，到酒吧喝酒補血。有興趣的可以玩玩，很新穎。遊戲提供了RPG所有的元素：營地、酒館、技能升級、裝備升級等。

四、App體驗版及流量入口

這個創業機會來自於手機App體驗平臺的便利性。

微信可以成爲很多手機App的體驗平臺，進而成爲下載入口。有一些本身就是自己做App的人，會通過微信，做一個導流量的入口。以前在微博出現的時候，很多應用通過微博，獲取了很多免費流量，如今，微信也有這個功能。但是玩法會不一樣，原來在微博上可能是通過行銷，而到微信上，比如創業者做的是一個工具，現在可以讓用戶通過掃二維碼的方式，去關注微信帳號，在微信裏體驗產品的部分功能，最後就可以引導用戶對此進行下載。

比如最近很火的「微信路況」，用戶體驗完後，可以直接點擊下載。當然你也可以直接做個App推薦的公眾帳號，花點心思隔三差五地推薦點好應用，也會獲得不錯的收益。

1. 嘀嘀打車：打的好幫手

　　嘀嘀打車是一個幫助乘客打車，幫助計程車司機接單的微信公眾帳號，覆蓋 IOS、Android 兩大智能手機平臺。上線頭三個月即覆蓋了北京市 5000 多輛計程車，單日平均呼叫 4000 次以上，成單率達 70%。除北京外，嘀嘀打車還覆蓋了深圳、廣州兩個城市，其他大中城市也在逐步開放。

　　依靠地面推廣和口碑傳播，嘀嘀打車在三個月內積累了 5000 多個計程車客戶，保證使用者在市區、非交通高峰期，且目的地較遠的情況下，1 分半鐘內通過嘀嘀打車可以打到車。以 2012 年 12 月為例，交通高峰時段成單率達 50%，非交通高峰時段成單率達 80%，單日平均成單率約為 70%。

2. 微打車：打車小秘

　　「一鍵關注，一次性輸入手機號碼驗證，一鍵我要打車，輸入目的地即可完成一次預定。」這是微打車（打車小秘）的使用流程描述。打車小秘是國內領先移動電商易到用車旗下的產品，是國內第一款在微信平臺上線的微信打車工具，也是國內第一款真正實現用微信享受打車服務的產品。2013 年 3 月，微打車（內部稱為「打車小秘」）上線，「打車小秘」剛剛推出兩周，不久「微打車」就將被「打

車小秘」所替代。從目前的情況看，微信帳號平臺得到了很多人的認可，「微打車」有4萬多人關注，「打車小秘」也有3萬多人關注。使用者通過該平臺叫車不需要下載軟體，省時間省流量。而且，通過這個帳號打車只需要四步：首先在微信上搜索這個帳號並關注，然後啟動自己的手機號，再輸入自己的地址和目的地，最後就是等待計程車司機的接單。該平臺會自動定位乘客所在的位置，並顯示附近的計程車數量。另外，乘客在叫車時也可以選擇加價，有5元、10元和20元三個等級。在平臺上，還有給乘客的幾種打車秘笈，比如寫明地址、加價等。

3. 打的寶拼車：互動提交拼車信息

「打的寶拼車」官方微信於2013年4月3日上線，上線不到一個月，關注用戶迅速超過5000名，每日互動資訊近2000條。截至5月3日，關注用戶已突破2萬。目前，「打的寶拼車」提供長途拼車、上下班拼車、呼叫出租等綜合出行的資訊服務。他們結合微信既有的功能，盡可能優化結構、完善服務，在服務流程和互動方式的許多細節上，都進行深入的思考和探索。比如，採取多環節的簡單問答而不是少環節的複雜問答，因為「打的寶拼車」團隊發現用戶不喜歡一次輸入複雜資訊，更適應一次輸入最簡單資訊，哪怕因此而增加問答的環節。同時他們強化後臺功能，幫助用戶更成功地拼車。

4. 搖搖招車：搖一搖手機，就有車過來接你

2012年3月23日，「搖搖招車」登陸蘋果應用商店。上線一周後，風投們以每天兩至三家的頻率探訪，先後來了三十多家，IDG、紅杉等知名機構亦紛紛拋來了橄欖枝。三周後，會員數量突破五千。「搖搖招車」的創始人、北京聚核眾信資訊技術有限公司的CEO王煒建，很是意外地說：「我自認為設計很酷，但是沒想到這麼多人會這麼喜歡它。」當時，「搖搖招車」系統下運營的車輛不足五十台。這意味著，每100名用戶，才能共用一部車。「其實用的人和車越多，匹配成交率就會越高。」王煒建說，「當我只有100輛車，100個用戶的時候，成交率20%～30%；若用戶達到10000個，成交率就可能達到60%～70%。」

五、品牌商家帳號代運營及行銷解決方案

這個創業機會來自於企業想嘗試新的行銷方式。

依靠微信行銷，某專家已經在微信上掘到第一桶金。這位專家介紹，之前幫助某國際汽車品牌做的運營案子費用在百萬級，推廣方式主要以微信為主、微博為輔，兩個月時間後，該品牌官微粉絲漲了十幾萬，通過微信，獲得潛在客戶一萬名左右以及他們的資料（包括姓名、電話、意向車型、預算等），令汽車公司非常滿意。2013年，這位專家服務的公司已經拿到的年單，在汽車行業就過千萬。目前，在微信公眾平臺上，不少粉絲有過百萬的獨立帳

號，或是過千萬的帳號集群。這些帳號的粉絲基本上是依靠以前在微博上積累的用戶轉化過來的。這些帳號的推廣力度非常可觀，而且也因為在以前微博運營中積累的經驗和客戶，到微信上依然可以爆發新的增長點。

1. 小微客：微信導航

小微客是中國第一家以微信為主題的導航媒體，2012年8月創立，是致力於微信公眾號發佈、微信二維碼、微信交友等功能為一體的微信媒體社區。使用者可通過小微客分享自己的微信號和微信二維碼，獲得更多的用戶關注，同時尋找自己喜愛的品牌、明星、閱讀。現在，眾多網友在這裏自由地交流微信號、相互分享、相互幫助，發現各種有趣的微信號。小微客微信導航可以讓眾多微信品牌、明星、草根更好地宣傳自己的微信公眾號。

我們知道，微信行銷的優點在於：用戶基數大（微信已超過3億用戶）；強制推送，到達率高；可以結合私密社交和移動終端特性；可針對用戶特點，精準推送；呈現方式更多樣（微信支援語音、視頻和混合文本編輯）。但缺點也很明顯：強制推送影響用戶體驗，退粉風險高；私密平臺，漲粉困難；相比明星帳號，草根帳號運作難度高。因此，微信行銷對實用內容的要求更高，對用戶定位的要求更精準。而建立一個為廣告主匹配公眾帳號的智慧系統，

並從中抽取10%～20%的服務費，是一個非常聰明的舉動。此外，在吸引到更多普通用戶來小微客尋找需要的微信帳號之後，能夠向公眾帳號收取推薦展示費。這兩種方式，將是小微客的主要盈利來源，雖然現在仍是免費服務。

2. 微庫：微信互動管理平臺

　　來自上海的創業團隊——傳馳網路「微庫」，將目光瞄準滿大街的公眾帳號，推出了一款基於微信的互動行銷管理平臺。通過微信API擴展更多個性化行銷功能，讓微信行銷變得更多元化，如內容互動、創意活動、智慧互動、LBS回饋、資料統計，為商家提供更好的基於微信的互動行銷服務。微庫，實現的是提供一個比微信官方管理後臺更加強大和易用的微信互動管理平臺。通過「微庫」的互動管理平臺，多數不懂程式設計開發的普通用戶也能夠玩轉微信公眾帳號。使用者通過簡單的配置，即可擁有強大的功能。

　　企業通過樂享微信，可以用低廉的成本實現智慧客服機器人功能，如淘寶店家可以輕鬆實現店鋪商品和粉絲的互動。除此之外，樂享微信還給個人或企業，提供了一些便民查詢和娛樂遊戲功能，如查天氣、查快遞、翻譯、百科、人品計算、手機歸屬地查詢、笑話、成語接龍、公交查詢、謎語、百度問答、解夢、古詩欣賞等。樂享微信讓使用者可以根據自己的需求選擇相應的功能，更好地提升了粉絲的活躍度和忠誠度。

樂享除了自訂庫外，支援自訂關鍵字觸發，通過使用者指定介面URL處理業務（完美相容協力廠商微信介面和自己的業務介面），即可實現和自己的資料庫的資訊通信。

3. 皮皮微信推出自助廣告平臺

在2012年11月29日以後，由於微信官方遮罩了微信互推功能，皮皮微信等微信互推平臺的價值大打折扣。為了應對這一變化，皮皮微信推出了微信導航功能。同時，皮皮微信推出了自助廣告功能：微信號在上傳了實名資料以後，可以在皮皮微信公眾帳號的頁面上安排廣告，可以用支付寶進行交易。

皮皮微信此次推出廣告平臺，可能是基於自身擴張的需要。利用廣告平臺這一功能，可以吸引更多的微信大號加入。因此，皮皮微信將來很可能由一個內容運營和互推平臺，逐步變成一個廣告行銷平臺。

4. 365微服務：微信定時群發功能首發

365微服務首發的微信定時群發功能，開啟了微信公眾平臺運營的新格局。使用者通過365微服務，可以預先設定發送時間，編輯一條微信（包括文字、圖片、語音、優惠券和互動遊戲），隨後，365微服務微信定時群發就能準時、自動地幫你將微信發送給關注你的用戶。

365微服務的微信定時群發功能，實現了在合適的時間裏進行合適的推送。就人力來說，大大降低了目前微信公眾平臺的維護成本；就行銷來說，使資訊推送計畫更合理有序；就效果來說，定時發送可以降低群發帶給微信官方伺服器的壓力，發送延遲的狀況也會得以改善。

六、微信開放介面代開發或行業解決方案

　　這個創業機會來自於客戶的需求多元化。

　　其實客戶的需求很多，關鍵是你如何滿足客戶的需求，並能黏住客戶。比如，政府部門可以搞個微信辦事平臺、學校可以搞個微信版家校通、醫療機構可以搞個微信掛號問診、4S店可以搞個微信預約試駕看……總之，在微博上做過的基本上都可以到微信上再來一遍。而且，因為微信的隨身性、LBS、富媒體、即時性，所以無論是互動效果還是最終結果，都要大大好於微博。以學校為例，班主任以前通過簡訊平臺只能發發文字通知，現在利用微信除了發通知外，還可以用圖片、聲音、視頻等來發送班級生活等，讓家長更好地瞭解孩子在學校的情況。

1. 印象筆記：讓微信變隨身筆記本，保質期100年

當微信遇上了印象筆記之後，會發生什麼故事呢?圖文消息、文字、圖片、位置，每一刻的精彩都可以隨手保存。

2012年9月11日，印象筆記開通了官方微信。從此，印象筆記全國所有的使用者都可以享受專業用戶支援團隊提供的一對一的服務。現在，你只需要打開微信，關注印象筆記微信號，你就可以和印象筆記的專人使用者支援團隊一對一地進行交流，讓他們來為你答疑解惑。

新年元宵收祝福，微信是否不斷地響起呢?文字、圖片、視頻，各種形式的拜年和祝福接踵而至，幸福來得很簡單。週末或者節假日，與家人、朋友在微信中群聊如何精彩度過。

除此之外，與生活相關的服務都開啟了微信公眾帳號，每日推送震撼的新聞、生活實用小百科等，保存起來隨時待用。所有這些，現在都可以用印象筆記輕鬆留住，而你可以在隨時隨地隨手查閱中，一邊增加溫馨記憶，一邊豐富知識體系。

在使用者關注印象筆記的公眾帳號「myyxbj」之後，系統會自動發來消息，提示將印象筆記和微信進行綁定，授權時間最長為一年。綁定之後，用戶就能把微信上的所有聊天記錄保存到印象筆記中。

騰訊此次開放系統API，將協力廠商的功能與微信，進行更深度的整合。此前，印象筆記也有微信公眾帳號，但

僅支援一般的查詢功能。印象筆記是目前首個獲得微信系統層API介面，並且做出配套產品的應用，未來這樣的協力廠商應用還會更多。

除此之外，我們還可以考慮其他幾個方向上的創業。

（1）招聘網站──微信招聘

因為其與企業HR的服務深度有關，微信互動僅能作為其輔助手段。有深度服務功底和資源的招聘網站，可以從特殊人才招聘領域定向推出。目前來看，求職本身做到微信的精準服務沒有太大的出路。

（2）出行指南──微信出行

這一方向的創業者最有可能由傳統的轉型而來。這方面難以出現全國性的大品牌，而是在特殊的人群及特色地域空間中，能整合服務與傳統熱線服務的提供商會轉型過來，定位相當重要。

（3）教育培訓──微信教育

教育培訓行業具有特殊性，即教育培訓有公益傳播屬性，只要背後有強大的教育培訓資源，這方面會產生無數門類、學科、專業的品牌號。你必須夠專業、夠強大，有後續線下產品和服務提供，才可以活下來。

（4）房源查詢——微信房產查詢

需求精準，要有全國實體的房源服務機構和能力，以支撐無數個微信公眾號的運營。與線下業務結合度高，查詢的區域限定使資訊更有價值。盈利模式清晰，客戶黏度不高，要靠持續的廣告和傳播來支撐。

七、垂直化或區域化的簡易搜索

這個創業機會來自於客戶的生活習慣、對便利性的需求。

比如，你現在出差到異地，如果想瞭解下當地的風土人情，是下載個XX市App方便，還是關注這個城市的公眾帳號方便？在歐洲杯、世界盃舉行的時候，如果想瞭解最新比賽的進程，是下載個XX歐洲杯App方便，還是關注XX歐洲杯的公眾帳號方便？想查詢某個航班即時動態資訊，是去下載非常準App方便，還是關注非常準的公眾帳號方便？對於使用密度不高的資訊獲取需求，你可以用百度、谷歌搜索，但未來更好的選擇是，關注一個公眾帳號。

案例

1. 卡小二：無需外設刷卡器，微信還款

微庫本身包含的七大模組（LBS模組、活動模組、互動模組、產品模組、視頻模組、音樂模組、公共庫模組）構成了其強大的互動功能，使微信行銷手段個性化，並且在考核上也更規範化。這一新興微信管理工具的誕生，不僅解決了微信互動在管理上的難題，還給企業主和品牌用戶提供了更加直觀、量化的資料。用戶通過微庫管理平臺，可以更好地管理微信公眾平臺，更深層次地和品牌受眾溝通。

　　除此之外，微信公眾平臺只能統計5天的資訊，而「微庫」可以統計最近30天的資料，還可以自由設置時間段，進行查看。而且，「微庫」還能統計到每個關鍵字推送了多少次，分析出產品關鍵字的走勢。目前，已超過300個公眾帳號在使用「微庫」的管理後臺，當中不乏像深井大叔、興業投資、四川創維電視、依雲礦泉水雲南、河北青年報這樣的公眾帳號。「微庫」團隊也會幫助一些公眾帳號做運營，但他們更希望的是，提供一個平臺，以方便更多的小白用戶玩轉微信公眾平臺。至於盈利模式，「微庫」團隊表示，後期將針對企業用戶的需求開發更多的功能，有針對性地提供收費服務，不過目前還是以免費為主。

2. 微信加：搭建商家行銷服務平臺

　　「微信加」，是專門針對微信公眾帳號而提供的輔助管理平臺，比起官方的管理後臺，特別強化了微信公眾號的行銷推廣功能。「微信加」內置了專為商家定制的「商家行

銷服務模組」，包括優惠券推廣模組、幸運大轉盤推廣模組、刮刮卡抽獎模組、使用者調研模組、微會員卡圖片以及我的微官網模組。

優惠券模組可為商家定制優惠，商家可以設置活動時間、數量、觸發關鍵字；幸運大轉盤模組可為商家提供轉盤抽獎服務，商家可以設置活動時間、預計參加抽獎的人數、相應獎項和觸發關鍵字；刮刮卡抽獎模組可為商家提供刮刮卡抽獎服務，使用者可以通過手機進行刮獎遊戲；使用者調研模組可為商家提供使用者調研的服務，商家通過設置活動時間、調研的問題、參與調研的獎品，進行用戶調研。

此外，使用者可以根據自己的需要，修改微會員卡的樣式製作介面，設置自己的Logo，同時設置詳細的會員特權，如成為會員可享受某樣商品的半價、升級成什麼樣的套餐，並設定好觸發的關鍵字。使用者還可以根據自己的需要選擇微官網的範本，然後根據範本提供的介面，選擇二級功能表的設置，比如「產品」「企業文化」「聯繫我們」等，配置相應的圖片和文字說明，打造一個迷你的官方網站。

目前，近3000個公眾帳戶接入了「微信加」的後臺。「微信加」雖然可以免費試用一段時間，但也提供了98元/月的普通套餐，以及298元/月的VIP套餐。令人意外的是，「微信加」透露，目前用戶的額付費率大約在10%左右，服務微信創業已然成為一門好生意。

3. 微信聚

微信聚於2012年8月份創立，是以發佈、展示及微信使用者訂閱為目標，集導航、輕微信、圖文管理等功能於一體，目前最大、最權威的微信公眾平臺綜合性網站。微信聚的創始人于運傑表示，微信除了作為網站的網路行銷手段外，還是企業級的行銷手段，就跟微信的口號一樣，「再小的個體，也有自己品牌」。

微信聚還會在網站功能上拓展，通過跟公眾帳號玩家不斷溝通，去確定未來網站發展的方向。目前，除了微信公眾帳號收錄功能外，微信聚還推出了微信公眾帳號搜索、分類、微信圖文消息發佈平臺。後期，將逐步推出微信公眾帳號互推功能、手機端導航、一鍵關注等相關功能，而這些功能都將會相當實用。

八、移動電商平臺

這個創業機會來自於電商不斷發展的趨勢。

微信除了O2O業務以外，在傳統電商上也力圖有所發展。將來一些淘寶賣家會用微信做CRM，繼而就會想著直接在上面賣貨，相信不久之後會有不少企業利用微信平臺，讓賣家直接在微信上開店賣貨。

微信電商有很多優勢，最直接的是省卻了簡訊群發

費。營業額過千萬的淘寶商家算過，一年光簡訊群發費，用微信就可以省掉十幾二十萬。第二，微信的傳播雖然不如微博，但資訊依舊可能被分享到朋友圈、群對話。第三，由於強制提醒推送，微信使用者對推送商品連結的閱讀率、打開率和購買率都比較高。

1. 通過微信賣板鴨

在南京有一位通過微信賣南京板鴨的創業者。他公司做的事情簡單，第一，拉用戶；第二，通過電商來變現。

就拉使用者而言，為拉客戶，該公司用了很多辦法，比如，建立了很多南京本地的吃喝玩樂用戶微信群。為了吸引眼球，他們採取的是美女策略，直接在陌陌等各類聊天工具上看哪個南京姑娘的粉絲數最多，然後把該姑娘挖過來工作。當群建到一定規模以後，就號召粉絲關注其公共帳戶。由於南京的特產是板鴨，而板鴨是南京人幾乎每頓飯必吃的食品（據調查，全國每年1/3的鴨子都被南京人吃掉），所以賣板鴨就成為了該公司的一個自然選擇。隨著粉絲數量的增加，該公司也在增加其他適合南京市民的電商產品。

2. 雲度API微信協力廠商平臺

它是較早介入微信生態體系的，運營主要致力於基於微信的移動電商解決方案。商家在該平臺註冊後，可以實現網站與微信公眾平臺之間的無縫融合，使用平臺內置的功能可以增強微信公眾帳號與粉絲之間的互動，利用平臺的增值模組可以實現商家和微信用戶之間的消費互動。例如，利用優惠券、預訂功能、淘寶店鋪等模組，可以輕鬆地將淘寶店鋪的商品提供給微信粉絲查詢，而粉絲還能通過微信查詢商品的真偽。用戶無須擁有自己的網站、淘寶店鋪，便可以輕鬆地建立基於本地吃、喝、玩、樂的微信公眾平臺。

2 水到渠成的微信銀行

信用卡用了多少錢？黃金價格多少？現在，這些問題發條微信就能獲取答案。繼招商銀行推出「微信銀行」後，工商銀行日前也推出相關服務，能及時提供12項金融資訊。目前，各大銀行都有「微信客服」，主要提供諮詢功能。業內人士預計，隨著「微信客服」向「微信銀行」轉

變，直接在微信上辦理傳統銀行業務將水到渠成。

通過微信查詢公共帳號可知，各大銀行基本都開設了「微信客服」，且有進一步升級「微信銀行」的趨勢。例如，廣發銀行在官方微信上，介紹了該行「微信銀行服務即將推出」；浦發銀行表示，微信銀行「正在建設中」。另一家國有銀行人士則表示，其總行正在跟騰訊接觸，推進微信銀行事宜。

珠海工商銀行相關業務負責人介紹，近年來移動終端發展迅速，客戶通過移動終端進行業務諮詢、辦理的需求日益增長，而不同年齡、地區、偏好的客戶在不同環境、條件下，需求會有所差異，微信銀行更能滿足客戶多元化的需求。

「微信銀行」，已經可以實現借記卡帳戶查詢、信用卡帳單查詢等卡類業務，更可以實現招行網點查詢、貸款申請、辦卡申請、手機充值、生活繳費等多種便捷服務。轉帳匯款、信用卡還款等業務，則需要客戶發送請求，在微信銀行回饋相應連結後，客戶再通過手機銀行操作，以保證安全。

招行方面表示，「微信銀行」除了人們所熟悉的客戶服務功能外，更便捷地提供了網點地圖和排隊人數查詢的功能。客戶在微信上點擊「網點查詢和服務預約」的功能表並登錄後，將可以看到附近有哪些招行網點和這些網

點目前的排隊情況，方便客戶選擇排隊最少的網點辦理業
務。此外，微信還有線上智慧客服，用戶可利用任何碎片
時間線上諮詢。

通過微信上的「搜索」功能，用戶可查到不同銀行
的微信平臺，直接添加關注後，即可體驗各種服務。目
前，微信銀行的主要功能是業務諮詢和查詢，交易功能
暫未開通。

比較各大銀行微信平臺後，可以發現，目前「微信銀
行（客服）」主要分爲三類。

最簡單的一類提供促銷活動資訊，如中國銀行、交通
銀行等。向中行發送數字「1」，可即時獲取該行當前的優
惠活動和新產品資訊。

第二類是提供業務諮詢，如工商銀行、建設銀行等。
其中，工行只需用戶發送「95588」，即可獲取全面的操作
指南，隨時查詢黃金價格、匯率、存貸款利率等12項金融
資訊。該行還有線上客服，可以回答用戶提供的問題。記
者按照指南輸入「HJJG（黃金價格）」，兩秒鐘即可獲取中
外黃金價格當前的詳細資訊。曾有記者嘗試提了一個問
題，對方不到1分鐘就回覆了。與工行不同，建行主要操
作步驟是：使用者通過發送數字，在建行回覆相關連結
後，使用者打開連結獲取資訊。

第三類是以招行爲代表的微信銀行，功能更加完善。

辦理業務前，使用者需要通過身份驗證，綁定銀行卡。之後，使用者通過微信發送數字，即可獲取帳單、消費、還款日等資訊，包括為手機充值。此外，該微信銀行也提供了人工諮詢功能。

「微信銀行」是繼網上銀行、電話銀行、手機銀行後的便捷金融業務服務方式。招商銀行方面介紹，凡涉及客戶私密資訊的功能，均將在招行手機銀行後臺進行辦理，而不是直接在微信上完成。

業內人士介紹，微信銀行作為一種新型的業務，其安全性需要進一步評估。由於監管部門對這方面監管異常嚴格，該業務發展首先需要確保風險可控，通過政策關。另一個挑戰來自技術層面，微信作為一種通訊手段，功能多樣，且會不斷更新換代，銀行是否有足夠的人力物力配套維持這一系統？

3 盤點不同領域 在微信上創業的好專案

「選擇大於努力」，這是我們熟知的一句話，對於微信創業者來說，也是如此。我們知道，**當你的微信開啟了公眾帳號功能，就意味著一種新行銷方式的到來。**無可厚非的是，對於微信創業，無論是個人還是企業都在蠢蠢欲動。

我們生活在一個變革的時代，沒有人有義務教會我們什麼，因此，我們必須靠敏銳的觸角，及時地作出反應和不斷地學習。微信帶給我們的是一種嶄新的商業模式，我們正處於這種商業模式的變革中，作為商人，你感受到了嗎？作為創業者，你感受到了嗎？

凡是努力去抓住機會的人，都是還有機會的人；凡是對機會視而不見的人，都會被機會拋棄！

從微信開始開放「自訂介面」，允許其他帳號接入微信開放平臺以來，已有許多商戶的微信公眾帳號進駐其中。他們在微信平臺上的公眾帳號，看起來更像一個精簡版的 App。接下來，依照他們所針對的不同領域，選例說明。

交通類

　　作為最早一批接入微信開放平臺的企業級公眾帳號之一，「微信路況」的主創團隊來自自由天使的投資人薛蠻子和前8848總裁呂春維共同創立的車托幫。在接入微信平臺之前，車托幫的主要產品「車托幫—安駕電子狗」和「幫幫」均以App形式呈現。而在2012年下半年，微信開放公眾平臺之後，車托幫上線「微信路況」，將近30個城市的路況查詢、違章查詢等App中的主要功能被移植到微信帳號中。呂春維介紹，「微信路況」上線僅5個多月，就已積累近50萬的用戶。

　　「微信路況」的呈現方式類似於下面將提到的「外賣網路」，即向「微信路況」發送自己當前的地理位置，「微信路況」便能向用戶提供周圍近3公里內的路況資訊。或者直接輸入將要前往的街道的名稱，用戶也能得到那條街道周圍的路況，方便規劃出行計畫。

　　交通類微信創業帳號中，不得不提的還有由一個杭州團隊推出的「微信車隊」。雖然與上面提到的各種創業帳號運作方式有所不同，但「微信車隊」從自身的組織、協調、分工，到為使用者提供服務都是依託於微信平臺完成的。他們還被不少業內人士認作是，國內時代開啓分散式社會化協作浪潮的先行者。

創業商機點撥——

　　國家統計局2012年統計公報顯示，在全國12089萬輛民用汽車中，私人汽車保有量9309萬輛，增長18.3%。民用轎車保有量5989萬輛，增長20.7%，其中私人轎車5308萬輛，增長22.8%。由此，我們可以看到，微信路況把路況查詢、違章查詢App中的主要功能移植到微信。這只是個開始。試想著，一億輛車是多麼大的市場，無論是汽車養護、汽車用品，還是汽車服務……如果有關於汽車服務類的好點子，不妨去大膽嘗試。

飲食類：食神搖搖、外賣網路

　　2012年11月13日，食神搖搖正式接入微信自訂介面。用戶可以將自己所在的位置發送給食神搖搖，然後食神搖搖會自動根據使用者所在的位置，向其推送三四個餐館的信息。資訊大致會包括餐館的名稱、人均消費、距離遠近和聯繫電話等，當然，還會附上一個介紹該餐廳詳細資訊的網址。

　　還有另一種用法：用戶也可以通過食神搖搖查詢其他地點的餐館資訊，收到那些地點附近的餐館推薦。這種用法的創新之處是，除了按照地理位置選擇以外，用戶還可以按照菜系來選擇。例如，發送「某地＋川菜」，食神搖

搖就會向用戶推送該地點附近的川菜館。與之前推送的資訊一樣，也保持在三四條，帶有基本的資訊介紹。

　　同樣瞄準了飲食類服務這一領域的，還有上海的一個創業團隊。其推出的微信帳號「外賣網路」，在收到使用者的位置資訊以後，會將該位置周邊一公里內所有外賣的詳細資訊（包括電話、菜品等）推送給用戶，堪稱「可以隨身攜帶的外賣單」。

　　創業商機點撥——

　　在美食品牌系列中，標準化的產品價格促銷體系是這個行業微信應用的前提。無疑，肯德基、麥當勞、星巴克及能實現標準統一價格的中式連鎖店，是鎖定固定消費群，並向其推送優惠電子券和新品資訊的最佳管道。而店面的數量和分佈情況，決定了這個微信公眾帳號的價值。

移動電商類：

　　2012年11月月底，微信平臺迎來了第一家與其合作的垂直電商網站——美膚匯。兩者的合作採取美膚匯在微信內獨立擁有一個定制網站的全新模式。在美膚匯的帳號頁面，使用者可以看到一個其他帳號所沒有的「美膚匯會員購物專區」。用戶在添加了美膚匯的帳號後，按一下該專區，便會進入一個手機商城。可能是出於讓用戶快速作決

策、縮短購物鏈條的考慮，這個專門為微信定制的手機商城沒有複雜的導購線索，商品數量也不多。用戶一旦決定購買某些商品後，只需要填寫手機號碼（然後會有客服打電話問地址及是否確認購買，避免產生壞單），而無需線上支付，因為商城統一採取貨到付款的方式。

此外，還有白鴉推出的「逛」。用戶向「逛」的帳號發送「鞋子」等商品資訊，「逛」會自動回覆三條圖文並茂的鞋子資訊給使用者，使用者按一下可直接進入「逛」的移動版頁面。只是比起美膚匯，「逛」並沒有獨立的定制網站，用戶要最終完成購買還比較複雜。

創業商機點撥——

我們知道，現在的實體店由於不斷上升的租金及其他成本，加之不斷受到電商的衝擊，他們開始謀求出路。而微信公眾平臺的出現，無疑讓他們看到了希望。因為垂直電商利用微信可以在獨營品牌的運營上，採取自有化方式。當然，也可以提高網站與品牌的聯動效率，對市場作出迅速反應，使得價格體系有保障，從而能夠實現更高的利潤。另外，電商可以通過微信公眾平臺，準確掌握買家的喜好，然後制定更精確的商業決策，降低風險，提高收益。

法律服務類

　　微法律的主創團隊來自於國內第一家線上法律服務網站Yes My Law.com。CEO馬強介紹，微法律是微信平臺上第一個法律類公眾帳號。自2012年10月開始運營以來，已積累超過5萬粉絲。除每日推送相關的法律文章之外，在微法律的公眾帳號背後，每天會有30名專注不同領域的律師分時段輪流值班，日回覆用戶諮詢逾千條。同時，用戶也可以從該公眾帳號裏直接下載相關法律文檔。值得一提的是，微法律目前也提供與Yes My Law.com業務相關的VIP服務，並可能成為未來的盈利方向之一。

　　與之相比，綠狗網的故事則更富有戲劇性。去年年底時，該公司召開頭腦風暴會，商討App上線事宜。綠狗網的獨立董事、原趕集網副總裁工振華給出了一個劍走偏鋒的建議，暫停成本較高的App開發，轉而用微信公眾帳號來提供法律諮詢服務。隨後，綠狗網的「隨時問律師」公眾帳號（微信號：suishiwenlvshi）迅速面世，並在3個月內獲得了2.6萬名粉絲，每天平均增加粉絲300多個，諮詢量超過1400次／日。目前，「隨時問律師」公眾帳號設計了「法律產品」、「法律諮詢」以及「法律服務」等三個一級功能表列，並下設多個細分的二級菜單。而使用者在清晰的功能表指引之下，參與交互的熱情大幅提升。「用戶的熱度超出了我們的想像。與在網上諮詢或者線下與律師諮詢

相比，微信一對一的私密溝通方式讓使用者不再擔心隱私問題。」綠狗網的CEO張馨心預計到今年年底將擁有10萬名用戶。不過，她最近又有了一個更為大膽的計畫：針對智慧財產權、交通事故法律諮詢、勞動人事法律諮詢等不同細分領域，搶先註冊約100個微信公眾帳號，如果每個公眾帳號可以吸引10萬名用戶，如此，綠狗網將可以服務千萬量級的使用者。

最後，我們再來說說微信帳號「法寶問答」。它每天會以圖文的形式，發送一條與日常生活相關的法律常識，讓微信用戶每天學習一點，用以規避工作、就業、購房、買車等方面的潛在法律風險。使用者回覆09中的某個數字時，便可以查閱婚姻家庭、勞動工傷、民間借貸等不同領域內的趣味案例故事。當用戶擁有法律問題時，便可以在微信上直接諮詢，而「法寶問答」平臺上的簽約律師會予以免費解答。

創業商機點撥——

現代社會是一個快速發展的法治社會，我們的穩定生活必須靠法律來保障。

不管是嚴肅的政治、複雜的市場經濟還是民眾糾紛，不管是親情、友情還是愛情，都可能會涉及法律問題。越來越多的人選擇通過法律手段解決問題，而人們真正瞭解

的法律知識卻相當淺薄，在遇到一些法律問題時往往束手無策，甚至都不知道應該諮詢哪位律師合適，這時就非常需要一條有效的法律諮詢途徑。

隨著微信這一應用的誕生，各行各業將服務推向了微信，網路的交流成為相當重要的方式，昂貴的法律服務也通過微信這一方式變得簡單、高效。

婚姻類

隨著剩男剩女的數量不斷增多，微信成了他們相親的重要工具。在相親會上，微信的搖一搖、掃一掃等功能，打破了以往看相親會員資料的單調方式，提高了相親會的趣味性和互動性，讓年輕人快樂相親。而且，相親者的資訊採用二維碼展示，相親者通過掃描二維碼，可以與任何一位中意的相親會員進行微信溝通。這種方式擴大了現場相親者的交際面，讓他們有機會認識現場所有的人，打破以往向紅娘索要手機號碼的局限性。

不少創業者在微信上當起「紅娘」，賺起「媒人費」。25歲的深圳教師小燕能成功牽手另一半，正是得益於微信公眾號「微誠勿擾」。用戶向「微誠勿擾」提交個人資料後，可通過發送關鍵字獲得交友資訊。目前「微誠勿擾」尚未收取交友費用，而是通過線下活動費來運營，如線下舉辦的深圳交友派對，將對參與者收取百元以內的

活動費。

「認識5天就閃婚」這樣的現代愛情故事，如果你不信，不妨看看在網路上盛傳的閃婚「神話」: 來自成都的@攝影師身後大叔，在微博上認識了上海女@4岔路口，從未見面的這一對微友，在微信上聊了5天之後便開始談婚論嫁。女主角很是豪爽，二話不說帶著戶口本飛到成都，次日這對微友便喜結良緣！由此引發了單身男女對微信戀愛的嚮往。

除此之外，還有「對愛」微信官方帳號。通過微信，「對愛」創始人晉明會終於找到了彎道超車的機會。從2011年8月創業開始，他都做得有點辛苦，無論是網站、開放平臺還是App開發，「對愛」幾乎每次都忙於追趕包括世紀佳緣、百合網、愛婚戀、陌陌等先行者的腳步，但在加入微信開發者陣營後，似乎一切都變了。「對愛」微信公眾號（帳號：dui-ai）在2013年1月17日面世後，因其模式獨特，迅速獲得了大量的媒體曝光率，上線第一周就收穫了2萬粉絲，每天都會收到使用者發來的幾萬條交友查詢資訊。

「我們在推出『對愛』公眾帳號之前，鮮有投資人問津，現在不同了，僅上周就有7位投資人找上門來，比去年一年的數量還多。」晉明會並未透露目前的粉絲量級，但神奇的微信紅利已經真實發生在「對愛」身上。晉明會

甚至作出了這樣的預判：「微信一定會重演互聯網和移動App開發領域的輝煌，也一定會造就大量微信版的世紀佳緣、大眾點評、口袋購物和唱吧等新型應用。」

「對愛」本身其實是一個婚戀網站，目前有20多萬註冊會員。不同於單純的基於地理位置交友的「盲目」，「對愛」返回的單身異性都是婚戀網站的會員，是真正有婚戀交友需求的人。而且個人資料都會經過網站審核，基本不存在陌陌上「像風一樣的男子（女子）」，同時也儘量避免了婚騙、酒托、飯托等情況的出現。

創業商機點撥——

婚介本身的精準需要註定了這個行業存在商機。有紅娘團隊、線上互動能力和庫資源的網站，靠微信的深度和專業化服務，會衝出一線品牌。由於地域、服務對象的多樣性和複雜性，除一線品牌外，還會出現很多種特別領域的小品牌。

4 創業者和草根 如何實現那些「不可能」

微信從一個產品正在走向一個平臺，各種系統構建和平臺規則問題讓不少創業者迷茫，甚至望而卻步。比如，電商擔心支付沒法打通；開發者介面開放不夠多，擔心騰訊不公平；禁止公眾帳號互推，又不做官方導航推薦，推廣成難題；封號問題缺乏官方解釋等等。

實際上在任何平臺都是這樣，總有一些人會堅持，一些人會猶豫，一些人會錯過，甚至放棄。

一個快餐廳老闆是80後，今年年初他在微信公眾平臺上註冊了一個帳號，通過簡單的設置，獲取了一個屬於自己的公眾帳號和二維碼。之後，老闆將二維碼列印在功能表上，顧客掃描就會被引導到小店的公眾號。小店乾淨、服務好，而我經常需要叫外賣，於是我也成為小店公眾號的訂閱用戶之一。老闆每週會不定期地推送小店的菜單和套餐，甚至用戶可以通過投票喜歡的菜式，而決定速食店下周的菜單內容。而我最喜歡的是，他提供的2公里送餐服務。在微信上留言地址和套餐號碼，收到回覆後即可下單，半小時內外賣就能出現在我眼前。老闆告訴我，有了

微信訂餐服務後，他家的外賣生意訂單增加了30%，一些忠實顧客還成為他的朋友，甚至到店裏找他聊天。

關於上文中提到微信的種種，快餐廳老闆可能並不瞭解多少，作為一個最普通的草根，沒有花一分錢做行銷，卻利用微信給他的生意加了分。

微信，正在讓更多的創業者和草根實現一些「不可能」。

開發者大遷徙

專注HTML5遊戲開發的創業團隊磊友科技是從去年底開始關注微信平臺的，在其團隊創始人趙霏看來，微信具有手機網頁遊戲的入口價值，於是在今年初開始試水。

其公眾號「手機網頁遊戲」（帳號：duopaogame）推出一月來，已經積累超5000的用戶，日均PV在4000左右，日活躍用戶1500人。趙霏介紹，這些用戶都是通過社交化推廣和口碑傳播的方式自然增長的，沒有花費一分錢的推廣成本。

這一數字，對於動輒擁有幾十萬的微信公眾號來說並不算什麼，但卻讓趙霏非常興奮。去年，HTML5技術遭到「動盪」：被Facebook拋棄、自身標準被制定分為兩派，不少開發者都開始發生動搖。在試水微信平臺之前，磊友

科技的研發重心也主要在海外遊戲市場。

「微信將會是手機網頁遊戲最有希望的入口，二者結合能產生巨大的價值。它免去了用戶下載、安裝或刪除遊戲的複雜過程，顛覆了用戶玩手機的傳統習慣。」

趙霏和他的團隊成員，每天在微信公眾號上推出一款小遊戲，通過「小遊戲免費引流＋大遊戲盈利」的模式，從微信遊戲市場中掘金。這與微信官方的計畫一致：騰訊的首席執行官馬化騰、總裁劉熾平在各種場合中多次提到，微信商業化第一步將從遊戲領域開始。

不過，趙霏認為，目前微信平臺在與HTML5手機網頁遊戲結合方面還有很多不足，「現在才剛剛起步」，一方面是微信的開放和功能完善，另外一方面是用戶。「公眾號用戶數至少在10萬以上，日活躍用戶2～3萬，這個平臺才有商業化的價值。」

趙霏期待，通過微信更進一步實現到APP的跨越。他認為：「比如最近微信開放『自訂功能表』，這個有助於開發者改善平臺的用戶體驗，比如你可以直接點擊功能表就進入遊戲，而無需輸入繁瑣的數字和彈出功能表。」

微信公眾號「點歌台」

在上線後兩個月裏，粉絲漲到1萬，每天收到超過500條資訊，日均新增使用者超過100名。這種情況，是其運

營方廣州圖銳公司CEO譚穎華沒有想到的。

在開發微信公眾號之前，譚穎華的團隊一直忙於運營「速推」「口袋生活」和「點歌台」等三款APP產品。去年年底，團隊為了將社交因素加入點歌行為，才想到不如在微信上試試。

其實，想試微信平臺的開發者不在少數。因為，微信作為移動互聯網領域全新的開發平臺，它所擁有的優勢被越來越多的開發者意識到。另外一方面，最早一批紮根微信的APP開發者的示範效應，給創業者帶來了更多的正能量。

公眾號「微信路況」已經擁有接近50萬的粉絲，每日向用戶發送大量即時的交通出行資訊。其運營方車托幫的CEO呂春維曾表示：微信的成長速度，大於我們自己做APP的速度。而公眾號「微法律」（帳號：Weifalv001）已有5萬多粉絲，其背後由30多名律師團隊日夜輪值，回覆全國各地用戶的法律求援。

一直關注微信創業的炎黃網路創始人、皮皮精靈助理的總裁管鵬介紹，幾乎所有的APP開發者都在研究或者已經在開發微信公眾號。他預計，微信開發者的量級應該在幾萬到十幾萬之間。

電商的新玩法

除了遊戲以外，電商O2O（從線上到線下）也是微信平臺未來商業化的嘗試方向之一。然而，移動端轉化率低、移動支付以及微信的開放程度都還限制著電商在微信平臺施展拳腳，現階段，微信平臺更像是電商的一種新媒體管道嘗試。

全職太太張女士平時要帶孩子很少有機會用電腦，酷愛網購的她經常通過手機下單購物。最近她又開始嘗試在微信上購物。她在美膚匯的微信公眾號上開設的購物專區裏選擇了幾款化妝品，點擊購買並按照系統提示輸入手機號，稍後就接到了美膚匯客服的電話，錄入個人資訊後完成了下單。整個過程大約10分鐘，目前只能選擇貨到付款。

張女士體驗的公眾號電商服務是隸屬於化妝品電商網站美膚匯的，去年11月份美膚匯開始在微信上試水。其微信公眾號上開設了「美膚匯會員購物專區」，用戶點擊進入即可選購特定商品。

儘管該爲購物頁面上呈現的商品還很有限，但這一便捷通道的出現，一度激發了很多電商的強烈興趣。「很多電商都在微信平臺上或多或少有一些嘗試，只是沒有大力推廣而已。」一位電商從業者這樣表示。

玫瑰視界CTO劉建國表示，在嘗試通過APP、微信等移動互聯網模式，創造出新的時尚雜誌運作模式。其微信公眾號「MFashion」每天推送全球頂級時尚領域的最新潮流資訊，而借助微信的交互特性，可以根據使用者的資訊回饋，實現定制化的資訊推送。同時，「MFashion」可以結合用戶位置，列出最近的品牌專賣店，甚至可以提供導航服務，最終達到引導使用者進店消費的目標。這種全新的O2O運作方式，使得「MFashion」正逐步獲得一些奢侈品牌客戶的青睞。

「自媒體」創業路

在微信上，自媒體火起來了。有人成功通過「自媒體」，實現了傳統媒體才能實現的賺錢方式：打廣告。

1月28日，從事自媒體創業的程苓峰從騰訊離職，開始在自己的個人媒體陣地——「雲科技」博客上投放廣告。在廣告招租帖的醒目位置，一天一萬的標價赫然出現了。與此同時，程苓峰的微信文章字型大小比別人大了兩個號，間隔也比別的公共微信文章大一些，使得用戶在手機上閱讀時感到更加舒服。隨後幾天，接踵而至的6份廣告收入，讓他初戰告捷，迅速打開了個人媒體用廣告賺取收入的局面。坊間傳言，目前，雲科技每天的廣告收入已逾十萬元。

除了「雲科技」以外，「移動觀察」「羅輯思維」「玩轉微信」等一批自媒體人，憑藉高品質的內容也在圈子裏小有名氣。

微團購——微信賣書

在媒體人韓磊看來，在微信上，人人都可以是自媒體。這也是由微信的屬性決定的。的確，微信操盤人張小龍將微信的起點定位爲「一套消息系統」。因此，無論是個人還是公司，在微信公眾帳號平臺上都可以被看作是一個自媒體。出於愛好，他也註冊了一個自媒體帳號「IT發條」，並擁有一批穩定的訂閱用戶。在他看來，像「雲科技」這樣實現廣告收入的自媒體人還是少數中的少數，只是個案而已。對此，深圳博圖廣告的策劃總監吉棟樑也表示贊同，「我們對微信推送的內容非常謹慎，一旦發了一篇不痛不癢的文章，用戶看了可能隨時會對你取消收聽。」

而在資訊爆炸的微信上，目前穩定且高品質的「自媒體」帳號屈指可數，一些微博上的行銷帳號也將自己包裝和定義爲「自媒體」。「在自媒體的包裝下，才方便去接洽一些廣告軟文合作，當然現在有很多是騰訊不允許的。所以大家也比較低調。」某網路行銷公司的相關人士告訴記者。

「坦白講，在微信上做自媒體的門檻要比在微博上做

自媒體的門檻高得多。除了技術方面的因素之外，微信的推送功能讓使用者對內容的原創性要求比微博要高得多。」管鵬正在組織一個「皮皮自媒體聯盟」，希望在微信平臺上給自媒體人們提供單一的模版，向個性化、高端的方向前行。

高朋團和F團合資成立的「微團購」，是最早實現支付閉環打通的微信O2O項目，用戶關注此帳號後無需註冊和登錄，就可完成微信支付下單。

在電商從業者看來，「這更像是一場吸引眼球的嘗試。畢竟，現在B2C在微信上整體轉換率都非常低。」

高朋團的CEO林寧透露，微團購僅有5%的訂單來自移動端。顯然，這還是一個非常小眾的市場。

「微團購還不成熟，它只發揮了微信特性的10%，我們現在不敢使勁推。」高朋網的副總裁高峽在接受媒體採訪時表示：目前，微團購將主要精力放在控制產品的品質上，並針對手機端的一些特性（比如陀螺儀、攝影機、高清觸控式螢幕、LBS等）進行新功能內測，希望能夠成為為微信和手機而生的產品。

例如，微團購會為線下商家配備更多名為「微護照」的智慧掃描設備。這種鋼筆大小的設備，可以在1秒鐘內讀取用戶手機上的微團購二維碼，極大簡化了使用者的消費流程。同時，微團購將在1月與蘋果的iPad全球部署專

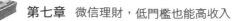

案合作，利用iOS6定制介面的新特性，將微團購嵌入蘋果為線下商家部署的iPad或iPod中。

有關資料顯示，微團購的未來使用場景非常類似於Groupon推出的「GrouponNow」服務，即使用者可以通過移動設備，隨時隨地提交團購需求。當然，這些只是未來的設想，還要配合騰訊微信O2O的整體戰略和進度。

現階段，電商導購類APP口袋購物的運營總監李凱，更願意將微信平臺作為客服工具。

去年8月初，微信宣佈開放平臺之初，李凱的團隊推出了公眾號「口袋小秘書」（帳號：koudaigouwu），運營半年來，不僅獲得了近10萬的訂閱數，也讓他有了一些意外的收穫。「微信用於與用戶互動溝通上效果非常好，完全可以取代論壇等傳統的使用者交流方式。」李凱在接受記者採訪時，介紹了他曾經做過的一個測試，「微信粉絲在接受群發資訊後的一層打開通過率最高超過60%，這一資料平均下來有近30%。」

在這一資料的引導下，李凱將口袋購物的運營部門中產品測試、使用者訪談、客服回饋等需要與使用者直接交流的工作，全部遷移到微信平臺上。在李凱看來，購物是一個流程複雜的使用者行為，包括尋找、決策、購物等多個環節，尤其是對於非標準品需要考慮的因素會更多。現階段，微信的功能還不足以支撐用戶完成整個購物行為。

李凱更願意，微信成爲移動互聯網上與自己APP連接的橋樑，畢竟「微信公眾號在口袋購物APP之外是很有利的補充，能夠幫助用戶更好作出購物的決策」。

5 微信朋友圈裏的潛在商機

不知不覺中，很多人在微信裏發現了商業價值。不光公眾平臺紛紛開通了微信平臺，就連普通的註冊用戶也發現了微信朋友圈裏的潛在商機。

90後白領小李就是靠著朋友圈做小生意中的一位，昨天她向記者講述了這一年多，自己零成本地通過該平臺賺取了8萬元額外收入的故事。

「起初發現朋友圈這一商機，是因爲從去年開始，圈裏總有很多人在發自己經營的玉、紅木、酒還有服裝的照片，隨後便合計自己也做點什麼小生意。」在醫院從事行政工作的小李回憶，因自己工作朝九晚五，不能外出，去年4月份起她與外地老同學便聯合起來，打起了朋友圈的主意。小李說，起初也沒打算靠這個掙錢，就是抱著玩的態

度，每天發一些照片、配一些文字到朋友圈裏，後來發現經營模式比淘寶還簡單。「單位和家裏都有wifi，貨源是老同學家裏自己做的皮具和鞋子，沒想到，第一個月就賺了一千多塊錢，隨後我進的貨越來越多了，從新貨品到二手貨交易，從送貨到快遞物品。僅僅一年半時間，我就掙了8萬塊錢了。」

在微信平臺查找公眾號一欄輸入「代購」兩字，便出現一連串公共行銷帳號，但多以奢侈品代購為主，代購種類豐富。小李說，她經營朋友圈的模式大概就是，每天發佈至少15條以上的新商品的微信，平均一天可以成交1筆左右。而付款方式是，直接將錢打到她的銀行帳號上。

據小李掌握的資訊來看，朋友圈購物的普遍情況都是先匯款再發貨，而且大家相互看不到別人的評價。如果顧客對收到的產品不合心意，可以退貨，但郵費自理。若出現品質問題也可以退換貨，同樣，郵費自理。「一般來講，店主不需要倉儲成本、物流成本，甚至連拿貨成本都不需要，賣價與出廠價的價差就是純利潤。」

當然，微信的朋友圈實際上相當於熟人圈微博，微信網店的交易雖然擁有諸多便利，但是同樣存在風險。陝西浩公律師事務所趙小東律師覺得：「雖然消費者覺得與店主之間有某種信任，但畢竟買賣雙方沒有構成契約關係的買賣合同，交易過程中最好還是多留心，消費者最好通過

協力廠商支付平臺來購買商品。」

　　芬芬，是做美睫和美甲產品的，最近開始在朋友圈創業。團隊一共兩個人，自己有自己的產品和管道，然後自己利用自己的經驗進行培訓銷售一體化服務。通過微信朋友圈分享新產品，客戶和代理看到後，就會下單訂購，或者邀請她培訓。培訓的價格大概是一小時一千元，培訓完進貨後的單價大概在2～5萬。目前，公司執照下來大概三個月的時間，投資大概不到二十萬，已經完全回本，而且已經有了差不多三十萬的利潤。而且這並不需要太多的人力，比淘寶店運營簡單多了，不需要拍照美化，一個手機就搞定了。類似的帳號還有很多，比如珠寶的、奢侈品的。

　　現在，我們來總結這種微信朋友圈的商業模式特點——

　　第一，專業化程度高，有一定的門檻，行業比較小眾，沒有大公司大品牌橫行。

　　第二，客單價比較高，無論是宗教產品、美容產品還是奢侈品珠寶。這樣的話，不需要太多的客戶，一對多維護百人左右的規模，就可以達到不錯的銷售額。

　　第三，客戶是不斷積累的，靠關係維繫的，有信任度，是不斷增加的。這和電商的引流轉化模式有很大的不

同，用戶評價是完全區隔的，一條差評不會干擾到其他人的選擇。

第四，比起公眾平臺來，不會因爲推送而打擾用戶。用戶沒事刷刷朋友圈，就可以看到自己感興趣的產品了。

6 如何快速入門朋友圈行銷

微信朋友圈給了草根和大牛同樣的機會，可以說只要你有想法、去執行，就可以通過它來賣貨，甚至打造自己的長久生意。

那麼，對於微信朋友圈的行銷，我們應該怎樣去做？

初次接觸朋友圈，我們在著手做這件事情的時候，會面臨3個問題：第一是產品的選擇，第二是找到有需求的用戶加我們的微信，第三是如何將我們的產品賣給這些有需求的潛在客戶。

產品的選擇，應該是我們所面臨的一個最重要的問題。

朋友圈行銷因爲它的性質，註定與淘寶有一定的區別。朋友圈屬於相對封閉的空間，如果沒有太多的傳播管道，沒有太多的流量導入，就不太適合賣相對大眾化的、

主要走量的商品，比如襪子、鞋子、一些辦公用品、日用百貨等。這類產品可能每單的利潤不會太高，普遍在幾塊錢、十幾塊錢，而朋友圈的性質決定我們不太可能做到跟淘寶一樣，月銷幾千件。所以，我們應該儘量選擇利潤率稍高的產品。（當然，你做批發，則另當別論。）

為大家舉幾個經過實踐比較，適合在朋友圈賣的產品：佛牌、佛珠、枸杞、瓷器、高仿A貨的衣服包包鞋子、中高端面膜、國外代購化妝品。

其實可以操作的產品非常多，我們在選擇產品的時候可以主要遵循這4個要求：

（1）利潤比較高（50元以上）。

（2）產品確實不錯，最好可以帶來重複消費，或令客戶轉發介紹。

（3）最好是有一定水深、門檻的行業，不是那種消費者隨便找個超市和藥房都可以買到（並且很放心其品質）的產品。

（4）最好對貨源有把控，有做代理批發的條件。

當然，規則是死的，人是活的。作為創業者，我們應該看懂這4條要求背後的意義，在選擇產品的時候根據實際的情況，或許滿足3條也可以。

選擇好產品後，第二步就應該考慮怎樣讓有需求的用戶來添加我們的微信。簡單地說，我們需要思考兩個

問題：

（1）什麼人需要我們的產品？

（2）這些人在哪裏？

考慮好這兩個問題後，我們就可以有Ｎ種方法來得到他們的關注。競價、分類資訊、論壇發帖、百度知道、百度經驗、百度文庫、B2B平臺做長尾詞等，所有的這些都不過是引流的手段，我們的最終目的是，讓這些有需求的人加我們的微信。

如果我們選擇好了產品、並且找到了有需求的用戶，那麼就到了最重要的一步——如何成交？

一句話，成交就是解決信任的問題。在微信朋友圈裏做生意，就是兩個字——信任。怎麼讓客戶信任你？

比如，讓他覺得你是專家、讓他成為你的粉絲。這種信任前提是，你確實有料。

再比如，每天分享你工作中的動態，讓他覺得你是一個專注自己所經營行業的人。久而久之，他信任你，也信任你的產品。

在或者，和他成為好朋友，向他展現真實的自己。如果你有足夠的親和力，就這麼幹吧！

只要你肯想，就有Ｎ種辦法讓別人信任你。舉一反三，是創業者的必備素質。

7 微信理財通和餘額寶哪一個更好？

自微信理財通上線後，很多人說，這將是餘額寶的直接對手，將最有機會幹掉餘額寶。

微信上買理財通，非常方便、快捷，短短的幾分鐘就搞定，完成購買的流程與速度比餘額寶要快。

在理財通上線的前一天，支付寶和天弘基金宣佈，截至2014年1月15日15點，餘額寶的規模已超過2500億元。1月16日，平安集團也出來闡釋了自己的互聯網金融策略。

2500億，是一個大數字。龐大的規模也帶來了「墊不起錢」的困境。現在，理財通測試期間，每天的存入限額是8000元。未來，龐大的理財規模是理財通想要的嗎？

理財通的問世，再一次讓人看到了微信的風格——簡潔到底。用戶在體驗上確實方便快捷了很多，只需要四步就可以完成。打開微信，將頁面切到我的銀行卡，點擊理財通，就可以開始存入，而輸入微信支付的密碼後，就購買成功了。在理財通的購買環節，用戶只需要輸入微信支付的6位數字密碼，就可以完成支付。整個過程最耽誤時間的便是收到6位數字的認證簡訊，兩三分鐘內便可以完

成整個購買環節。

如果沒有綁定儲蓄卡，那麼可以通過輸入銀行卡的卡號、預留的手機號，然後後端就開始認證。使用者收到一個6位數字的認證密碼後，就自動開通了快捷支付。

在這一系列便捷的過程背後，微信、財付通、基金公司、銀行等四方的後臺進行了對接。

先是從微信到財付通，由於財付通對接背後的理財公司，開通微信的帳戶之後，自動默認開通了一個財付通帳戶。財付通是隱藏在背後的，負責與基金、銀行的對接。在基金申購環節，財付通是中間帳戶。

如果是9：30～15：00買理財通，若第二天是工作日，那麼第二天開始計算收益，第三天可查看收益。而如果是每天15:00～9：30充值，實際上系統是在第二天上班日，才將資金打入基金公司的帳戶（**具體操作時間由基金公司與支付公司商量**），這其中一部分的沉澱資金，會放在財付通的帳戶。

關於快捷支付的額度，每一家銀行規定的額度都不盡相同，財付通也儘量將快捷支付的額度增大。在T＋0的贖回上，未來財付通也要撬動基金公司的系統對接。

微信支付的贖回會直接贖回到銀行卡。其官方表示：兩小時以內，會將贖回資金，贖回到銀行卡。

贖回到銀行卡，意味著微信需要去墊資。雖然，同

時，客戶充進理財通也有資金，但這些資金並不夠贖回的。

　　支付寶上，餘額寶贖回到銀行卡，是T＋1的時間，而贖回到支付寶帳號是T＋0的時間。其中，T＋0是需要支付寶墊資的，T＋1則不需要支付寶來墊資。在使用者申購與贖回同等規模的情況下，微信的墊資額度要大於支付寶。

　　目前，從推出的理財通來看，微信暫時並沒有將理財通做大的打算。未來，做不做大，就要看財付通團隊的了。

　　從微信支付接入各種應用、理財通可以看出，「微信之父」張小龍的一些想法。

　　一位接觸微信的人士透露，微信內部就中間帳戶這個問題，進行了激烈的討論。因爲，微信支付擁有自己的中間帳戶，未來依據微信支付的帳戶體系，可以做很多事情。但是討論的過程中，張小龍認爲：移動時代，路徑越短越好，支付越便捷越好。

　　所以，微信支付現在扮演的只是一個管道，支付時所需的資金都從用戶綁定的信用卡與銀行卡當中，及時提取。

　　對於理財通，未來微信也是管道。接下來，打開理財通的介面，會有華夏、匯添富、易方達、廣發的貨幣基金。使用者可以根據收益率的不同，來自主選擇購買基金。當然，整個購買流程同樣簡便。

　　從這個層面來說，用戶更願意將銀行卡裏的一些活期

餘額，快速搬到微信中。如果需要資金回流到銀行卡中，那麼兩小時內，這筆資金可以回到銀行卡裏，不耽誤用戶的體驗。

支付未來的趨勢是無卡支付。微信與支付寶都正在捕捉這些機會。這兩天，平安壹錢包的發佈也同樣說明，傳統金融業也認識到了這一點。

路徑短是好事，但這樣，微信支付就缺乏了很多應用的中間帳戶，而沒有中間帳戶就無法獲得消費資料。

針對手機支付的安全性，業界人士認爲，手機支付的便捷性與安全性是一對矛盾體。所以，80%的手機支付都是小額支付。

這也就是說，人們用於手機付款的絕大部分是小額付款。而手機來買理財產品的行爲，短期與長期會呈現不同的特點。

在近一兩年，由於貨幣基金的收益率比活期的高12～14倍，購買也便捷、方便，還能基本上即時取現，將會吸引眾多的普通人群來購買理財產品，這是引起活期存款搬家的存量部分。但是，隨著投資與理財管道的增多，以及利率的市場化，未來，貨幣基金不一定有這麼火。

第八章

家庭理財，和諧婚姻的重要一課

1 給雙方作一個「財務體檢」

　　我們做事情的時候，要設定一個目標，然後開始努力打拼，向目標靠近，理財也一樣，夫妻共同理財，需要先達成一個共同的目標。否則，一個想及時行樂，今朝有酒今朝醉；一個想細水長流，看財富積少成多，最後，夫妻兩人難免因財務問題而傷了和氣。

　　結婚之前，出於對彼此的負責，先去醫院進行身體檢查，是幾乎所有準備結婚的人都知道的事情。不過，結婚過日子，不是身體健康就可以，還需要家庭和睦、萬事大吉，包括有良好的經濟基礎作保障。

　　馬靜怡和先生一直都是在同類別IT公司工作，受過很多相似的培訓。雖然「工種」不同，但長期的工作使得他們有著近似的思考方式。

　　在馬靜怡看來，倆人擁有相似的價值觀和目標是婚姻幸福的重要保障。「門當戶對」和「志同道合」遠比請吃飯、送禮物和娛樂、玩耍要重要得多，因為倆人志趣相投是可遇而不可求的。他們的經驗是：婚前理智一些，婚後矛盾就少一些，這樣浪漫才會多一些。

其實，他們家庭目標的設定也是一個不斷完善、摸索和改進的過程。先來看看最開始的問卷答案。這是先生的目標，在此精簡摘錄：有了孩子，就換一個大的房子。每年有一次國外和一次國內的度假，好好享受生活的樂趣，同時也開闊視野。為此他們應該努力地工作，保證良好的經濟基礎和收入來源，同時也注意廣開財源，儘早進入財務自由的階段。我的計畫是，在五年內，達到財務自由。再看馬靜怡的目標：住在北京東邊，不用自己打掃衛生；在高檔寫字樓上班，工作體面而又有趣；婚姻幸福；孩子聰明漂亮；爸媽健康長壽；三五知己經常聚聚；不用自己做飯，想出去就出去吃，如果做飯，也只是娛樂；除去公費旅遊，每年自費一次出國遊、一次國內遊。

　　從兩個人的答案中，能看出很多有趣的東西。對於馬靜怡來說，目標生活是快樂單身生活一筆一筆的疊加和延續，外加一點家庭的內容。對於先生來說，享樂的內容不多，更多的是談到如何達到目標，甚至包括了達成所需的時間。這說明他是一個很有責任感的實幹分子，而馬靜怡是一個務虛的享樂分子。除去家庭幸福的共同要素──有房有車、長輩健康長壽、孩子聰明健康、夫妻和諧，他們對於自費旅行也有著驚人的一致。這也導致在達成財務方面的目標後，他們重要的生活內容就是自助旅行。

　　後來，他們對於目標進行了修訂，在「該做的」「想做的」和「能做的」事情基礎上有一個交集，即共同目標：住在東邊，工作和生活兼顧；孩子健康聰明；每年保證一次

國外自由行，一次國內自由行。鑒於兩個人不同的才能，先生全面負責理財和投資，馬靜怡全面負責消費和記帳。馬靜怡辭職後，更是全面交出了「掙錢大權」。

目標明晰後，他們很快採取了行動：兩年之內在東邊買了房子；有了一個兒子；去了黃山、婺源和三亞，又去了美國和澳大利亞。春寒料峭中他們自駕在遊人稀少的塔斯馬尼亞島，大雨中聞著搖籃山泥土的芬芳；煙雨朦朧中騎著租來的摩托車穿行在婺源水墨畫般的鄉間；在大堡礁和百福灣裏深潛，和魚群暢遊；黃昏時從波士頓返回紐約，曼哈頓燈光亮起，那璀璨的夜景震懾人心；他們又自駕在義大利托斯卡納鄉間，流連在迷人的歷史小鎮，享受美食美酒美景；在希臘小島上看愛琴海日落……那一刻他們感覺真是神仙眷侶！

當然，生活不是隨著目標按部就班進行的，必然有很多意外發生。如果都是按部就班，那就像旅遊團一樣刻板無趣了。生活就像自助旅行，有計劃更有意外，有驚喜也有阻礙。因為，認定該什麼時候就幹什麼事。所以有了兒子後，努力工作的馬靜怡做起了全職媽媽。這貌似推遲了目標的達成。但後來由於股市的暴漲，他們最終還是用五年的時間達成了目標。

通俗意義上的經濟基礎，指雙方擁有的金錢數量。但是，咱畢竟還有「不俗」的一面。記得有人說過：「**好的**

婚姻就是一場成功的併購，併購的不僅是人，還有其附帶的各種特質。」經濟基礎還包括軟性的一面，即雙方的理財能力與觀念。

在導致離婚率不斷攀升的各要素中，經濟糾紛不可小覷。在美國，50%的夫妻離婚，是因為財務問題；在中國，經濟矛盾所占的比重也逐年增高。

結婚不是兒戲，在此之前，雙方應該對彼此有充分的瞭解和磨合，包括經濟和理財狀況。作一個「財務體檢」，說不定就能夠避免理財中不應有的失誤，讓婚姻之牆更加牢固。

那麼，「財務體檢」該如何展開呢？

首先，要確定彼此共同的理財認知。

世界上不存在完全相同的兩片樹葉，與樹葉相比，人的複雜性更高，自然也不存在理財觀念完全相同的兩個人。

結婚前，在交流感情之餘，雙方不妨交流一下各自的理財狀況。所謂男女搭配，幹活不累，可能你會感到困惑的理財問題，對方卻能提出恰當的建議，即使不能錦上添花，也可能幫助你懸崖勒馬。

其次，要建立長期的理財目標。

結婚前，雙方還未進入婚姻生活，但正是因為這樣，才要制定目標。

　　只有制定共同的理財目標，雙方才能在目標之下，互相妥協、互相監督，繼續攜手同行。

　　在制定理財目標時，不僅要考慮雙方，還要將雙方父母、未來的孩子都考慮在內。當然如果兩位誓做頂客族，那就另當別論。

　　最後，要作好轉換理財角色的準備。

　　結婚前，單身生活的支出相對比較自由，理財方式大多較為粗放，或完全沒有理財習慣。但如果你已經作好要當別人老婆或老公的心理準備，那麼，請也作好轉換理財角色的準備吧！從婚前的「由我做主」到婚後的「有你有我」，理財應該是尋求婚姻生活和諧的重要一課。

2 夫妻理財如何求同存異

正如美國一位婚姻學家所言：「**愛情可以讓相愛的男女走在一起，共同組建家庭；卻不能保證他們對金錢和財富態度的一致。**」當和伴侶出現金錢問題上的分歧時，該如何去解決呢？

「男主外，女主內」是傳統中最常見的家庭經濟管理模式，不過在現代家庭裏，這樣的方式似乎已經越來越站不住腳了。女性的經濟地位顯著上升，她們不但能夠在工作中獨當一面，而且在收入上毫不遜色於自己的伴侶。另一方面，「打理家財」的重要性為越來越多的家庭所接受和認可，理財不僅是簡單地存錢、花錢，還需要通過特定的投資計畫讓家庭財務壯大發展，以滿足未來的理財目標。

由於性格、知識結構、經歷的不同，每個人對於如何打理財富、如何進行投資都有著自己的風格與判斷，即使對於生活在同一屋簷下的夫妻雙方來說，也是如此。所以，在很多家庭中，由於夫妻雙方對於理財態度的不一致，而導致的爭吵、矛盾甚至衝突並不少見。

現實生活裏，陳依寧正是為這樣的問題而頭痛不已。在別人的眼中，陳依寧一家的日子過得相當不錯。年齡三十的他剛剛升為一家外企的技術部經理，比他小一歲的妻子是一家律師事務所的職員，2歲的女兒活潑可愛。每個月接近2萬元的家庭收入，足以使這個年輕的三口之家享受中等的物質生活，而月均1.2萬元的結餘也讓他們的儲蓄帳戶有了近30萬元的存款。

　　「一部分是受家庭的影響，一部分是性格的原因。」陳依寧說，小時候自己的家境並不富裕，因此即使現在收入不菲，他依然保持著節儉的生活習慣。在他看來，低風險的投資產品也是保有財富的最佳途徑。「除了10萬元的資金通過定期定額的方式購買偏股型的基金外，剩餘的大部分資金我都選擇存在了銀行裏，雖然利息少一些，但比較穩當。」

　　但是，妻子對此毫不認同。妻子經常嘲笑陳依寧是「守財奴」，她覺得應該趁年輕，多多享受生活。而保守的理財方式，也讓妻子頗有微詞，「我們應當把更多的資金投入到高回報的產品中去，而不是坐收低廉的銀行利息。」

　　事實上，隨著通貨膨脹率的上升，陳依寧也逐漸意識到在負利率的環境下，三分之二的資產集中在銀行儲蓄上，無形之中財富已經受到了通脹的侵蝕。他也覺得，自己的理財方式應該變一變了。但是如何去改變，成為了夫妻兩人爭論的焦點。

陳依寧認為，投資一些債券市場基金，收益高一些，風險也不大。可妻子對他的方案嗤之以鼻，妻子覺得應投資更積極的產品——股票或者黃金，才是讓財富快速增值的途徑。

或許，陳依寧和妻子的分歧只不過是眾多家庭理財態度不一致的典型代表而已。很多伴侶們都會在對待花錢的態度、投資的風格上，出現較大的爭議。當這些問題出現時，我們該如何去解決呢？

確立共同的目標是關鍵

找到一個雙方都共同認可的目標，是解決問題的關鍵。很多家庭對於未來的財務目標，並沒有形成準確的共識。以陳依寧的故事為例，偏向保守的陳依寧希望，通過節制消費和低風險的理財，來保有財富；妻子則希望享受生活，同時追求高收益的投資回報。但是無論採用什麼樣的投資方式，對於最終希望實現的目標是什麼，他們並沒有明確的認識。

缺乏明確的財務目標，往往是導致伴侶們出現分歧的重要原因。比如，夫妻中的一方對消費缺乏節制，簡單的指責並不能從根本上解決問題。可是，一旦他們認識到因消費的增加而致使積蓄減少，將直接影響到未來某一個目

標的實現，如買房、爲子女籌畫教育金、自己的養老金積累這些具體的目標時，他們就很容易與另一半形成共識，自覺地減少消費的支出。

因此，我們建議：夫妻兩人在遇到理財的分歧時，與其各執一詞、各行其道，不如靜下心來好好地設定不同時期內的財務目標。一種可行的方式是：夫妻雙方把希望實現的目標寫在紙上，並通過討論來進行篩選，如哪些是首要的目標、哪些是次要的目標、哪些是可有可無的目標，從而達到共識。

同時，共同的目標並不是「空中樓閣」那樣簡單，更重要的一步是，通過一定的預算籌畫出實現目標的途徑。經過討論，陳依寧和妻子達成共識：爲2歲的寶寶籌畫一筆教育金和共同建立養老帳戶，是他們現在努力的目標。那麼，他們可以在此基礎上，大致計算出這兩個帳戶未來需要多大的資金儲備，如果以月作爲積累單位，每個月大致需要的儲蓄額是多少。雙方之間有了一個明確而具體的目標後，因金錢觀不同而引起的互相指責和紛爭，會大比例地減少。

夫妻也可「分開理財」

即便如此，對方的一些習慣和投資方式還是讓你抓狂？在達成共同目標的前提下，不妨試一試分開理財。

說到分開理財，人們或許會聯想到流行的夫妻AA制理財。不過，夫妻之間本沒有絕對的AA制，而截然獨立的帳戶管理模式、互不溝通的結果，往往使實際理財計畫過於保守，或過於激進，給家庭理財帶來隱憂。所以，與絕對的AA制不同，「分開理財」要遵循一定的原則。

　　一是要建立一個公共的帳戶，用於進行家庭的共同開銷和積累。比如去應對日常的生活費用、進行貸款還款等等。

　　在這樣的基礎上，伴侶們則可以擁有自己的財務帳戶。類似於個人的生活費用，包括衣物服飾、美容美髮、娛樂等，都可以在這個範圍內支出。這種方式不但保留了伴侶們相互的自主權，而且可以有效地避免因日常消費而引起的紛爭。

　　如果夫妻雙方對於投資的偏好和風險承受能力也有較大的分歧，投資帳戶可以按照上述的方式分開進行。伴侶們可以建立一個家庭的共同投資帳戶，投資物件可以選擇一些風險適中、廣泛分散的投資產品，例如開放式基金就是一個不錯的選擇。專家認為，共同投資帳戶的占比不可過低，一般需要保證在家庭可供投資資金的80%以上。只有這樣，才可以避免由於帳戶獨立帶來的風險一邊倒的局面——要麼夫妻雙方都集中於保守的投資產品上，要麼都投向於了高風險的產品，令家庭理財處於被動狀態。

　　而剩餘的20%以內的資金，則可以由夫妻雙方根據自己的偏好來進行投資和支配。陳依寧的妻子希望從高風險的投資中獲得高回報，那麼不妨拿出10%的資金在股票市場上小試身手。陳依寧傾向於債券基金，則可以增加一部分債券基金的投資。求同存異的投資帳戶設置，既保障了家庭投資的航線不會偏離既定的方向，又給予了雙方一定的投資支配權，滿足了他們各自的投資「理想」。同時，20%的占比不會對家庭整體財務產生過大的影響，有效降低了「分開理財」的風險。

　　當然，在此過程中，定期舉行一些家庭財務的討論也是非常有必要的。特別是家庭面臨大宗的消費開支，或是家庭的外部條件出現了變化的時候，會對家庭的財務產生一定的影響。這個時候未雨綢繆，及時地進行　些調整是非常有必要的。定期的家庭財務討論，保證了伴侶們的有效溝通，也可以在一定程度上避免爭執和矛盾的產生。

3 家用分攤，建立互信機制

　　共同管理家庭財富的過程中，很多家庭都墨守這樣的一個陳規：讓有能力的人來負責他或她所擅長的分工。比如，有的人由於比較細心謹慎，就負責生活日常支出的管理；有的人由於思維活躍，就打理投資的工作。在社會分工中，按照個人的能力來決定他的職能，的確能夠起到提高工作效率的作用。可是，在家庭財務管理中就未必如此了。

　　過於明確的分工，往往會讓其中一方的視野過於局限，無法理解對方在執行中的難度，在對方出現問題的時候，很容易引起指責和爭執。

　　有句老話說：「不當家，不知柴米貴。」說的不就是這個道理嗎？因此，在家庭財務的管理過程中，夫妻雙方所負責的職能可以定期地進行輪換。如此，雙方可以從這種輪換中進行換位思考，互相體會不同的理財環節，比如，體會到在消費和投資中需要考慮的因素、應對的困難。這樣不僅可以增進相互的理解，也更加容易實現共同的目標。同時，這種職能的輪換，也可以在夫妻一方中遭遇意外情況，如生病、事故的時候，另外一方可以遊刃有餘，

從容應對。

　　家用分攤從早期「先生賺錢、太太管錢」的單一模式，迄今衍生出至少6種模式。但是理財專家普遍表示，沒有一種模式可以稱為「最佳模式」，因為各有優缺點，也各有不同的適合家庭。事實上，有的家庭還會因時制宜，不同階段採取不同的家用分攤模式。

模式一：一人全權支配

　　薪水交由一個人（妻或夫），由她（他）全權支配所有家用，這種方式適合互信基礎夠的夫妻。而拿到財政大權的配偶，不僅要有理財能力，更要有無私的精神，不能將全部動產、不動產都登記在自己名下。因為一旦讓另一方有「做牛做馬」的不好感受，夫妻關係就很難長期維繫。

模式二：高薪者提供部分家用

　　例如先生只給固定家用，不夠的部分才由太太的薪水貼補，這種方式比較適合日常開銷穩定的家庭。反之，如果太太需要貼補的缺口經常很大，而只給固定家用的先生卻有很多餘錢來「善待自己」，如大手筆添購個人奢侈品，太太當然會跳腳了。

模式三：高薪者負責所有家用

　　譬如高薪的先生負責扛下所有家用，太太賺的薪水可以完全用在自己身上，這種方式適用在所得相差懸殊的家庭。但是要注意的是，如果開銷龐大、又沒有預先做好保障規劃，在家庭財務上其實潛藏很大的風險。

模式四：設立公共家用帳戶

　　由夫妻成立的共同帳戶來支應共同開銷，乍看是最符合公平原則，但爭執也最多，問題出在「共同開銷」的定義上。例如太太想在客廳添購一盞數萬元的歐式古董落地燈，理由是既美化家中氣氛，又能當成收藏資產，應該屬於家庭共同開銷；但先生卻認為這只是太太個人喜好，反對由共同帳戶支出。因此，類似的爭執就會經常不斷。

模式五：各自負擔特定家用

　　由夫妻各自負責特定開銷，譬如先生負責房貸，太太負責一般家用。如果夫妻所得相近，各自負責開銷的金額也相差不大，則能相安無事；但是若某一方支出的金額浮動很大，或是一方負擔金額持續下降、另一方負擔始終居高不下的話，夫妻間仍然會時起齟齬。

模式六：各自負責理財目標

譬如由先生負責平日開銷，太太的薪水專作退休金準備，也就是先生負責達成短中期理財目標，太太負責長期理財目標，夫妻協力、專款專用。這種方式可讓家用爭執降到最低，但是雙方都要有一定的理財能力，才不至於兩頭落空。

其實夫妻不管選擇哪一種模式，都要先建立3大認知，才不會造成家庭不和諧、阻礙夫妻共同理財的目標。

認知一：消極面避免造成家庭財務風險

夫妻討論家用分攤，不能只是抱著「將眼前帳單付清，了事就好」的心態。

一個家庭有兩個profolio（投資組合）與帳本，潛藏著高風險。因為，這種家庭普遍缺乏中長期的理財目標準備，很容易賺多少、花多少，「餘糧」普遍不多。如果各自又都進行高風險投資或是高負債，家庭財務就會出現大問題。因此，夫妻討論家用分攤時，至少先關心對方的消費與投資狀況，才能避免潛藏的財務風險。

認知二：積極面發揮共同理財威力

夫妻討論家用分配責任前，應該要先取得中長期理財目標的共識，才能一起把短中期開銷降到最低，以儲備中

長期財富爲最重要目標。這裏，我們以家用開銷中通常最沉重的房貸爲例。

貸款30萬元，年利率7.05%，採取本息平均攤還法。假設Ａ家庭是「親夫妻、明算帳」，房子登記在誰的名下，誰就去負責房貸，選擇貸款年期20年，每月攤還本利和約2千元；Ｂ家庭夫妻齊心全力還款，選擇貸款年期10年，雖然每月本利和近4千元，但可以比Ａ家庭提早10年還清房貸，並省下利息7萬元。

Ｂ家庭從第11年開始，每月負擔大幅減輕，每年多出的5萬元可以繼續投資金融產品。

相較之下，Ａ家庭20年下來不僅比Ｂ家庭多付了144萬元利息，還少了投資產生的回報。因此，雙薪夫妻如果可以共同理財，把家用做更有效率的分配與運用，就有機會幫家庭創造最多結餘、最多資產。

認知三：建立互信機制，夫妻理財模式可長可久

無論是裸婚，還是高調結婚，很多年輕夫妻最終因婚後財產分配、管理產生諸多矛盾，甚至是婚姻破裂。不論是採取資產共同持有，還是讓資產透明化，只要互信基礎良好，夫妻就可以一起攜手打拚。

夫妻關係就像是一起開著車上路，如果齊心協力，「就能在油箱全滿的情況下，一路快樂的開到目的地」；但

如果連家用分配都攻防不斷，「就像是油箱不斷漏油，可能只開到一半，旅途就要中斷了」。

因此，不管採取哪一種家用分攤模式，只要能建立共識與互信，夫妻就有機會一路攜手走到盡頭。

4 愛他，等於也愛他的財商

遇到夫妻財商不一致的情況，解決方法無非有三：一是「財商」低的聽「財商」高的，家裏的財政大權全權交由財商高者打理；二是分開理財，各管各的錢，各理各的財，這樣也可以相安無事；三是夫妻雙方經過協商，共同委託協力廠商幫助理財，現在市面上有很多專業的理財公司，銀行也有理財推薦。當然，這三種方法也各有利弊，如果是第一種方法，由一方全權代表，可是另一方服氣嗎？如果是第二種方法，錢都分開了，各有各的小金庫，又怎麼體現是夫妻呢？如果在外面找了別人，那不是很吐血？如果是第三種方法，錢這東西，交給別人能放心嗎？可是，如果以上這三種方法都行不通，那麼「財商」不一致的問題，又該怎麼解決呢？換句話說，如今愛一個人，

是不是也要愛他／她對錢的態度呢？

　　爲「理財」爭論不休，無非是爲了讓家庭獲得更多的金錢保障。也許雙方都有自己的道理，但就是各執己見。有人說，如果兩個人的「財商」不一致，夫妻就分開理財唄。但既然是夫妻，錢又怎能分清？如果連錢都分得一清二楚，那夫妻之間的感情，會不會也因爲金錢的分割而日漸淡薄？

　　其實，對於理財，夫妻可以各自獨立、互不干涉，不把所有的錢看成共同的，把金錢的得失都看得淡一些，一切也就會和諧一些。當然，如果夫妻們把「情」擺在第一位，把「錢」擺在第二位，相互體諒、相互理解，夫妻就不會輕易地被理財所「中傷」。談錢之前先想情，講理之前先冷靜，一切都從一個善意情感的起點出發，也就能夠相對和諧了。

　　朱敏和她先生是一對典型的財商不一致的夫妻。先生有記帳的習慣，每天晚上臨睡前，會把今天的開銷和收入都記下來，像寫日記一樣。這樣每個月花銷多少、收入多少就一目了然，到了月底一總結，哪些錢該花，哪些錢該省，以後就可以引以爲鑒。先生認爲，理財無小事，所以從結婚開始，他就督促朱敏也要記帳。可是朱敏很不以爲然，要麼是先生幫她代記，要麼就是三天打魚兩天曬網。

先生為此很不滿，認為家裏總是「一筆糊塗賬」。朱敏則認為，記帳都是些十元二十元的事，沒有意義，要想發達，注意力應該集中在做大事上面。而在先生看來，朱敏這是典型的好高騖遠。就為這，朱敏和先生沒少拌嘴，只要一提到記帳，一定不開心。朱敏也和先生提議過，把大家的錢分開，各管各的錢。可是先生不同意，說這和分家差不多了，「如果錢都不放在一起，婚姻也缺少了誠意。」

愛如總用「拖後腿」來形容先生對她的影響。愛如是個性子爽快、敢想敢幹的女人。她辭職下了海，自己開公司，先生則留在國有單位裏面。愛如想買個商鋪自己做生意，先生不同意，怕賠錢；最後愛如不顧先生反對，借錢買了商鋪，自己做老闆娘。因為先生不支持，所以愛如想證明給先生看，自己的決定是對的，她起早貪黑地忙活店裏的生意，有時候忙起來一天只吃一頓飯。後來愛如又想擴大對生意的投資，先生還是不同意，擔心把賺的錢又賠進去。愛如一個人扛下所有問題，擴大了生意投資。樓價瘋漲前，愛如看上了一個樓盤，要買房，先生又是死活不同意，說買什麼房啊，單位的宿舍不是挺好的嗎？愛如只好自己想辦法，借錢買了房子，如今，房子已經升值了一倍。

愛如用「前怕狼後怕虎」來形容先生的性格，不僅不支援自己的事業，而且還總拖後腿。曾經有段時間，兩人走到了離婚的邊緣。

的確，對理財的不同看法，損失的又豈止是金錢。

　　有人說，那麼分開理財好了，可是既然是夫妻，錢哪能分得那麼清呢？如果連錢都分開，夫妻的感情會不會也因為錢的分開而日漸淡薄呢？

　　有的夫妻夠幸運，或者說夠堅持，跨過了因「財商」不同而帶來的婚姻障礙。但是，有的夫妻在這個問題上「賠了夫人又折兵」，以分手收場。幾年前，王先生看到了投資房地產的契機，就想買一套房子投資，但是妻子死活不同意，嫌隙由此產生。此後，王先生和妻子經常因為理財問題發生不愉快，最後，兩人以離婚收場。雖然「財商」並非是導致兩人離婚的唯一原因，但是，它一定是其中一個重要原因。

　　有過婚姻經驗的人都知道，在婚姻當中，如果一方反對另一方的決定，那麼另一方無論如何也是很難實施計畫的。因為如果另一方堅持去做的話，就會背負上「一意孤行、傷害婚姻」的風險；可如果不去做的話，又會始終心有不甘。

TIPS▶ 財商不一致的夫妻相處禁忌：

態度囂張

就算你們是青梅竹馬，感情甚篤，你也不能一上來就露出「我就是比你強」的態勢，「水到渠成」的感覺很重要。太強勢的人，所有人都對他敬而遠之，包括配偶。

性子急躁

有話好好說。就是和配偶，也要學會「軟著陸」。所以，平時的鋪墊很重要。比如，不經意間透露你的理財想法；找些支持你理財觀點的書籍雜誌，並將它們擺在配偶能夠看到的地方；和配偶一起看財經節目。有想法了就和配偶好好商量，讓配偶覺得這是你們共同的決定，而不是你一個人的。

強人所難

每個人都有自己的底線和原則，就算是夫妻，也不能去踐踏對方的底線。所以，就算你知道這個方法肯定能賺錢，但如果它會觸犯對方的原則和底線，你還是繞著走比較好。

態度大變

理財一定會有風險，有些人在對方理財失敗後，或者對方的投資決策被證明是錯誤的之後，態度大變，冷嘲熱諷。這無異於雪上加霜，委實不該是伴侶應有的表現。想想看，你是否又是什麼事都做對了呢？

5 小夫妻理財，會掙錢還要會攢錢

俗話說花錢容易賺錢難，大部分年輕人消費不講究節儉。同時，年輕家庭的經濟基礎一般都比較薄弱，激情消費常會使人花費一些沒必要的錢。年輕夫妻要排除這方面的誘惑，除去日常的生活開支，將雙方的節餘資金參加銀行儲蓄，購買債券、保險。有條件的年輕夫妻可投資證券基金、股票等，通過精心運作，使家庭資金達到滿意的收益。小夫妻們要想更好地進行理財，可以先從以下幾方面努力：

小夫妻理財之「三步走」

第一步　認識自己

您的家庭財務具有怎樣的特點？收入倚重於誰嗎？工作穩定嗎？將來要完成哪些夢想？試著想一想，您的位置、您的需求。

第二步 儲蓄計畫

從頭開始的新人們可以沒有計劃，但是一定要有儲蓄。如果要讓儲蓄有意義，您一定要有計劃。儲蓄是一場毅力和技巧的戰役。

拚毅力。新婚家庭有許多支出的理由，但是要分清楚什麼是「excuse」，什麼是「reason」。記帳是一個古老而卓越的方式。可以自製Excel或者購買軟體，其關鍵是分類合理。

拚技巧。儲蓄方式根據流動性和收益率的需求可分多種，新人權衡資金佔用時間和預期收益後，可以作出選擇。

第三步 建立投資管道

工資是有限的，而利息可以永續，投資管道越早建立越好，新婚是開始的好時機。機會可能來自於證券投資、副業收入或者銀行產品，找到適合自己的管道需要時間。

除了這三個步驟，年輕夫婦最好的理財良方是：保持良好的心態，在理財過程中堅持一定的原則。

小夫妻理財之「三原則」

走出銀行「圍城」原則

許多人認爲理財就是儲蓄，有了閒錢往銀行裏一放，就萬事大吉。理財的要義在於，可承受風險下的家庭資產增值最大化。如果說，過去只有儲蓄一條路可走的話，現在投資品種已經豐富多了。一旦走出銀行的「圍城」，你會發現理財的天空是多麼的寬廣。

適當花明天的錢原則

花明天的錢是一種強制理財的方法，對「月光一族」特別適用。還貸的大山壓在頭頂上，能使自控能力差的夫婦，改變大手大腳花錢的毛病。當然，貸款還款也要量力而行，以不影響家庭生活爲限。

控制風險但不排斥風險原則

有些人對風險有一種本能的厭惡，認爲存銀行最保險。風險不可怕，可怕的是意識不到風險。理財風險是可以控制的，控制理財風險的方法有四種。一是請財務策劃師指導，或直接請專家理財；二是通過評估風險和收益率的比值，來規避風險；三是依據金融產品的風險度，在多個投資領域裏實行分散投資；四是不用借來的錢，進行高

風險投資。

僅有原則是不夠的，年輕夫婦要做好理財，還要掌握一定的理財專業知識和策略，提高自己的智商、情商以及挫折商，使自己成為理財的行家裏手。

小夫妻理財之「三Q」

專家指出，夫妻理財如果要「順風順水」，就必須重視提高三Q，即IQ（智商）、EQ（情商）、AQ（挫折商）。

投資IQ：提高理財的智商

三Q中首重IQ。一般來說，在投資理財方面，IQ的高低幾乎與理財的盈虧成正比。若夫妻對理財知識有了充分的瞭解與鑽研，再加上有投資顧問的建議，就不會輕易陷入理財的盲點。而且，在面對市場上那些琳琅滿目的金融商品時，也不容易掉進陷阱裏。

但投資IQ對眾多夫妻而言，如今依然是一個較新的概念，不少夫妻對其仍是一知半解，以致在理財時往往「事倍功半」。對此，理財專家向夫妻們提出了能提高投資IQ的兩項建議：

學習理財知識

美國麻省理工學院經濟學家萊斯特梭羅說：「**懂得**

運用知識的人最富有。」因此，不論你是否將理財交給專家，都建議你掌握足夠多的理財知識。因為專業知識能使你避開一些理財陷阱，以免自己辛苦掙來的錢化為泡沫。

其實，學習理財知識一點都不難，只要你注重培養這方面的興趣。比如多流覽相關的理財訊息、多接觸理財團體等，時間一長，你自然就會獲益多多。

不妨引入會計原理

如何反映家庭資產現狀和家政管理的業績呢？最好的辦法莫過於在資產統計的基礎上，編制「家庭資產負債表」。該表可繁可簡，但大致應由三個部分組成：資產、負債、資產淨值。

為便於比較，資產負債表應每年編一次，編表口徑要保持一致。另外，編制前要做一些準備工作，如核對帳目、財產計價、盤點存單、證書等。通過編制資產負債表，你可摸清家底，對現有資產和負債結構狀況一目了然。

投資EQ：加強情緒管理能力

眾所周知，擁有IQ無法保證富貴一輩子。尤其是，夫妻倆如果每天都為錢而爭吵不休，那樣勢必損害夫妻感情，因此第二個Q就是「EQ」，也可說是情緒管理能力。

實際上，許多夫妻都是因為理財EQ不夠高而磕磕碰碰的。其實，千金難買早知道，放馬後炮反而會導致夫妻感情破裂。所以，為了加強投資EQ，夫妻們有必要注意以下兩個方面：

自我控制

大家都知道，在投資場上失敗是在所難免的。夫妻本是同林鳥，無論夫妻哪一方在投資上遇險，彼此都要有足夠的自我控制能力，尤其是在控制情緒方面，越是遇上這樣的事情，就越要控制好。當然，妻子通常應被多疼愛一點。事實證明，投資EQ是減少爭執，促進夫妻感情的重要方法。

加強溝通

其實，夫妻之間的溝通非常重要。既然雙方共同組建了小家庭，一起承擔家庭的理財事務，那麼溝通當然是非常必要的。只有讓彼此知道問題的癥結所在，才能尋求正確的解決方法。不管怎樣，不要讓金錢傷害彼此間的感情。否則，就得不償失了。

投資AQ：應付挫折的能力

投資的最後一項技能是「AQ」，即應付挫折的能力。

不管是幹事業還是夫妻投資理財，都難免會遇上起伏。此時，除了投資IQ、EQ之外，如果能充實自己的專業知識，並提高投資AQ，那麼就能為夫妻理財打下良好基礎。

從事理性投資

簡言之，「理性的投資」就是「投資人瞭解所欲投資標的的內涵與其合理報酬後所進行的投資行為」。之所以要強調理性投資，是因為若投資不當，則很可能會產生負債的嚴重後果。所以，理性而又正確的投資，不僅可將「收入」大於「支出」的差距拉大，還能使你的財務真正獨立。

定期檢視成果

不論做何事，學管理的人都很講究整個事件程序的控制。因為，經由這些控制，才可確定事情的發展是不是朝著既定的目標前進。

每個家庭的經濟狀況不同，理財的方法也有所不同。但是，相同的一點是：成家後，理財自然就成為了夫妻雙方間的共同責任。夫妻共同努力，把家庭的收入和支出進行合理的計畫、安排和使用，把有限的財富進行最大限度的合理消費、最大限度的保值增值，從而不斷提高生活品質和規避風險，以保障自己和家庭經濟生活的安全、穩定。

6 健康家庭理財必知的資料

在一生的理財規劃中，有許多數字你可能無從知曉，
但要想家庭財務健康，從瞭解這幾個簡單的資料開始。

第一法則：保留3～6個月的開支

並不是所有的錢都得去投資，如果收入突然中斷或支
出突然暴增時，若沒有一筆緊急備用金可用，家庭就會陷
入財務困境。這個現金留有多少合適呢？我們通常都建議
留有3～6個月的家庭開支，而這些錢要以變現速度最快的
方式存起來，比如活期存款、定期存款以及購買貨幣市場
型基金。活期變現最快，但收益最低；定期若提前支取，
則收益按照活期計算；貨幣基金贖回時第三天到賬，但收
益有時候優於定期。

第二法則：35%臨界點

購房是大多數年輕人心中的夢想，可一旦成爲房奴，
生活的壓力就非常大了。那多少貸款才是合適的呢？一般
認爲每個月的還貸量不能超過月稅後收入的35%。一旦超
出這個範圍，你天天就是在爲銀行打工了。

第三法則：「4321」法則

　　每次拿到工資之後，全部花掉固然不合理，全部投資也不現實，所以一定要有個比例。「4321」是常用的比較合理的一個標準，即收入的40%用於貸款還貸及儲蓄，30%用於家庭平時生活開銷，20%用於投資，10%用於購買保險。

　　40%用於貸款的還貸以及儲蓄，在第一法則中有所涉及，就不再贅述。

　　30%用於家庭平日生活開銷。合理的花銷既能滿足基本的生活必要，又能有額外的錢用於投資，畢竟只有投資才能使得家庭資產不斷增加。

　　20%用於投資。之所以投資，就是為了讓家庭資產穩步上升，最起碼在每年4%的通脹情況下，不至於貶值。銀行一年期利率是3.5%，而去年全年的CPI在5.4%，很顯然如果你把1萬元存入銀行，每年不是得到350元的利息，而是損失190元的價值。現在投資方式很多，股票、基金、藏品、黃金等，具體選擇哪個，則要根據情況而定。因為，18般武器各有其特點，順手的才是最好的。

　　10%用於購買保險，包括人身險和財產險。保險不是護身符，它也不能阻止風險的發生，但當這類不幸發生後，保險能夠給予一定的經濟補償，幫助家庭渡過難關。

例如在貸款期間，最好購買等額的定期壽險，因為一旦家庭因為任何情況無法償還貸款的時候，銀行會無情地收回房子。

第四法則：72法則

愛因斯坦說：「複利是人類最偉大的發明。」它可以讓你快速累積財富，但前提是要開始儲蓄或投資，讓複利做你的朋友。假如你存10萬元在銀行，年利率3.5%，每年利滾利，要多少年才可以增加一倍變成20萬元呢？答案是24年。你可以用計算器慢慢算，也可以用「72法則」，馬上找到答案。

所謂「72法則」，就是不拿回利息，利滾利，本金多久後會增值一倍所需的時間。例如，你投資30萬元在一支每年報酬率8%的開放式基金上，約需9年（*72除以年報酬率，即以72除以8*）會增值一倍，變成60萬元。同樣，你的這筆錢如果繼續用於投資，再有9年就會變成120萬，是初始投資30萬的4倍，那再過9年呢……這就是複利的效應。

「72法則」是理財上非常有用的方法，也是美國進行理財素養調查時必問的題目。去年，某調查公司一項公民理財素養調查顯示，只有一成的被調查者瞭解「72法則」。因此，你即使今天才知道，也為時未晚。

7 真正相愛的人一定要算帳

有人說，真正相愛的人不算帳，這句話其實隱藏著巨大的潛在危機。熱戀還好，真正長期柴米油鹽過日子，金錢將會成爲橫亙在兩人中間一大障礙。這是付出與得到的蹺蹺板，充斥信任與不信任的博弈。所以兩性關係中，談錢是必須，如何談成爲相處中的一種智慧。

通常最容易陷入下面七個誤區：

錯誤一：從來不談

爲什麼這是錯的呢？一旦熱戀期度過，情侶們無可避免地遭遇現實問題，那時他們心中就開始算帳了。如果其中的一方經常忘記主動付帳，另一方或者提醒他，或者默默忍受，但終有爆發的一天，爭吵不可避免。

在金錢問題開始困擾日常生活之前，就明確地談論它，明確各項開支兩人如何支付。爲了避免出現一方認爲自己付帳更多的情況，兩個人建立一個共同帳戶，用這個帳戶裏的錢支付日常開銷。

首先，坐在一起計算每月大致的生活費用，在共同帳戶裏保存這個數字即可。

錯誤二：收入不同，但實行AA制

　　爲什麼這是錯的？因爲即使是公平的AA制原則，卻越來越難被收入少的一方所接受。最終結果是，收入少的一方在心中積累了怨恨。

　　在收入有差距的情侶間，最佳方案是：按照收入的比例來確定承擔日常開銷的比例。這樣每個人都能存一些錢，買自己喜歡的東西，也能毫無芥蒂地給對方買禮物。無疑，這才是最公平的原則。

錯誤三：一個人負責還貸，另一個人負擔日常開銷

　　爲什麼這是錯的呢？沒有從經濟上參與兩個人的重大投資決定，一定會帶來日後的遺憾。正如網友菲菲所說：「我們本不該這樣做的，如今我越來越彆扭，我感覺這房子不是屬於我的。」她感到了不公平，在房子問題上，她是依附於對方的。對情侶來說，這種情緒和後果是十分嚴重的定時炸彈。

　　三十歲以下的年輕人在共同投資的問題上經常猶猶豫豫，因爲他們對自己的未來還不確定。但心理學家說，如果兩個人想共同投資，房子是最好的選擇：在一處各自擁有權利的房子裏，共同生活能帶來精神上的平等感受。

錯誤四：我一個人管理兩個人的錢

　　為什麼這是錯的呢？因為對金錢的管理會成為一種權力。心理學家告訴我們，如果在愛情關係中一方擁有絕對的控制權力，長久下去，這會造成兩人關係的不平衡。

　　女性更細心，是更好的管理者。她們之中的大多數認為，自己對家庭的理財狀況負有責任。一個人管理兩個人的錢，為什麼不呢？但條件是尊重對方的自由，不加評論，畢竟每個人的價值觀多少有些差異。

錯誤五：我一個人負擔所有開銷

　　為什麼這是錯的呢？如果一方長期獨自承擔經濟壓力，他的心理會變得沉重、不開心、焦慮暴躁，面對另一方的無憂無慮，他會感到很不公平。

　　金錢的煩惱應該由兩個人來分擔，即使你認為自己在這方面比他高明。你可以對另一方說：「你的意見是什麼？」「幫我一起來解決這個問題。」參與感在愛情中是非常重要的。兩個人共同想辦法，不僅會找到更好的辦法，也會找到心理的平衡。

錯誤六：我借給他錢

　　為什麼這是錯的呢？事情在一開始就不清不楚，對方答應你一定會還錢的，但你既不知道是什麼時候還，也不

知道他如何還，這種隱藏著不信任的關係在情侶間製造了壓力。一方持續充當著消防隊員的角色，時刻準備為另一方解圍。也許這被認為是愛的表示，但實際上，加重了兩人之間的不平等和依附關係，對愛情來說是非常有害的。

在互相信任的情人之間，互相幫助是很正常的事，但保持透明度非常重要。不妨問這樣的問題：「你認為能夠把錢還給我嗎？」「你認為這筆錢不需償還嗎？」心理學家說，不要開口向情人借錢，除非確定能夠償還的時候再開口。

錯誤七：缺錢的情侶沒有好結果

為什麼這是錯的呢？金錢問題是消磨感情的一大因素，它如同一個面具，隱藏著最深刻的危機。有一爿的夫妻在離婚的時候，為金錢問題大吵特吵。當兩個人的感情出現危機的時候，拿金錢說事是最容易的，其實問題比這複雜得多。正如心理學家所說，金錢就像一個聚滿猜想的地方，如果不交流，對方會由此產生最深的誤解。

瞭解對方的金錢觀和價值觀，有助於你理解對方的行為方式，進而確定自己和對方是不是一路人。

第九章

理財先理心，樹立正確的財富觀

1 理財，一生的功課

「等有了一筆可觀的存款之後，再去談理財的事情。」很多剛踏上工作崗位的大學生認爲，他們現在每月的工資基本上沒有剩餘，暫時談不上什麼理財的計畫。這實際上沒有弄清理財的內涵和目的。個人理財實質上是：爲自己和家人建立一個安心、富足、健康的生活體系，實現人生各階段的目標和理想，從而過上高品質的生活。通俗而言，理財就是賺錢、省錢、花錢之道，是人生計畫的重要部分，貫穿於每一個生活細節之中。

對於個人或家庭來說，投資理財的根本目的是，使自己的財產保值、增值。提倡科學理財是指：要善用錢財，使自己的財務狀況處於最佳狀態，滿足各層次的需求，從而擁有一個幸福的人生。從這個意義上講，人人都需要理財。

實際上，理財是說明人們認識到個人、家庭財務中存在的一些問題，發現可以利用的機會，從而實現遠期的理財目標。收入不高者在其收支方面，更可能存在一些問題，更需要利用稅收、保險、銀行等理財途徑，把握一些增加收入的機會，從而提高自己的生活水準。

理財是一生的功課，這門功課沒有考試，不過，你的財富記錄就是對你理財能力最為嚴苛的考核。理財的成敗，取決於進行買賣的決策是否正確。這需要扎實的基本功，每一個人都有必要瞭解理財知識，站在理財高起點上，提高自己的理財能力。

　　不管窮人還是富人，無論掙錢是多是少，都應該學會理財。理財是人一生的功課，每個人都有必要制定從搖籃到墳墓的理財計畫，並付諸實施，從而給自己一個幸福的人生。

　　對收入及資產狀況不同的個人或家庭而言，理財的需求是不同的，理財實踐也呈現出四個不同的層次。

　　第一個層次可稱為「隨意理財」，即通常而言，個人或者家庭都會有一個大概的資金計畫，如1個月乃至1年中，會有哪些數額較大的開銷，這幾筆資金又可以從哪些管道籌集到。這是人們憑著日常生活的經驗，都會使用的潛意識的理財方式。

　　第二個層次是專業理財，主要是指各大金融機構推出的理財產品。同時，這些金融機構還提供一些專業性的諮詢及銷售服務，人們可以就此做一些專項的投資理財。業內人士認為，專業理財的內容仍不夠全面。比如，保險公

司推出的理財計畫，主要針對健康、疾病、財產、教育等方面，對於個人或家庭的收支平衡，以及風險規避方面關注不多。然而，由於這一層次的理財活動的推廣比較迅速，因此也更容易受到人們關注和參與。

　　第三個層次是相對全面的理財，即一些金融機構在設計某一款理財產品的時候，也會考慮一些相關的功能。比如，某一種保險產品在重點關注個人的健康、安全之外，也可能會考慮人們投資收益方面的需求。然而，相對於人們多種理財需求而言，這一層次的理財還不夠全面系統。

　　第四個層次就是理財規劃，即個人或家庭的財務安排是從收入、支出，以及理財目標、家庭的風險承受度等方面統籌地考慮。其著眼點是，個人或家庭財務運行的健康和安全，涉及人生目標的方方面面，構成了一個理財規劃體系。理財規劃在國內興起的時間不長，但由於貼近經濟社會發展的需要，專業理財師已成為一個發展迅速的新興職業。

　　正確的理財觀念應是既要考慮財富的積累，又要考慮財富的保障；既要為獲利而投資，又要對風險進行管理和控制；既包括投資理財，又包括生活理財。因此，個人理

財先要保證滿足自己正常的生活需要，後對剩餘財產進行合理安排，合理劃分生活開支與可投資資產。

網路熱時曾經名噪一時的瀛海威總裁張樹新，在談到當年為什麼要從中科院下海做公司時說：「當你連一件心愛的漂亮裙子都買不起的時候，如何奢談天下？」簡單的一句話，道出無盡含義。在物質匱乏時，我們喪失的，可能不僅僅是浪漫情趣、舒適享受，還有對生活品質的追求，以及事業的雄心。又比如拳王阿里，一場拳賽賺上億美金，但是等他不打拳時，卻發現後來不僅沒有錢，反而欠了經紀人一屁股債，最後被經紀人告上法庭。

理財實際上是你生活的底線。它能夠保證當你遇到突發事件時，有起碼的生活保障；理財是一種規劃人生、規劃家庭、計畫現在的思路和觀念。在你年輕沒有負擔的時候，你正花好月圓、前程似錦，你可能不需要，也不屑於知道為什麼「不要把雞蛋都放在一個籃子裏」。但是當你成家立業、結婚生子後，你就會知道幸福生活與財富的關係、理財與財富積累的關係，明白人生的衣食住行的品質無不與理財息息相關。

2 理財重在計劃性

對於絕大多數工薪人群而言，要通過家庭財富的積累，實現人生各階段諸如購房、育兒、養老等理財目標，在安排好家庭的各項開支，進行必要的「節流」的同時，通過合理的投資理財，達到「開源」的目的也同樣重要。

進行理財規劃的第一步是，正確認識自己的風險承受能力，將收支比例控制在合適的範圍內。對於工薪人群而言，工作是收入的主要管道，因此，認真積極地工作、不斷學習各項技能，以及不斷提高個人的工作能力，是保證工作穩定、收入增長的有效途徑。另一方面，通過購買相應的人身及財產保險，也可以避免意外事故對家庭經濟產生不利的影響。

其次，合理規劃支出，留足應付日常開支、意外事件的應急資金。因為，我們應切合實際地計算每月的水電費、衣食的費用、孩子固定的學費等支出，並在收入中先扣除，以備支付。同時，在身體健康、業餘休閒等方面，每月也應有固定的支出費用，數額主要根據個人情況而定，但要與收入保持在合理的比例。

最後，對於每月結餘的資金，可以進行合理投資。當

然，投資理財應以穩健為基本原則，不宜盲目追求高收益、高回報。由於時間、精力、相關知識的掌握及資金等方面的限制，工薪人群在購買相關金融產品進行間接投資時，不宜涉足高風險的投資領域，可選擇一些相對穩健型的投資產品，如基金、國債或一些銀行理財產品。

此外，定期定額進行投資，可以有效地降低投資風險，更適合財富處於積累階段的普通工薪人群。

浮生如雲，很短暫，我們每個人都有幾十年的生命週期。如果我們把握不好人生的各個階段，不明白各個階段理財的特點，可能會導致一生理財的失敗。每個年齡段都有能夠承受的風險和壓力，你應該去投資適合自己年齡段的投資理財產品。

（1）**幼稚期的理財。**從出生到5歲，是人生的第一個階段——幼稚期。會理財嗎？不會。衣食住行，包括所需，都是由你的父母，或者是監護人提供。

從上小學到高中，再到上大學，是人生的接受教育的階段。在此期間，你沒有理財經歷，因為你沒有一分錢的收入。有人說了，我可以在大學期間打工，能賺點錢。但是，這不是一個持續的賺錢過程，所以不是你理財的階段。

　　（2）**單身期的理財。**單身期2～5年，從參加工作至結婚。這時期收入較低花銷大，理財重點不在獲利而在積累經驗。理財建議：可將60%的資本投資於風險大、長期回報較高的股票，和股票型基金或外匯、期貨等金融品種；30%選擇定期儲蓄、債券或債券型基金等較安全的投資工具；10%投資於活期儲蓄，以備不時之需。

　　（3）**家庭形成期的理財。**家庭形成期1～5年，從結婚到生子。這段時期裏，由於經濟收入增加、生活穩定，重點在於合理安排家庭建設支出。理財建議：可將50%的資本投資於股票或成長型基金，35%投資於債券、保險，15%留作活期儲蓄，保險可選繳費少的定期險、意外險、健康險。

　　我們把家庭形成期和單身期間進行比較，發現定期儲蓄減少了5%。為什麼呢？我們用這部分資金去買了一些保險。為什麼活期儲蓄的資金比單身期多了15%呢？這是因為夫妻雙方的花費更多，手邊需要更多一點的活錢。這樣既可以應付日常開支，也可以保證定期投資的資金在投資期間不至於短期撤出，損失利息。

　　（4）**子女教育期的理財。**子女教育期20年，孩子教育、生活費用猛增。理財建議：可將40%的資本投資於股

票或成長型基金，但需更多規避風險；40%選擇存款或國債，用於教育費用；10%用於買保險；10%留作家庭緊急備用金。

隨著年齡的增長、家庭的逐步穩定、家庭人口的增加，我們的投資出現了這樣的變化：高風險、高收益品種的投資比例越來越少。在單身期，如果股票投資失敗了，因為年輕，我們還有更多的時間再賺到錢。在進入家庭形成期和子女教育期，我們則需要規避風險。

（5）**家庭成熟期的理財。**家庭成熟期15年，從子女工作至本人退休。此階段是人生、收入的高峰期，適合積累，重點在於擴大投資。這個時期的投資策略是：可以把家庭30%資金用來作為高風險的一個投資，比如股票、外匯、期貨等。那麼，40%的資金還是希望用作儲蓄、債券和保險，20%的資金用於養老投資，比如買養老保險、儲備退休金。當然，還有10%的資金是應急備用金。這個時候人變得成熟，到了成熟期的最後幾年，投資的風險比例應該逐年減少，為你最後的退休期作規劃。

（6）**家庭退休期的理財。**退休期投資和消費都較保守，理財原則是：身體健康第一、財富第二，主要以穩健、安全、保值為目的。理財建議：將10%的資本投資

於股票或股票類基金，50%選擇定期儲蓄、債券，40%留作活期儲蓄。資產較多者可合法避稅，將資產轉移至下一代。

退休期內大家誰也不希望看到這樣的情況：辛辛苦苦積攢100萬，準備安享晚年，看到很多人都投資股市，也加入炒股大軍，股市暴跌，100萬變成10萬。養老期發生這樣的事，是任何人也承受不了的打擊。

有媒體報導說，一位70多歲的大爺，2007年5月初把所有積蓄投資在股票上，在5月30日看到股票暴跌的時候，暈倒在證券交易大廳了，被人送上急救車。這位大爺之所以會暈倒，是因爲他處於人生理財的養老期間，不能投資風險大的投資品種。他的投資方向和他的理財階段的投資風險承受能力不成比例，才造成這樣的結果。

以上是我們一生的理財思路。這個思路是指導投資者未來投資的基本準則，遵循這個基本準則，投資者就能找到財富的源頭。

3 投資要具備自律的力量

　　在《富爸爸窮爸爸》一書中，作者羅伯特‧清崎分析了開發個人理財天賦的十個步驟。其中，第五個步驟是喚醒潛藏在身體內部的自律的力量。

　　羅伯特‧清崎認為，在十個步驟裏面，**學會自律是最難掌握的，而是否擁有自律是將富人、窮人和中產階級區分開來的首要因素**。缺乏自律的人，即使腰纏萬貫，也終會在窮奢極欲的生活中坐吃山空。因為，他們無法保住已有的財富，卓越的現金流並不能成為他們財富積累與增長的有力支撐。

　　自律意味著自我控制、勇於承擔、理性判斷等良好的個人品質。缺乏自我控制和紀律性的人只能任由他人所擺佈，他們沒有堅毅強大的內在力量，不能很好地培養各種管理技能。羅伯特‧清崎特別指出現金流量管理、人事管理和個人時間管理，是開創個人事業的三種必備管理技能，而自律精神能大大增強這三種技能的效力發揮。沒有堅強毅力和獨立意志的人，易受外界環境和各種流俗的影響，只有具備自律的力量，才能掃除干擾，沿著明確的既定目標，繼續前行。

　　自律並不是一件輕鬆的事，它需要不斷地與人性中的脆弱與缺陷作鬥爭：誘惑無處不在，對個人的考驗也如影隨形。在投資理財的過程中，高回報、短期獲利等誘惑，極容易勾起人們心中的欲望。然而，在市場瘋狂的表像下，非理性的盲目投資極容易導致全盤崩潰。

　　在羅伯特·清崎看來，現代社會的誘惑比20世紀80年代更多。信用貸款和交易的普及，使越來越多的人陷入了債務危機，不少人因購房、購車、旅遊、結婚等高額提前消費而債務纏身。他不提倡高額信用卡債務和消費債務，建議不要背上數額過大的債務包袱，而應通過控制力和理性分析，使自己的支出保持在低水準。然而，這一原則並不意味著：緊縮財務，過一種清教徒式自我縮減的生活。其實，羅伯特·清崎強調的是，嚴格把控投資理財中的現金流，使之保持「正現金流」的態勢，以此培養自己的財商。這種嚴於自我控制、承受外在壓力而不為所動、積極理性應對的態度，正是自律的精神所在。

　　投資大師伯頓·瑪律基爾是有效市場理論的積極擁躉者，其著作《漫步華爾街》是20世紀70年代以來世界股票投資界最為暢銷的經典之作。他繼續提出「吃得好還是睡得香」這個華爾街經典議題，認為這是投資者無法逃避的一個兩難抉擇。

　　在投資領域，「吃得好而睡得香」是一個長期存在的

悖論式困境，吃得好（巨額收益）往往意味著高倍風險，需要極強的心理承受力，但心態再穩定，也難在價格快速漲跌的情勢下超然平靜、無動於衷，也即無法睡得香。瑪律基爾所持的有效市場理論認爲，市場是理性的，股票價格能反映理性人的供求平衡，是市場資源資訊的關鍵指標，且無法準確預測。因此，「天下沒有免費的午餐」，投機是不可行的。決定投資報酬的唯一變數只能是，投資者所付出的投資額度和比例，即高投入高風險高回報，低投入低風險低收益。

歷史證明風險和收益總是如影隨形，瑪律基爾通過對美國1926年～2005年的常見資產類型年均收益率的研究發現：具有高風險指數的普通股（收益率年波動率爲20.2%～32.9%），以10.4%～12.6%的年均收益率擊敗了低風險指數（年波動率爲3.1%～9.2%）的債券類產品。看來，要想吃得好，就難免承受風險所帶來的波動，在搖擺不定、不可預測的市場裏提心吊膽、戰戰兢兢。

瑪律基爾經常舉出J・P・摩根的例子來說明吃得好與睡得香之間的矛盾關係。曾經有朋友問J・P・摩根，如何應對讓他擔驚受怕、重度失眠的現在投資，摩根說：「賣掉一些，直到你可以入睡爲止。」

每個投資者在投資前，都必須仔細考慮所預期的投資回報率，認清自己的風險容忍度，謹慎選擇是想吃得好還

是想睡得香。那些能戰勝市場的投資者並不是比其他人有更好的手段，只是因為他們願意承擔更大的風險。普通投資者認為，擴大自己資產配置中的高風險投資比例，是加大自己風險的最好辦法。並且，通過這種風險的放大，應該可以戰勝那些「平庸」的投資者，比他們更富裕。事實上，投資收益雖然讓這些投資者吃得好，可隨之而來的風險也許會讓他們整天心驚肉跳。

4 對財富除了愛之外，還要節

可能你也曾聽到過這樣的說法：「猶太人是吝嗇鬼。」這個說法有一定依據，但也是一種誤解。因為，猶太人中有很多是經商的，而且是經商高手。作為商人，對物品斤斤兩兩的計較和金錢分分毫毫的核算，是職業本能的反應。作為商人，如不精打細算，不愛惜錢財，怎能獲得經營的盈利呢？

對金錢除了愛之外，還要節，也就是說，除了想發財外，還要想辦法保護已有的錢財。用現代的流行語言說，要「開源節流」。

泰森是全世界最著名的拳王之一，20歲時就獲得了世界重量級冠軍。在他二十多年的拳擊生涯中，總共掙了4億多美元。但是，他極盡奢侈、揮金如土。

　　泰森有過六座豪宅，其中一座豪宅有108個房間、38個浴室，還有一個影院和豪華的夜總會；他曾買過110輛名貴的汽車，其中的三分之一都送給了朋友；他養過白老虎，最多的時候養了五隻老虎，其中有兩隻價值七萬美元的孟加拉白老虎，後來因為法律不允許才作罷，而付給馴獸師的錢就有12萬美元；他曾經在拉斯維加斯最豪華的酒店裏，包下了帶游泳池的套房，一個晚上房租要15000美金，在這樣的套房裏點一杯雞尾酒就要1000美元，而泰森每次放在服務生托盤中的小費都不會少於2000美元；在凱撒宮賭場飯店，泰森甚至帶著一大群他叫不出名字的朋友走進商場，一小時就刷卡50萬美元，自己卻什麼都沒有買；就在他申請破產之前，他還在拉斯維加斯一家珠寶店中買走了一條鑲有鑽石價值17萬美元的金項鍊。由於揮霍無度，到了2004年12月底，泰森的資產只剩下了1740萬美元，但是債務卻高達2800萬美元。2005年8月，他向紐約的破產法庭申請破產保護。

　　從這個故事可以看出：一個人的收入並不等於財富，所謂財富應該是存儲的收入，決定財富的是支出，支出才

是財富的決定因素。因此，要積累財富，就一定要養成量入爲出的習慣。否則，再多的錢都有可能被揮霍殆盡，最後落得兩手空空，甚至成爲負債一族。

努力掙錢是開源的行動，設法省儉是節流的反映。巨大的財富需要努力才能追求得到，同時也需要杜絕漏洞才能積聚。

如果有人每天儲蓄1美元，依照世界標準利率計算的話，1988年後可以得到100萬美元。如果覺得時間太長，人生難待，那麼每日儲蓄1美元，堅持10年或20年，也很容易就達到100萬美元。因爲這種有耐性的積蓄，很快就會得到利用，由此便會得到許多賺錢的機會，使你積累的錢發揮作用。

世界上大多數富豪都十分注重節儉。如美國連鎖店大富豪克里奇，他的商店遍及美國50個州的眾多城市，他的資產數以億計，但他的午餐從來都是1美元左右。

美國克鎔石油公司老闆波爾·克德也是一位節儉出名的大富豪。有一天，他去參觀狗展，在購票處看到一塊牌子寫著：「5點以後入場半價收費。」克德一看錶是4時42分，於是他在入口處等20分鐘後，以半價票入場，節省了25美分。要知道，克德每年收支超過上億美元，他之所以節省0.25美元，完全是受他節儉的習慣和精神所支配，這也是他成爲富豪的原因之一。

在日常生活中，我們經常見到這樣的現象：屋外豔陽高照，辦公室內卻燈光明亮；人離開了辦公室，空調卻依舊送著涼風；員工下班走了，電腦卻整夜開著；這邊打著香皂洗手，那邊水龍頭嘩嘩不止；公司發的筆用到一半，就當成垃圾丟棄，領用的筆記本每頁只寫了幾個字，就另寫一頁……

美國《財富》500強的龍頭老大沃爾瑪，幾十年如一日地信守自己的經營法則——堅持開源節流，將利潤一點一點累計起來，最終登上全球500強之首的寶座。而A橡膠塑膠機械公司包裝組的工人們，則將開源節流落實到日常小事中，一年來為公司節約包裝材料的費用近5萬元。對過去配套件拆箱後的包裝材料未被利用，他們感到心痛。所以，他們利用工作空隙從配套件的包裝箱上，拆下木方、膠合板、角鐵等部件，進行歸類整理。一年來共回收木方、木板近50立方，膠合板200多張，螺杆、角鐵1噸多。

他們將材料重新利用，製作成新的包裝箱，包裝發往國內近距離使用者的產品。這既杜絕了浪費，降低了生產成本，也有助於公司產品競爭力的提高。回收舊料看似小事一樁，時間長了，積累多了，也像滾雪球一樣越滾越大。

美國社會學家約翰・傑西克對全美數百個億萬富翁發

財致富的調查報告表明，**富翁們有著共同的特點：一是工作勤奮拚命；二是堅信任何行業都能造就百萬富翁；三是具備豐富的理財知識；四是口袋裏現金不多；五是智商不一定很高，但雄心勃勃；六是白手起家；七是生活儉省，不亂花錢，不買奢侈品炫耀，甚至刻意隱瞞財產；八是追求財富，永不停步。**

其中，第七點就是節儉。而且其他幾個共同點，也與中國傳統的積累之德極為相似。可見世界是相通的，人類的求財之道也是大同小異的。

5 不給子女留過多財富

自古至今，絕大多數富裕的家庭一般都是把財富留給子孫，甚至普通的家庭也這樣。有不少家長，對子女寵愛有加，為了不讓他們經受自己經歷過的苦難和辛酸，拼命積聚財富，為子女的未來做準備。

然而，要知道給他金錢讓他揮霍、留下遺產讓他繼承，都不能足以讓孩子一生幸福，往往是留足了物質，貧乏了精神。圖享受、擺闊氣、講名牌、貪安逸，在如今的

孩子身上司空見慣；嬌氣、任性、揮霍和極端個人主義，
這些不良品質在孩子身上隨處可見。把財富留給孩子很容
易，讓孩子守住財富卻不那麼容易。

　　從前，有一個財主，家裏有良田千畝，萬貫家財。財
主臨死的時候把這些家產傳給了兒子。可是這位少爺從小
就好吃懶做，遊手好閒。有一次，他來到一家酒家，看到
門口鳥籠裏養著一隻漂亮的畫眉鳥，叫聲悅耳動聽。少爺
指著那隻畫眉，跟老闆說：「我要吃這隻畫眉鳥的舌頭。」
經過討價還價，少爺用50畝良田換來了一碗「畫眉舌頭
湯」。就這樣，少爺走到哪兒吃到哪兒，什麼貴就吃什麼，
從不吃正經糧食。日復一日，他把家裏的良田吃光了，家
裏的糧食也糟蹋沒了，最後淪落成了一個叫花子。在一個
下著大雪的冬天，他饑寒交加，最後慘死在了冰天雪地裏。

　　人世間，任何物質財富都不可能被長久地承傳下去，
早有「富不過三代」的定論。如果父母只留下金錢，子女
可能會肆意揮霍，甚至最後淪為乞丐；如果子女沒有經營
產業的智慧，最後可能會落得傾家蕩產；如果留下遺產讓
子女去分割，子女則可能為了爭奪遺產而對簿公堂，甚至
大打出手。所以說，與其留下財富，不如培養孩子們經營
財富的意識和可以使用一生的技能，保證他們在自己的人

生裏平安富足。

古今中外的許多名家，都把不留錢財給後代當作是教育子女的準則。

早在漢朝時，有識之士就已認識到：給子女留錢財，如果子女有德有能，適足損其善；要是子女無德無能，則會增其惡。總之，給子女留錢財，有弊無利。

民族英雄林則徐，不給子女留錢財，卻留下這樣一副對聯：「子孫若如我，留錢做什麼？賢而多財，則損其志；子孫不如我，留錢做什麼？愚而多財，益增其過。」

愛國華僑陳嘉庚先生，把全部財產捐給自己在國內辦的集美學校。先生對子女回國安家作了如下規定：每人每月發給25元生活費。

不給子女留財富，也是當代許多西方富人奉行的原則，以防子女坐吃山空、不思進取。他們希望自己的孩子多受點磨難，儘快掌握生存能力，不過多地依賴別人，早早自立。但是，也有好多家長希望自己的孩子不受一點點挫折，最好無需勞動就可以繼承一大筆財產，一輩子衣食無憂。

微軟董事長比爾‧蓋茲選擇「裸捐」的方式，把自己

價值580億美元的個人財富全部返還給社會，不給自己的子女留下任何財產。他說：「我告訴他們不會從我這兒得到財富。早在生兒育女前，我就信奉大多數財富都應該回饋社會。」

談及子女教育，蓋茨表示，越早讓子女瞭解世界的不平等，越早鼓勵子女到貧窮國家，去接觸當地人，對孩子的成長越有幫助。「我女兒看過一段錄影後，總想知道貧窮國家同齡人的生活是怎樣的，她能為錄影中的那個孤兒做點什麼。」為了讓我們的孩子將來能更幸福，我們就必須讓他們變得更聰明、更有競爭能力。我們留給孩子的，應該是培養他獨立的生活能力、獨立的思考能力，和不斷創新、勇於接受挑戰的精神。

富翁家長們這樣做，是因為他們意識到：讓孩子擁有一種天生的金錢優越感，對孩子的成長有百害而無一利。他們只給孩子很少的零用錢，鼓勵孩子打工掙錢，讓孩子明白：金錢的獲得並不是輕而易舉的；錢也是會用完的；有價值的財富要靠自身的努力去積累；積累財富的過程或許比財富本身更有價值。而且，富翁家長們通過這種方法，去告訴孩子：自己的未來要靠自己去創造，而不要靠父母勤勞、努力賺來的錢生活。

人生於天地間，自立自強才是最重要的課題。成才的道路有多條，成才的方式也各不一樣。但讓孩子感受生活

的酸甜苦辣，獨立承擔起學習、生活的責任，具有感恩的心和不屈的意志，卻是成才不可或缺的歷練和品質。

　　教育家陶行知曾說：「滴自己的血，流自己的汗，自己的事情自己幹，靠天靠地靠老子，不算是好漢。」孩子的人生最可依賴的是什麼？是知識、智慧、汗水，父母不可能讓孩子依靠一生一世，因此，這個世界上最可靠的不是別人，而是自己。

　　人的素質是不能遺傳的，是金錢買不來的。與其為孩子留下財富，不如留下更多的知識，後代不一定能保留住財富，但須用知識去創造財富。由此可見，財富是寶貴的，但比財富更寶貴的是知識。不要讓孩子認為父母的錢就是自己的！只有自立的人，才會有拯救自己的方法。

6 走出理財誤區

　　理財作為一個時髦的話題，越來越為現今物質化時代的人們所提及。然而，大多數百姓對於理財背後的內涵還是一知半解，不自覺地走入這樣或那樣的誤區。

誤區一：理財是有錢人的事

有些人認為：本人（我家）每月入帳就那麼一點「辛苦錢」，解決完「吃喝拉撒睡」後，用餘下的那幾個小錢還能理什麼財？還有一些人認為，現在沒錢可理，等我有了錢再理財。

其實，很多家境殷富的人也是從一點一滴開始積累的。每月你只需拿出500元進行投資，假設你的年投資回報率是10%，30年後，你就是一個不折不扣的百萬富翁了。

所以，經常說「我沒有錢可以理」的朋友，尤其是剛工作不久的年輕朋友，你要好好想一想：你真的無財可理嗎？要告訴自己：我要從現在開始理財！低薪族、工薪家庭與有錢人相比，面臨更大的教育、養老、醫療、購房等現實壓力，更需要通過理財來增長財富。

誤區二：我還年輕不需要理財

剛步入社會參加工作的年輕一族，注重追求眼前的幸福享受，並不多顧及將來會怎樣，他們號稱「零儲蓄」，自詡「月光族」（每月都將薪水花得精光），更有甚者淪為「負翁」（以透支信用卡度日），在這個花花世界中盡情享受著生活之樂。

但精彩的背後同樣蘊含著無奈，現在不考慮，並不代表將來可以不面對。現實是殘酷的，人生的許多風險可能

會不期而至,與其將來被弄得措手不及、焦頭爛額,不如現在未雨綢繆、及早準備。

及早理財投資非常重要。如果你從25歲就開始,每月投資500塊錢,直到65歲,那麼到時你就有174萬(**按年收益率8%測算**)。而晚10年從35歲才開始投資的話,到時的積累只有一個零頭74萬,如果以12%的年收益率來測算的話,投資晚了十年的差距更是達到3.3倍之多。可見理財投資是越早越好,拖延等待將讓你失去唾手可得的巨大利益。

誤區三:不理財照樣過得很好

我身邊就有這樣的朋友,常說:我就不怎麼理財,當然我也不會每月花光光,自己 樣過得很好,每年還能剩一點錢夠零花。有這樣想法的也是大有人在。乍一聽,好像這樣的生活方式也挺好,不用費心去理財,有錢就花,沒錢就不花。但是,細想一下,你就真的不需要理財麼?即使你不用考慮過幾年可能會面臨買房、裝修、結婚的事情(假設家人幫你解決了這筆費用),你就真的高枕無憂了麼?

俗話說:「天有不測風雲,人有旦夕禍福。」誰都不能保證自己一輩子不遇到意外災難。假如災難來臨,需要很多錢來應對時,你該怎麼辦?

小李，27歲，在某公司做大客戶經理，工作四年，年收入能達到15萬元以上。自己買了一輛大眾POLO，每天開車上下班，平時消費很高，從來不在家做飯，穿戴的基本都是名牌，晚上還經常去酒吧消費，不可謂不瀟灑。他一直認為，他這樣的情況根本不需要理財。對於公司業餘組織的理財諮詢課他也從來不聽。

　　然而，有一天，老家突然來了電話說：他母親得肺癌，要做手術，手術費一下子就要十幾萬。家裏認為小李的收入這麼高，應該能承擔這筆費用。但是小李傻眼了，平常花錢如流水，真到急用的時候，沒錢了。怎麼辦？沒錢母親的病也得治啊，只好去借。值得慶幸的是，周圍有些好朋友還有一些積蓄，小李東拼西湊後，總算拿出了救命錢。小李急忙把錢匯給家裏，算是救了急。這件事讓小李長了記性，以後他再也不胡亂消費了，慢慢開始學習理財。

　　合理的理財能增強你和你的家庭抵禦意外風險的能力，也能使你的手頭更加寬裕，生活品質更高。收入越高，越需要理財，因為你的收入高，理財決策失誤造成的損失，會比收入低的人決策失誤造成的損失更大。

誤區四：理財就是投資賺錢

理財的目的是通過客觀、合理地評估自身的現狀，預期發展和生活目標，對收入支出進行合理的配比，考慮可能出現的多種風險，爲現在和將來構築一個安定富足的生活體系，實現人生的理想。它是一項綜合的規劃和安排的過程，涉及職業生涯規劃、家庭生活和消費的安排、金融投資、房地產投資、實業投資、保險規劃、稅務規劃、資產安排和配置、資金流動性安排、債務控制、財產公證、遺產分配等方面。從這個意義來講，投資賺取更多的錢，只是幫助我們實現理財與生活目標的、直接而有效的手段，是整個理財範疇中重要的一環，但絕不是唯一的一環。

理財不是簡單地找到一個發財的門路，也不僅僅是作出一項英明的投資決策，它是一個與生命週期一樣漫長的過程。孤立、片面地強調投資賺錢，不但曲解了理財的主旨，還會陷入現實的怪圈。要全面、綜合地審視整個理財活動，進行統籌規劃，全盤考慮。

誤區五：理財隨大流，盲目跟風

實際生活中，很多人理財都是人云亦云，別人做什麼，自己跟著做什麼。因爲別人買房子、車子、基金，所以自己也要買。這是一種從眾的心理，盲目地選擇與身邊

其他人相同的投資理財產品，形成一種「羊群效應」，卻沒有認真地考慮一下是否切合自己的需要，自己能否承受相應的風險，是否導致了自己的機會成本損失。

例如：用於子女教育基金或自己養老基金的資金積累，本來應側重於資金的安全和長期穩健的收益增長，但看到股市火爆，牛氣沖天，別人在股市搏殺中屢有斬獲，不禁自己也心癢癢的，終於耐不住寂寞殺了進去。不料行情急轉直下，弄了個雞飛蛋打，最終後悔莫及。

又如某些人一味地強調風險，固執地將所有資金放在低風險、低收益的投資產品中，卻無形中導致了機會成本的損失。如從2005年至2007年，股市牛市行情，絕大多數證券投資基金都有百分之100以上的收益，如果結合自己的風險承受能力，適當地拿出一部分資金擇機而入的話，將獲得高於銀行存款利息收入二十倍的收益。

因此，理財投資決不應該是盲目和僵化的。一個理智高明的投資者不應人云亦云，隨波逐流，應該根據自身的風險承受能力、專業知識技能、資金積累的時間限制和用途需要，合理地選擇投資工具，科學地搭配組合，以求得投資風險與收益的最佳結合。

誤區六：自己沒有時間精力和專業知識，沒法理財

其實，理財並非某些人想像中那麼高深莫測、遙不可

及，有時它可能簡單到就是一念之差、舉手之勞。隨著社會分工的越來越細和科技手段的日益發達，沒有時間精力和專業知識的人們，可以借助一些專業的金融、顧問機構甚至專門的金融產品，輕鬆地實現投資理財。

目前，越來越多的銀行等金融機構紛紛開辦了個人理財中心、理財俱樂部等，由專業的理財客戶經理幫投資者出具理財投資報告，設計投資理財方案。同時，許多的理財產品也體現了幫投資者理財的特徵。例如，證券投資基金就是在集合了廣大投資者的資金後，由專家團隊在證券市場上投資操作，即使投資者平時忙得無暇一顧，對證券知識一無所知，也可以分享到證券市場成長的豐碩成果。

目前，銀行、基金、證券公司推出的一些新業務，也可使投資者只需舉手之勞就可一勞永逸。比如，通過一次簽約，就可每月自動將投資者工資的一部分，從代發工資的活期帳戶轉入零存整取或是定期帳戶，從而避免利息損失；也只需一次簽約，在每月特定時間裏自動幫投資者，用指定金額的資金購買投資基金，進行長期固定投資。因此，時間精力和專業知識並不是理財的必要條件，重要的是要具備理財的意識。

誤區七：急功近利，幻想一步登天

理財是一種生活方式的選擇，許多人卻簡單地把理財

當成投機，渴望通過理財一夜暴富。從某種意義上說，決定一個人理財成功與否，最重要的不是理財的技術和手段，而是理財的心態。做好理財需要耐心和恒心，選擇適合自己的理財工具和方法後，應持之以恆、一如既往，相反，朝三暮四、半途而廢，則會一事無成。同時，要有一顆平常心，希望一夜暴富的急功近利心態是不可取的。理財是一個漫長的過程，如同馬拉松，考驗的是你的持久力，而不是一時的爆發力。只要你有足夠的恒心與耐力，百萬富翁並不遙遠。

誤區八：缺乏長期的理財規劃

許多人年輕時不懂如何理財，對眼前的生活卻有諸多計畫，買車、買房、環球旅遊一個不能少，對未來的子女教育、養老等從不做打算。結果往往是上輩子賺得多，花得多。退休後，用他們畢生賺來的養老金在股市中搏殺，結果資產大大縮水，生活品質大打折扣。

誤區九：追求短期收益，忽視長期風險

近年來，在房價累積漲幅普遍超過30％的市況下，房產投資成為一大熱點，「以房養房」的理財經驗廣為流傳，面對租金收入超過貸款利息的「利潤」，不少業主為自己的「成功投資」暗自欣喜。然而在購房時，某些投資

者並未全面考慮其投資房產的真正成本，和未來存在的不確定風險，只顧眼前收益。

其實，眾多的投資者在計算其收益時，往往忽視了許多可能存在的成本支出，如各類管理費用、空置成本、裝修費用等。同時，對未來可能存在的一些風險，缺乏合理預期，房產投資存在一定的盲目性。經歷了「房產泡沫」的日本和香港公民，或許已經意識到房產投資帶來的巨大風險。

許多投資者關注短線投機，不注重長期趨勢，比較樂於短線頻繁操作，以此獲取投機差價。他們往往每天會花費大量的時間，去研究短期價格走勢，關注眼前利益。在市場低迷時，由於過多地在意短期收益，常常錯失良機。特別是在證券投資時，時常是騎上黑馬，卻拉不住韁繩，最終摔下，並付出了不少買路錢。更有甚者，誤把基金作為短線投機，因忍受不住煎熬，最終忍痛割愛。

只靠衡量今天或明天應該怎樣，本身就是一種非理性的想法，你真正需要的是一個長期策略。市場短線趨勢較難把握，我們不妨運用巴菲特的投資理念，把握住市場大趨勢，順勢而為，將一部分資金進行中長期投資，樹立起「理財不是投機」的理念，關注長遠。

誤區十：追求廣而全的投資理財組合

在考慮資產風險時，我們常常認爲，「要把雞蛋放在不同的籃子裏」。然而，在實際運用中，不少投資者存在這種誤區，他們往往將雞蛋放在過多的籃子裏，使得投資追蹤困難，而分析不到位，可能會降低預期收益。

對於資金量較多的投資者而言，有必要分散投資，以規避風險；對於資金不多的投資者而言，把雞蛋放在過多的籃子裏，收益可能不會達到最大化。理財時要注意：不要將雞蛋放在一個籃子裏，但也不要放在太多的籃子裏。

理財是人們常規的資產保值增值手段，不少人卻無意間陷入了上面的理財誤區，使自己的理財效果大打折扣。因此，讀者們在今後理財生活中要注意避開這些誤區。

7 無論你多大，都要為養老做好準備

今天所做的事情是爲了我們有更好的明天，未來屬於那些在今天作出艱難決策的人們。戴爾・麥康基說：「計畫的制訂比計畫本身更爲重要。儘管某一計畫可能由於其

最為現實而被選中……其他的主要選擇也不應被忘記，它們可能會是很好的權變方案。」

隨著政策制度不斷改進，中國的養老體系將越發健全，並實現和世界接軌。現在很多人都不需要再擔心自己的養老問題，因為人們的生活水準提高了，「老有所養」問題不是很大。但是養的品質如何，是一個很糾結的問題。人與人之間存在著個體差異，每個人都應該自我提供經濟支持，從「依賴養老」到「獨立養老」。如何能夠在養老的問題上，沒有任何的顧忌，你需要給自己做好一份養老計畫，未雨綢繆總是沒有錯的。首先你應該瞭解自己的家庭基本情況；其次是一些理財的需求；最後對財務進行分析和診斷，確定自己的理財規劃，能夠準備一些應急的準備金；此外買一些保險。

我們應該為自己提前準備一份養老計畫，以便退休之後的生活不會發生太大的變化。一旦沒有計劃或者準備，那麼我們只能在自己退休以後，降低自己的生活品質和消費水準。專家建議：投資商業養老保險，要從定額、定型、定式三個方面去規劃。定額就是確定自己需要購買多少商業養老保險。定型就是選擇適合自己的養老需求產品。定式就是確定養老金的領取年齡、領取方式以及領取年限。對於養老計畫，要趁早規劃，且越早越好。這樣才能保障年老時候的生活品質，能夠保持自己的生活水準。

在一個炎熱的夏天，一群螞蟻在發燙的大地上勤奮地運著貨物。樹蔭下，一隻正在彈琴唱歌的蟋蟀，朝著螞蟻們愉快地打著招呼，說：「螞蟻先生，這大熱天的運這麼重的東西幹什麼呀？」

「一到冬天就沒有食物了，我們現在要多儲存一些。」螞蟻們回答。

「為什麼這麼早就準備過冬？這麼熱的天不玩只會幹活，真是傻透了！」

說著，蟋蟀就嘲笑起螞蟻來。

「那你好好玩兒吧，我們要走了。」

螞蟻們一邊唱著歌，一邊運著食物，走遠了。

冬天到了，蟋蟀到處都找不到吃的，凍得發抖，餓得搖晃。蟋蟀在雪地上慢慢走著，來到螞蟻的家門口，說：「我要死了，請給點吃的吧。」

螞蟻說：「蟋蟀先生，夏天的時候你不是還嘲笑我們嗎？現在還是請你唱歌玩兒去吧！」蟋蟀又凍又餓，最後凍死了。

這個故事告訴我們，一定要有儲蓄和理財的習慣，才

會防患於未然。

俗話說：「人無遠慮，必有近憂。」中國是一個典型的「未富先老」國家，老齡化趨勢日益加重，社會保障問題日益突出。現在，養老的問題已經逐漸浮出水面。

第一，養兒防老用不上。

「養兒防老」是傳統的養老觀念，但到了21世紀，這種養老模式已經不再現實。在「只生一個好」的政策鼓勵下，孩子從小是父母和祖父母「手心裏的肉」。父母特別心疼孩子，從懷孕開始到吃奶粉，到上托兒所，到上小學、初中、高中，為了「不輸在起跑線上」，不惜為孩子大把大把地花錢。對於一般工薪家庭而言，除了貸款住房還款，孩子就是最大的開支。在每月家庭的基本開銷中，一半以上都花在了孩子身上。

還有些家長，打算在孩子上完大學後，將他們送去海外「鍍金」；在結婚前，給孩子準備好一大筆「婚嫁金」，甚至給孩子準備好房子的幾十萬元首付款……對子女的疼愛可謂到了極致，把大半生積累的財富都貢獻給了孩子。而把孩子養到結婚年齡後，夫妻雙方離退休的時間已不遠，有些晚婚晚育者，甚至已經要退休了。

隨著生活水準和醫療水準的提高，國民預期死亡年齡會大大推後，社會老齡化程度也會進一步加劇，今後將出

現「兩個子女奉養4～6個老人」的局面。如今四五十歲的中年人，膝下都只有一個孩子，靠子女保障自己退休以後的生活，讓成年後的子女分擔自己的養老壓力，這種可能性已經越來越低。

第二，社會保險只能糊口。

有人曾經這樣比喻基本養老保險，「基本養老保險是一口熬粥的鍋，每個月每人從自己的米袋裏，或多或少往鍋裏倒進一把米，到老了的時候，分到的是粥。」

基本養老保險保障的是社會公平，不論現在工資多少，最後的差別並不大。

而且，目前的養老金制度是在職員工供養退休老人，兩頭尖中間大的紡錘形人口結構，為社會養老保險帶來了極大的壓力。上海社科院的一位人士表示，上海剛開始推出養老基金的時候，每年都有結餘，但過了一段時間後開始拉平。目前從總數上來看，上海養老基金還沒有出現缺口，但已經在消耗以前的結餘，再過兩年多就可能消耗完。同時，這位人士表示：現有社保制度中的養老金的計發辦法也存在一定的問題。例如，在退休後的平均剩餘壽命已經超過20年的情況下，個人帳戶養老金仍舊按照平均餘命10年（120個月）來計發，將導致支付風險加劇。

因此，對於收入比較高的白領階層而言，如果退休後

僅靠社保體系的退休金生活，就要做好生活將發生巨大變化的心理準備。可以說，僅僅依靠社會保障系統去實現豐足的晚年生活，是不現實的。

今年56歲的李剛再工作4年就要退休了，李太太已經賦閑在家。但是，李剛夫妻兩個人卻一點都不用擔心退休後的生活。因為兩個人大多數的人生目標基本都已完成，兩個人唯一的女兒也在美國讀完了碩士課程，並且取得了當地的綠卡。

幾年前，李剛的女兒有出國定居的意向，並且向父母徵求意見。當時，李剛夫婦雖然感到自己年老以後，女兒不在身邊會有些寂寞，但是考慮到女兒在國外能夠發展得更好時，老兩口還是支持了女兒的想法。

李剛在一家國有企業擔任部門經理，由於公司這幾年的效益不錯，李剛每個月都能拿到8000元左右的工資。而且自己的妻子在退休之前是教師，所以每個月也能領到養老金3000元。夫妻二人的日常花銷約為3000元左右，有一大筆開支是健康醫療開支，醫藥費主要由醫保報銷，自己承擔的也不多，平時會有一些營養保健品方面的開支，每月需要2000元左右，這樣算下來，平均每月結餘6000元，已經可以滿足了。

李剛在每年的年底都能拿到年終獎3萬元，李剛的妻子因為已經退休了，就沒有年終獎可以拿了。兩位老人每

年都去國外看女兒一次，每次的花費大約在2萬元左右，女兒到時候還會補貼給老人1萬元，所以李剛和妻子的實際花費也就1萬元。

雖然現在的生活水準還是不錯的，但是李剛仍然給夫妻二人做了養老計畫安排，因為4年後，由於月收入的下降、年度收入的消失，他們的生活水準會有所下降。為了保證穩定的收入來源，他計畫了房產養老。因為對於股票和投資，老兩口兒都不是很在行，所以活期存款、定期存款都各有5萬元，另外的10萬元投資了國債，目前的投資方式還是比較保守的。

李剛知道自己和妻子現在屬於空巢老人，因為女兒已經打算在美國紮根。李剛決定等到年紀再大些，需要護理時，就將自己現在的自住房出租，然後用養老金和房租收入相加後的費用，來支付敬老院的相關費用，如果到時候不夠的話，還可以找女兒做補貼。

明智的人對於養老計畫一定要提前計畫好，當人類的壽命變得越來越長、生活的成本越來越高時，你不得不思考，幾十年後，自己靠什麼來養老。況且現在幾乎都是一家只有一個孩子，兩個人要承擔4個老人的沉重負擔，如何能夠過上一個有尊嚴的晚年生活呢？如果沒有一個完整可靠的養老計畫，那麼你的人生將是：前半生風光無限，

後半生晚景淒涼。如果你提前給自己做好一份養老計畫，晚年才會真正幸福。

那麼，我們應該怎樣為自己的養老做準備呢？

第一，購買保險趁年輕。

從保險方面來看，年紀越大，購買醫療和意外保險的保費就越高。專家表示：雖然養老是55歲、60歲以後的事，但年紀越輕，投保價格越低，未來所獲的收益就越大，自己的負擔也就越輕。

第二，養老金的來源主要靠自己。

人們開始意識到，除了養老金之外，自己的財務準備非常重要。雖說目前所繳的養老金或許能滿足當前的消費水準，但10年或20年後，這點養老金的購買力將相差甚遠，即便養老金有一定的增值，但也很難跟上通貨膨脹的速度。所以，要想在退休後繼續保持高品質的生活水準，自己必須做好財務準備。

專家表示，不少40～50歲面臨退休壓力的人們，應加強理財知識的學習，做好理財規劃，以便在退休前準備足夠的養老基金。所以，聰明的人們應該懂得未雨綢繆，提前為自己的退休做好準備。

TIPS ▶ 測試你的財商幾何？

　　說到理財，你是達人，還是菜鳥？下面這個測試，可以挖掘你在理財方面的潛質。如果測試結果是你財商很高，請不要浪費你的天分，學習本書中的技巧，你會如虎添翼；如果你的財商並不理想，請不要憂慮，只要仔細閱讀本書，你必將成為會理財的好太太！下面開始測試啦！

① 我喜歡刺激的休閒活動，例如高空彈跳、激流泛舟。
　（A）是　（B）有可能　（C）不是

② 朋友急於向我借錢，基於交情，我一定會設法幫助他。
　（A）是　（B）有可能　（C）不是

③ 雖然我對股市不是很熟悉，但是有可靠消息透露，某檔股票即將有主力介入炒作時，我會考慮投入全部存款購買。
　（A）是　（B）有可能　（C）不是

④ 我喜歡運用不同的理財工具，例如股票、基金或是期貨來投資。當行情看漲時，我也會利用借款來提高我的投資額度。
　（A）是　（B）有可能　（C）不是

⑤ 我擁有手機、家用電腦、空氣淨化器、健康俱樂部會員卡中的兩項。

　（A）是　　（B）有可能　　（C）不是

⑥ 我對於參加投資說明會的熱情頗高。

　（A）是　　（B）有可能　　（C）不是

⑦ 某天我在公共電話亭打電話，發現地上一個信封袋，一打開，裏面有一萬元，我會馬上裝起來。

　（A）是　　（B）有可能　　（C）不是

⑧ 百貨公司周年慶正舉辦消費滿一萬元，可參加價值10萬元的汽車抽獎活動，我一定會想辦法湊到一萬元的收據，來參加抽獎。

　（A）是　　（B）有可能　　（C）不是

⑨ 有關部門將要推行某項政策，與我自身利益相衝突，我一定會合法地表達我的不滿。

　（A）是　　（B）有可能　　（C）不是

⑩ 當了多年上班族，幾位高中同學決定要自己創業，開發一項頗具潛力的產品，雖然要兩年後才能看出成果，我仍然看好他們，同時很願意入股。

　（A）是　　（B）有可能　　（C）不是

　　財商分析：做好你的選擇了嗎？每道題選A得3分，選B得2分，選C得1分。

☆**得分為25～30分：**

恭喜你，你的財商相當高，對投資資訊敏感度很高，而且不容易受市場左右。當大家都說上證指數還會衝高8000點的時候，你很可能已經在慢慢減倉，或有節奏地贖回基金。可以肯定的是，金融危機對你的投資理財沒有太大的負面影響，因為你被深度套牢的機率很小。唯一需要注意的是，進行資金的調配，以便分散風險，追求更大的獲利空間。

☆**得分為16～24分：**

你的財商中等，大多數人都屬於這種類型，需要加油呀！你非常瞭解理財投資的重要性，但對自己的判斷力沒有信心。有時運氣好能嘗到甜頭，但缺乏全盤的規劃，到頭來也沒賺到多少。給你的建議就是，做中長期投資，以避免情緒受到市場波動的影響，追漲殺跌。

☆**得分為10～15分：**

抱歉，你的財商恐怕低於你的IQ。你可能是說得一口股票經，卻不敢行動的保守投資人；你也可能是一個完全不關心理財的「陌生人」，儘管是負利息，你也寧願存款，而不願分配一些資金到其他理財管道上去；你還可能是毫無主見的跟風型投資者，什麼理財產品火爆就跟著去

搶購。不管如何，估計你在這次金融危機中的投資損失非常嚴重。其實，你只要將大部分資金交給理財專家打理，就既能享受財富增長的快樂，又能輕鬆應對金融危機，何樂而不為呢？

如何利用網路致富 互聯網⁺：投資與理財

作者：江清萍
發 行 人：陳曉林
出 版 所：風雲時代出版股份有限公司
地址：105台北市民生東路五段178號7樓之3
風雲書網：http://www.eastbooks.com.tw
官方部落格：http://eastbooks.pixnet.net/blog
信箱：h7560949@ms15.hinet.net
郵撥帳號：12043291
服務專線：(02)27560949
傳真專線：(02)27653799
執行主編：劉宇青
美術編輯：吳宗潔

法律顧問：永然法律事務所李永然律師
　　　　　北辰著作權事務所　蕭雄淋律師
版權授權：馬鐵
初版日期：2017年2月

ISBN：978-986-352-438-0

總 經 銷：成信文化事業股份有限公司
地址：新北市新店區中正路四維巷二弄2號4樓
電話：(02)2219-2080

行政院新聞局局版台業字第3595號
營利事業統一編號22759935
©2017 by Storm & Stress Publishing Co.Printed in Taiwan

定 價：340元

國 家 圖 書 館 出 版 品 預 行 編 目 資 料

如何利用網路致富 互聯網⁺：投資與理財 /
　江清萍 著. — 初版. — 臺北市 ：風雲時代，
2017.01
　　面 ；　公分
　ISBN 978-986-352-438-0(平裝)
　1.投資 2.個人理財 3.網路資源
　563.5　　　　　　　　　　　　　105023521